U0818207

國家重點學科・四川大學中國古典文獻學學科點
教育部人文社會科學重點研究基地・四川大學中國俗文化研究所 主辦

中國俗文化研究

第七輯

四川出版集團 巴蜀書社

《中國俗文化研究》學術委員會

章培恒（主任）（復旦大學）

姜伯勤（中山大學）
王小盾（四川師範大學）
董志翹（南京師範大學）
項　楚（四川大學）
張湧泉（浙江大學）
周裕鍇（四川大學）

中國俗文化研究

主　編：
項　楚（四川大學）

本輯執行主編：
張子開（四川大學）

目録

語言及文獻研究

文學藝術暨民間風俗研究

宗教信仰研究

中外俗文化比較研究

Chinese Folk Culture Studies
Volume Ⅶ

CONTENTS

Studies for Language and Wenxian

Studies for Literature, Art and Folk Customs

Studies for Reliongs and Beliefs

Comparative Studies for China & Overseas Culture

“鬼”字考源*

——兼論中國傳統生命理解中的鬼神信仰

關長龍

（浙江大學 古籍研究所/浙江大學 漢語史中心，浙江省 杭州市 310028）

提要：“鬼者，歸也”的訓釋一直是先秦以來的學界共識，在以表意為主的漢字傳統中，這一訓釋與“鬼”字的構形以及人們的鬼神信仰之間的關係，自漢代《説文解字》以來即有探討，但宥於“鬼”字小篆形體的限制，而未能有所貫通。至清末甲骨文的發現，人們看到了“鬼”字更多的古文形體，於是對它的形義關係也便有了進一步的反思和討論，然迄今所見諸説紛紜，且各有未安之處。今按“鬼”字所從之“田”形符號實為人類最古老的象徵符號之一，它普遍地用於宗教與喪葬場所，象徵宇宙之中心和作為終極本體的神靈，“鬼”字的構形正反映了中國傳統生命觀中人死後向終極本體神的回歸思考。這一造字理念也與漢語中“鬼”字所在的“語義場”相吻合：即作為終極本體的神生成萬物并寓於萬物之中，其寓於人者有陰陽（即動靜）二種情形，陽而動者（本體保持自然的形態）為魂，陰而靜者（本體束於所化的形質）為魄，人死魂歸於天，魄則隨屍體而歸於地，此時寓於屍體中的本體存在則名為鬼，至屍體消解，鬼亦返歸於作為本體共相的神中，并與之一起參與新的因緣生化之旅。

關鍵詞：鬼 神 魂 魄

源於圖騰崇拜的祖先信仰一直處在中國傳統民衆信仰的核心地位，儒家有云：“慎終追遠，民德歸厚矣。”（《論語·學而》）即認為對祖先由何而來（所謂追遠之意）以及他們在生命終結時又歸於何處（所謂慎終之思）的思考是生民道德修養的關鍵所在。其實這裏隱含著的延伸話題才是學人關注的核心所在，那就是我們的生命由何而來？我們又將歸往何處？〔1〕本文即擬結合“鬼”字的形義考察而對後一問題做出些討論，錢穆先生在《孔子與心教》一文中指出：“人生最大問題，其實并不是生的問題，而實是‘死’的問題。凡所謂人生哲學、人生觀等，質言之，都不過要解答此一‘死’的問題而已。若此問題不獲解答，試問人生數十寒暑，如電光石火，瞬息即逝。其價值安在？其意義又安在？”〔2〕希望本文的討論能對理解中國文化傳統中的生命信仰有所裨益。

---

* 本成果受教育部人文社會科學重點研究基地項目（10JJD740006）資助。

〔1〕 這一追問與同處軸心時代的希臘德爾斐（Delphi）阿波羅神廟（約前八世紀至前四世紀）碑文“認識你自己（know yourself）”的神諭有著殊途同歸之妙。西方學術界至今影響甚巨的哲學三大公案“我是誰？我從哪裏來？我要到哪裏去？”也正是由此敷演而得。

〔2〕 載錢穆《靈魂與心》，南寧：廣西師範大學出版社，2004 年，第 16 頁。

一、“鬼”字形義舊説平議

（漢）許慎《説文解字》云：“鬼，人所歸為鬼。從人，甶象鬼頭。鬼陰氣賊害，從厶。”對鬼字訓為歸的説法，當是先秦以來學人的共識，清段玉裁注云：“《釋言》曰：‘鬼之為言歸也。’郭注引《尸子》：‘古者謂死人為歸人。’《左傳》子産曰：‘鬼有所歸，乃不為厲。’《禮運》曰：‘魂氣歸於天，形魄歸於地。’”而《列子·天瑞》所言更詳：“衆生必死，死必歸土，此之謂鬼。鬼者，歸也，歸其真宅。”但對於鬼字的構形解析卻頗有不同，其代表説法如段玉裁《説文解字注》解之為會意字：“自儿（人）而歸於鬼”、“神陽鬼陰”，即以“甶”所代表的鬼頭為鬼之象徵，而人死歸之，又以與神相比鬼為陰性的存在，故加與陽“公”相對的陰“厶”之形以會其意。王筠《説文釋例》則解之為象形字：“鬼字當是全體象形，其物為人所不見之物，聖人知鬼神之情狀，故造為此形，不必分析説之。……古人言鬼，無不謂人之祖先者，故古文作䰟，豈可以賊害説之。且此及兄、皃等字皆不必謂之從人，只是有首有足象人形而已。”[1] 以為鬼作此形狀是聖人體知出來的，似乎比較玄妙。然而“鬼”何以用“甶”為其形體象徵，聖人又如何體知出這樣一個“没有理由”的形體來表示如此重要的一個概念的，則全無説法。自清末甲骨文發現以來，人們看到了更多的鬼字古文形體，因此對鬼之形義關係也便有了更多的反思餘地[2]。葉舒憲先生曾總括舊説，分為五派：死人説、異族醜人説、類人動物説、骷髏説、魌頭神像説[3]。今因而申論之，别作六派八説。

1、大頭怪物説。這一派取“鬼”為象形字，細論又可分為兩種情形：

其一謂鬼字之構形乃是想像中的人死後所化的怪物，此承前述王筠舊説又有所演繹，如許敬參先生《釋鬼》云：

> 考古籍所載，言鬼者未有只言鬼頭，亦即由未有獨立成文可知。特鬼之異在頭，故甶不變。甲骨文、金文鬼字或從女，或從爪，甚不一致，然皆從甶，甶為鬼，其下之人、女、爪等皆為實物、人或獸之一體，蓋鬼為無質物，亦即於天地間為特類，故有特形，下體隨時更易，不可捉摸，故隨其所狀之物以形容之，其後互相引申，皆為專類[4]。

---

〔1〕《説文釋例》卷二，北京：中華書局，1987年，第33頁。

〔2〕按甲骨文和金文迄今所見鬼字的代表形體主要有九種（參《古文字詁林》第八册，第177頁）：（甲2915）、（424）、（865）、（6684）、（續6. 13. 2）、（鄴三48. 1）、（鬼壺）、（為三八）、（睡虎地秦簡文字編），另有一些在此基礎上加形旁戈、示、攴等形者，皆是在此本字基礎上所産生的後起字，故不贅附。在這些早期文字中，“人”字作正側、左右、站蹲等形體時在表意上一般是没有區别的。另外，見於小篆“”字的那個“厶”形符號在古文字中是不存在的，但由戰國秦漢之際的文字形體可推知此“厶”形蓋源於其左臂彎曲而造成的俗寫訛傳，這種情況在刻本産生以前的抄寫時代是常見現象，董蓮池《説文部首形義新證》（作家出版社，2007年，第252頁）已發其微，唯其以“厶”形為腿部形畫，恐非是耳。故諸以“鬼”字從“厶”形論義者，皆不以别作“鬼”字解形之一派，如以厶為形符之怪物尾巴、捆鬼繩索、鬼用以害人之器形、死之初文變形、私人殉葬品、求字形茂美以至解作聲符（如為囗之變、肱之初文）等等。

〔3〕葉舒憲《“鬼”的原型——兼論“鬼”與原始宗教的關係》，載《淮陰師範學院學報》1998年第1期。

〔4〕許敬參《釋鬼》，載《河南博物館館刊》1936年第2期。按許説古文鬼字下部從“女”、“爪”云云者，乃以畏鬼同字，且以鬼字下部所從之交臂形人字為女形而言。

李孝定先生《金文詁林讀後記》第九卷載“鬼”字條云：

鬼字古文作，當是全體象形，鬼神之為物，雖曰視之而弗見，聽之而弗聞，然人死為鬼，蓋先民既有之觀念，其製字也遂仿人字為之，“人”字古作‘’，其上圓者顱也，鬼字仿人，又必欲有以别之，則惟變異其頭部之形狀，蓋古文動物象形字如虎象馬諸字，其别惟在頭部，牛羊則全為頭部象形，鬼之與人，其形相類，欲於頭部示其區别，亦覺不易，古文虛實無别，則鬼字不得作，於是就字而變化之，遂作耳，非謂先民果見鬼之作此形也。[1]

徐中舒先生《甲骨文大字典》載云：

象人身而巨首之異物，以表示與生人有異之鬼。其下從、、、無别。……殷人神鬼觀念已相當發展，鬼從人身明其皆從生人遷化，故許慎所釋與殷人觀念近似。[2]

其二認為鬼字的構形是取象於人死後所化之骷髏骨骼。如姜亮夫先生《古文字學》載其例云：

從考古學看，人死後肌肉萎縮只剩骨骼，骨架中頭最大，這就是鬼字本義（原始人必定常見死人的大頭骨），這也是唯物的，并非後世以鬼為死後人的靈魂的唯心解法。[3]

又陳邦懷先生《古字今釋》一文載有“釋鬼”條云：

檢甲骨文鬼字皆從田，金文及小篆作，已訛變，《説文解字·鬼部》云：‘象鬼頭’，鬼頭當依甲骨文作田形為是。按鬼頭之田，與商乍白婦銘之首甲形相似。《説文解字·甲部》引《大一經》曰：‘人頭空為甲。’……段氏又云：‘人頭空，謂髑髏也。’《廣雅》云：‘項顱謂之髑髏。’《説文解字·頁部》云：‘項顱，首骨也。’今觀鬼字首骨之田，與甲骨文首甲之正相似也。[4]

現代字典多取此派説法，如謝光輝先生主編《漢字字源字典》云：“甲骨文的鬼字，下部是人形，説明鬼是人死後變成的；頭部特大而且怪異，這就是我們今天所説的‘大頭鬼’。鬼的本義是指人死後的魂靈。它慣居幽冥，出没無形。”[5] 蘇寶榮先生《〈説文解字〉今注》：“甲骨文作，不從厶，正像人身，上像鬼頭。古人迷信，以為人死為鬼，其面目醜惡。”[6] 唐漢先生《漢字密碼》：“在上古先民看來，人活著稱為人，人死後為鬼。顯然，這裏的鬼頭取形於人（不包括王）死後化為白骨的骷髏頭……鬼只是人的一種歸宿。”[7]

大致説來，“大頭怪物説”中的第一種看法即以“鬼”字像“人死後所化的怪物”之

〔1〕 李孝定《金文詁林讀後記》，中央研究院歷史語言研究所，1982年，第348頁。

〔2〕 徐中舒《甲骨文大字典》，成都：四川辭書出版社，1990年，第1021頁。

〔3〕 姜亮夫《古文字學》，杭州：浙江人民出版社，1984年，第85頁注。

〔4〕 載陳邦懷《一得集》，濟南：齊魯書社，1989年，第6頁。

〔5〕 北京：北京大學出版社，2000年，第141頁。

〔6〕 西安：陝西人民版社，2000年，第324頁。

〔7〕 唐漢《漢字密碼》，上海：學林出版社，2002年，第832頁。

形并不能獲得理性時代人們的認同，故沈兼士先生譏此説為“活見鬼”；而第二種看法的“骷髏説”卻不能解釋為什麽不用從人上加一個髑髏的常見形象即“魌”（或作倛、頬諸形）字的古象形字來表示鬼義，卻要用一個不可理解的十字外加框形來表示之，但也許正因此而導致以魌頭解“鬼”説的出現并一度成為鬼字解形的主流説法。

2. 魌頭説。此派取“鬼”為會意字，其下部從人没有異議，然上部所從之形的取象則有不同，細論亦可分為兩種情形：

其一以鬼字上部的“田”字形為從事驅鬼活動的巫師所戴的面具。此説最早蓋出於姚華先生的《説鬼》一文：

> ……故鬼無形也，而人心則有形；鬼無物也，而人裝則有物。以人裝鬼，其式如何？以文字想像之，必其頭有所被而身有所識，若今戴假具而衣章服者，則裝鬼之為式亦即鬼之為形也。且《周禮》方相氏有‘黄金四目’之文，是亦裝飾為之者，益知裝鬼之法其來也遠。[1]

與姚先生同時而略晚的葉玉森先生在《殷虚書契前編集釋》卷七解“”字云：“予舊釋鬼之奇字，象鬼頭，象耳飾，象身臂股形。”唯此字郭沫若先生釋之為“倛”，以與“從人從田”一系的古文鬼字相區别，頗為後世所取。張舜徽先生《説文解字約注》卷一七鬼字條下盛贊姚氏之説，并為補證云：“若以聲求之，則鬼之於棞，語源同也。物之可戴於首者，古謂之棞，亦謂之鬼，今謂之盔，皆一語之轉，姚説信可從已。自後世專用鬼為鬼神字，而鬼之本義廢。”[2] 國光紅先生在《鬼和鬼臉兒——釋鬼、由、巫、亞》一文則别有申論：

> 然則甲骨文諸鬼字，正是從戴四目面具或四面而每面四目的方相氏取形，如此，則甲骨文和古代文獻適可兩相印證。仿《説文》之體例，鬼、由字當釋為：鬼，歸也，神魂之所歸也。從人，象戴四目鬼臉兒之巫鬼形。由，古巫所戴之鬼臉兒也，象面具而有四目之形。[3]

藏克和先生在《説文解字的文化説解》中亦取此説：

> “鬼”實即取象於人，這個人的身份為巫師，巫師或披頭散髮，或戴了面具進入事神弄鬼的狀態，或者説‘鬼’字取象就是巫師事神作鬼的奇異形態。這位事神作鬼的巫師在招祭死者靈魂之際，自身又就是所招祭之鬼；在進行驅鬼逐怪的巫術儀式中，自身又須扮成怪異可怖之鬼，也就是所被驅趕之異物：是二是一，亦此亦彼；人鬼同體，神怪一源。[4]

其二以鬼字上部的“田”字形為古代之一種“祭頭”儀式中所用的裝飾過的人頭形物，此主要是用來收藏死者魂氣的一種儀式用“道具”，它與前一種巫師戴在頭上用於驅祟的面具形倛頭在樣式和用途上都不同。《太平御覽》卷五五二方相氏條下引《風俗通》

〔1〕 姚華《弗堂類稿》，臺北：文海出版社《近代中國史料叢刊續輯》本，1974年，第138－139頁。

〔2〕 張舜徽《説文解字約注》，鄭州：中州書畫社，1983年，第42頁。

〔3〕 載《山東師大學報》1993年第1期。按國氏所謂的“或四面而每面四目的方相氏”説乃指甲骨文中的“”字造形言。

〔4〕 藏克和《説文解字的文化説解》，武漢：湖北人民出版社，1995年，第336－337頁。

文云：“俗説亡人魂氣浮揚，故作魌頭以存之，言頭體魌魌然盛大也。”又《魏書·獠傳》亦云：“其俗畏鬼神，尤尚淫祀。所殺之人多美鬢髯者，乃剝其面皮，籠之以竹。及燥，號之曰鬼，鼓舞祀之，以求福利。”日本學者池田末利先生首引此説以論鬼之本義，〔1〕其後夏渌先生在《古文字的一字對偶義》中也持以為説：

> 甲骨文“鬼”字，古代南方民族有將人頭面剝製，蒙於篾籠之上，乾後置室中，加以膜拜的習俗，人頭部的縱橫形即襯裏的竹木支撑和籠筐形，古代迷信“靈魂不滅”、“萬物有靈”，并有“天神”、“地祇”、“人鬼”之分，“鬼，歸也。”認為人死歸於圖騰，具有靈性，能禍福人……〔2〕

也有學者雜糅二説以為論，如葉舒憲先生在總結了前人對鬼字的五種解釋後説：“綜觀以上五種説法，似乎每一種都是言之有據，自成一家之言。……不過，若論個人意見，我覺得第五説更具有包容性，它實際上除了第二説‘異族醜人’説以外，大致上包容了其餘幾種説法。”葉先生還從考古學和人類學的角度對此一崇拜的理據做了解釋：

> 早在舊石器時代的人類居住遺址中，考古學家們就屢屢發現類似宗教祭壇的佈局，如用一些專門精選出的圓形石頭圍成一堆或一圈，中間放置一顆骷髏頭。有時也可發現動物特别是熊的頭骨。可見這是一種沿續了幾千幾萬年的古老崇拜習俗。根據人類學家的比較考察所得出的結論，頭骨崇拜的實質在於生命力的崇拜：史前人類確信靈魂即人之生命條件是寓居在頭骨之中的。許多未開化的部落都曾盛行“獵頭”風俗，以吃人腦髓著稱於世，原來這種殘酷的食腦習俗也是以上述信仰為背景的。

鄭宇先生在《釋“鬼”》一文中亦雜糅之云：“先人們在進行各種祭禮鬼神活動的時候，總是裝飾巫祝的頭部，或是將真的骷髏頭做鬼頭，或是演變為後來模擬的鬼頭竹籠，又或是仿造死者面目做假面，又或是將其他人身神獸之頭象畫於假面上，‘鬼頭’由很顯然就是巫祝進行祭祀活動時裝飾的頭部形象。”并結合鬼字的本義“人所歸為鬼”而申釋云：“‘鬼’可以理解為‘歸來的死人’，這‘歸來的死人’是戴面具蒙面裝扮祖先或神的巫祝。死去人們的鬼魂附體於這些巫祝身上，這些巫祝代表著死者的歸來，這才是‘鬼之為言歸也’的真正含義。這裏的“歸”不指骨骸歸土，而是指逝去的靈魂重歸‘鬼頭’。”〔3〕

這一派的兩個主要説法也存在著無法自圓其説的困境，那就是魌頭本有其字，縱以其為鬼字衍生出來的分别文，那鬼字本身仍然要有其自己的構形意義，但産生更早的鬼字卻并不作魌頭之形，國先生以為“田”形像四目之形，但考古發現的魌頭面具并未發現有做

---

〔1〕 參池田末利《中國における祖神崇拜の原初形態——鬼の本義》，載池田末利《中國古代宗教史研究制度と思想》，日本東海大學出版會，1981年。

〔2〕 載《武漢大學學報》1988年第3期。

〔3〕 載《晉中學院學報》2007年第1期

四目形者，而作二目形者倒甚是常見[1]，還有戴魌頭面具的巫師皆是驅鬼（或稱驅儺）者，也就是說這個“魌頭”是鬼所畏者，它不可能同時又是鬼的歸宿地，特别是剛去世的親人們的歸依處；至於“崇拜鬼頭”説者雖然能牽合“鬼”的歸宿之義，但卻不能解釋其所割下的頭顱或是剝頭皮蒙竹籠所用的“材料”并非取自死去的親人身體，所以那個“鬼頭”也就不可能是死去的親人的所歸處。鄭宇先生以巫師附體之鬼來解釋魌頭説中的鬼之“歸”義問題，但據今所知之巫師（包括薩滿）傳統，巫師所用以附體的神靈衆多，而獨以人鬼為少，且其以術所招附之人鬼亦皆為暫時行為，事實上，做法結束後鬼的離去才是回到其真正的歸處；另外，據文獻所載，在喪禮中有以重、幡、牌位等為鬼魂之暫時依託處，獨不見有歸依巫祝之説者，是以其説亦屬臆斷。由此可知，魌頭説在構形和表義兩個方面都與“鬼”字形義本身扞格不合。

3、類人動物説[2]。此論由章炳麟先生發其端，他在《小學答問》“夔，神魖也”條下云：

> 古言鬼者，其初非死人神靈之稱，鬼宜即夔。《説文》言鬼頭為由，禺頭與鬼頭同。禺是母猴，何由象鬼？且鬼頭何因可見？明鬼即是夔。……魖為秏鬼，亦是獸屬，非神靈也。韋昭説夔為山繅，後世變作山魈，魈亦獸屬，非神靈。……故鬼即夔字，引申為死人神靈之稱。然古文鬼作，從古文示，則鬼神之字或當别作耳。[3]

沈兼士先生在《鬼字原始意義之試探》一文中深持其説，并從古文字和古文獻兩方面對章説加以補證，又進而總結其詞義引申系列云：“1、鬼與禺同為類人異獸之稱。2、由類人之獸引申為異族人種之名。3、由具體的鬼引申為抽象的畏及其他奇偉譎怪諸形容詞。4、由實物之名藉以形容人死後所想像之靈魂。”[4] 馬敘倫先生於《説文解字六書疏證》卷一七鬼字下亦以音訓為説，而釋之作形聲字，其所論與章氏説相近：“鬼畏一字，乃人鬼之鬼本字。從凵[illegible]聲，凵為死之初文也。……此部當以[illegible]為部首，[illegible]者，傀之初文，為今言奇怪之怪本字，從人聲。……[illegible]從人者，蓋人自挩於獸類，及見所謂山都木客，則驚而異之曰[illegible]，[illegible]為彪之初文，此魑魅魍魎之字所以皆從[illegible]也。山都木客之類，謂之獸不可也，其形似人也，謂之人則又與己異其類也，故謂之[illegible]，而字所以從人也。”[5]

從語源和字源比較中得出鬼與夔、禺同為類人動物從而引申指死人神靈的説法似乎在語言學上頗有理致。細論之，章先生所言猶當以“鬼”為象形字，像類人動物之形，而指

---

〔1〕 詹鄞鑫在《神靈與祭祀——中國傳統宗教綜論》：“考古發現的倛頭實物及古畫中戴倛頭的方相氏都是兩目而非四目。時代最早的實物大約是漢中城固縣出土的商代銅面具二十三件。這批面具形制大抵相似，但臉型有圓與橢圓之分，雙耳有長方、橢圓之異，目眶凹陷，眼球外凸，鼻有兩孔，巨口露齒，猙獰可怖。……方相氏蒙倛索室的場面，除了史書所載以外，還屢見於戰國漢魏的墓道壁畫或棺槨紋飾上，其宗教意義無疑是為了驅除陰宅鬼魅，使墓主得到安寧。”南京：江蘇古籍出版社，1992 年，第 398－399 頁。則頗疑所謂方相四目之説或與今日俗稱戴眼鏡者為四眼人有某些能指上的一致性。

〔2〕 此與下“異族醜人説”二目皆用葉舒憲《“鬼”的原型——兼論“鬼”與原始宗教的關係》一文中所擬的類名。

〔3〕《小學答問》，載《章太炎全集》（七），上海：上海人民出版社，1999 年，第 431 頁。

〔4〕《沈兼士學術論文集》，北京：中華書局 1986，第 199 頁。又按《鬼字原始意義之試探》一文原載北京大學《國學季刊》第五卷 3 號（1935）。

〔5〕 馬敘倫《説文解字六書疏證》第五册，上海：上海書店，1985 年，第 69 頁。

死人神靈的引申義後來造專字作“䰟”形；馬先生則以“鬼”字為形聲字，從“凵”（“厶”即其變形，為死之初文）甶（怪之本字）聲，但這樣無疑也要先承認甲骨文中諸從人從加框十字形的“鬼”字乃是假借用法，即作為上古最重要信仰之一的“鬼”概念在早期并未造有專字，這總讓人有一種不放心的感覺。李孝定先生《金文詁林讀後記》論此云：“鬼神之觀念既早已存在，其製字亦必甚早；禺為母猴，其字最早者當為象形，夔字是也，禺字從甶從内，既非象形，則例屬後起，蓋猴之屬類甚繁，故後製之分別字亦甚多，其中亦必有若干方言字，鬼神之字，固不得衍自後出之禺字也。”[1]

4、“異族醜人説”。在卜辭、金文及早期傳世文獻的《周易》、《詩經》及《竹書紀年》中都有“鬼方”的記載，學者多以為此是商周時期活動於中國西北方的一個民族，但早期文字學家并未見有以鬼方為“鬼”字之最早造字理據的說法，葉舒憲先生在《“鬼”的原型——兼論“鬼”與原始宗教的關係》中列有此類，并為申説云：

> 由於華夏人逐漸産生的“非我族類，其心必異”的種族偏見，總是把異族人視為醜陋的劣等人，慣用一些侮辱的稱呼加在異族人身上，或者把它們原來并無貶義的名字加以曲解，像犬戎夷狄，蠻，等等，鬼亦是其中之一。按照這樣的看法，鬼的原型不是死人，而是活著的異族人。出於自我中心的優越感和審美偏見，異族人總是醜惡的，用“鬼”來稱呼，正體現了這種蔑視心理。直到今天的口語中，人們不是還把外國人叫“洋鬼子”，把日本人叫“日本鬼子”嗎？

只是葉先生并未交待其論之所自出，不知是否參考唐善純先生《中國神秘文化》之論而別作申説。唐先生云：

> 鬼，《説文》釋為“人所歸”，此乃音訓，是漢代人的解釋，在甲骨文中是北方民族的族稱，在突厥語中意為太陽，甲骨文中的鬼上部為人頭、下部為人腿，人面上有十字。北方阿勒泰人有剺面習俗，因而留有刀傷。另外，圓内有“十”字，也是古代中亞太陽圖騰的標志，商周時期，鬼方民族始終為中原華夏族的勁敵，故‘鬼’轉義為可怖。如此看來，“鬼”字是由以太陽為圖騰的民族名演變而來。[2]

胡津齡先生2003年在《學語文》雜志上撰《釋“鬼”》一文，亦推測鬼之本義當由異族之名（居於陝西西部的突厥人）而引申指可憎可怕并進而指“可怕的鬼魂靈”[3]。只是他并未採用唐先生的圖騰説來解釋鬼之構形理據，而是別作推測云：“突厥人的‘深目高鼻多須’與從南方遷徙而來的華夏族人的面部有著極大的差異，因而使華夏族人在創造文字時為突出其面部差異而‘畫成其形’為‘鬼’。”

按鬼字在甲骨文中并非皆指鬼方義，若“貞亞多鬼夢，亡疾”（《甲骨文合集》17448）、“貞多鬼夢，叀言見”（《甲骨文合集》17450）等，皆用鬼之本義。另外，此派説法所存在的問題與前“類人動物説”相近，即何以描摹異族醜人時不作擬形之象，而僅以似“田”形狀其可怕可怖的“深目高鼻多須”之形？唐先生以“十”字圖騰符號剺面説來

---

〔1〕 李孝定《金文詁林讀後記》，第349頁。

〔2〕 唐善純《中國神秘文化》，南京：河海大學出版社，1992年，第5頁。

〔3〕 文載《學語文》2003年第4期。

別尋解途，甚具理致，但不為人們常相接觸的哀祭物件——死人歸去之義造一本字，卻別用一個中原人們不可能經常而廣泛接觸（特別是中原國家的核心地區）的“異族醜人”之義來引申以代之，恐亦有違常理和邏輯。

5、神主（祖靈牌位）説。邵笠農先生《一圓閣字説》卷二云：

竊謂鬼與主字同一取義，所設以為祀祖先之位也。以聲訓之，鬼，歸也；主，處也，神所歸處也。……鬼上從由，混沌圓全而頂微突，象神主之頭，下從兒，象其足，厶指其注明某祖之標識，由此可見其大略。若欲洞識細微，則可畫成□形[1]。

又高鴻縉先生在《中國字例五篇》中更論“鬼”字之演變軌跡云：“為人死後人所祭之神主，象物形，非文字，茲以之以寄託其神，囗聲，故為人鬼之鬼。名詞。甲骨文□方即鬼方也，周人改從□（鬼怪之怪字）囗聲作□，見田。字偏旁，小篆變為從□□（古肱字）聲，隸楷本之。”[2]

神主説在解釋鬼之本義“歸也”上有所突破，但在解形上全不顧及甲骨、金文的常用字形，而别創字形或據有爭議的字形以為申説，故李孝定先生在《金文詁林讀後記》中徑云：“高鴻縉氏釋□為鬼，説非。”[3] 則其立説之前提已不能獨存矣。

6、人死歸葬墓田説。童碩先生《鬼字本義考辨》云：

甲骨文中的“□”，被解釋為“鬼”，象人（或“屍”）埋於田下，本是頗有道理的。至於小篆，“鬼”寫作“□”，“田”和“人”（或作“兒”，兒亦人形）仍是它的核心。“人”字旁邊的“厶”，是私的本字，説明社會生產力的發展，已經達到人類有足夠的殉葬物品，而“鬼”字頭的“由”也正是高出於田的墳墓，并没（設）有標記，相當於後來的墓碑。許慎由於時代的局限對“鬼”字作了錯誤的解釋，這是難免的。但不難看出“鬼”字在造字之初，本指“死人”，文雅一點稱為“歸人”，大概出於對死者的懷念吧！[4]

又程邦雄先生《‘鬼’字形義淺探》亦對此作了較詳細的申釋：

“人所歸為鬼”的觀念來源於“人死歸土”的直觀感受和認識。《禮記·祭義》、《論衡·論死》、《風俗通》裏已説得十分明白。結合“人死歸土為鬼”看甲骨文諸形，就會發現，“鬼”字不是一個單純的象形字，而是一個會意字，正是會的“人死歸土”的意義。諸字上部均為“田”字，下部均為人形。這人形有正面直體形，有側面曲體形，有男人之形，也有女人之形。總之，其下部為人之形體無疑，沈兼士、徐中舒説可從。而上部之“田”形，不當是“類人異獸”、“巨首異物”、“人頭劵面”的象形，而是田土之田。古田土相通，……為什麽“人死歸土”的“鬼”字不從土而從田，我們推測，其間當與宗教思想的進化、鬼魂信仰的演變有關。人死葬於田中，而不是葬於荒郊野外，這反映了人類已從早期的棄屍溝壑野地不加掩埋，進化到了較為文明的

[1] 原載《文風學報》1948年第2、3期合刊，轉引自李圃主編《古文字詁林》第八册，上海：上海教育出版社，2003年，第185頁。

[2] 轉引自李圃主編《古文字詁林》第八册，第187頁。

[3] 李孝定《金文詁林讀後記》，第349頁。

[4] 文載《漢語學習》1984年第2期。

安葬屍體於地下的“禮治”時代。鬼字是時代的產物，會“人死歸葬於田土之下”的意思。[1]

此派説法在處理鬼字的取象與表義關係上可以説較前所述諸派更有理致，它既解決了字形從田的問題，又能對“鬼之言歸也”的字義有所落實，其令人稍感不安的即是程先生最後所提出的問題：既然“人死歸土”，為什麽鬼字不從土造字，甚至連從土旁的異體字也不曾發現？程先生以“人死葬於田中，而不是葬於荒郊野外”來解釋這一懸疑，恐亦失之牽强。且不説至今人們的喪葬選址仍以“荒郊野外”為主而罕有葬於田中者，即從剛擺脱“棄屍溝壑野地不加掩埋”的早期喪葬選址看，如距今七千年左右的半坡文化之公共墓地和距今五千年前後的大汶口中晚期分穴葬墓地，甚至商周大墓遺址的整理，皆不聞有葬於“已耕之土”的報告，明其所葬之處與田地之“田”當有不同。

《列子·天瑞》云“鬼者，歸也，歸其真宅”，屈原《招魂》云“魂兮歸來，君無下此幽都些”，那幽都是鬼之真宅嗎？仰紹文化屈肢葬之魂瓶底部留有小孔以便於鬼之回歸，似乎地下并不是鬼的最後歸宿，那鬼又將歸於何處呢？馬王堆漢墓蒙棺帛畫之引魂圖中有天上人間地下三界之形，學界大多認為此“應是墓主人升天景象”的描寫，這裏所謂的升天當然是指人死後的“鬼”的歸宿而言，然則“鬼者歸也”的表義與其構形間的關係到底是怎樣的呢？

二、“田”之符號象徵與“鬼”的造字理據

按早期的“鬼”字構形皆作從人從一外加框形的十字（如作田、⊕、⊕十諸形，此差異當由刀刻、鎔鑄、筆寫等工具的不同而致），《荀子·正名》云：“名有固善，徑易而不拂，謂之善名。”那麽作為中國文化特別是早期精神信仰中如此重要的一個概念，“鬼”字是否是一個“善名”呢？它的構形究竟是怎樣直接明瞭地表達它的“歸也”之義的呢？前節所述六派之説雖未能臻善，但循其思路，我們卻發現“鬼”字所從之“田”形符號在早期考古學及宗教學諸領域中實有著廣泛的意義認同，説它是人類早期文化中最為重要而神聖的一個象徵似亦不能為過。只是與文字的“十”或“田”字形符號相比，作為實物象徵符號時它多作空心的“✙”或“⌑”形[2]，即“亞”字的古文字形，故亦多被稱作“亞”形符號。

首先，三代用以通神的廟宇之形制多作“亞”形。據《周禮·考工記》所載，夏後氏

〔1〕 文載《華中理工大學學報》1997年第3期。

〔2〕 本來“✙”與“⌑”形符號的區别處就在於是否繪出象徵方形大地的外框，但作為抽象的文字，其象徵大地的部分一般多直接書寫作“口”形，而作為實物符號或由實物符號直接引述過來的圖形則多作四角有缺形的一個符號，張光直結合陝西鳳翔馬家莊出土的春秋時代秦人宗廟四角各有一坫的形制，以及墨西哥奧爾美克（Olmec）文化遺址中的一個象徵生死世界門口的“亞”形地神刻像和長沙出土的戰國時代“亞”形楚繒書皆作四角内凹而各繪一樹之形，因以推斷四角有缺形的“亞”字元號實是表示其四角各有一天地柱而已。《説殷代的“亞”形》，載《中國青銅時代二集》，北京：三聯書店，1990年，第88—93頁。其實考古發現的古代墓葬於墓穴四角設四石柱俗解以為下棺之用者，以及大形墓穴或宗廟、都城等建築物四角設華表俗解以為是“謗木”（百姓給君王提意見的“意見箱”）者，其本意疑皆取意於象徵天柱，可為張先生説之一旁證。另外，這一説法還可以部分地消解當時流行的“天圓地方”説所造成的“四角之不掩”的困惑。

世室、殷重屋、周明堂皆作五室，孫詒讓正義云：“殷重屋四堂，蓋為四出若‘亞’字形，與周明堂制同。”唯此“亞”字形明堂之具體形制，歷代聚訟紛紜，而以清末王國維《明堂廟寢通考》所論最為得其大成，王氏云：

自餘說言之，則明堂之制，本有四屋四堂相背於外，其左右各有個，故亦可謂之十二堂，堂後四室相對於內，中央有太室，是為五室，太室之上，為圓屋以覆之，而出於四屋之上，是為重屋。

王國維且因而繪有明堂之佈局略圖，其外形如空心的“十”字形。然據《周禮·考工記》所述，明堂是有臺基的，“夏後氏世室……九階；殷人重屋……堂崇三尺；周人明堂……堂崇一筵。”鄭玄注云：“周堂高九尺殷三尺則夏一尺矣，相參之數。”孔穎達疏申之云：“夏無文，以後代文而漸高，則夏當一尺，故云‘相參之數’。”如果在王國維所繪明堂佈局略圖的基礎上加一象徵大地的方形臺基，則當得如下之圖形：

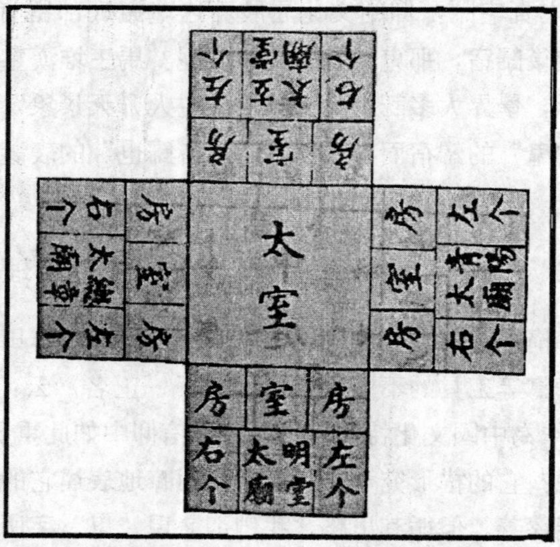

此與佛教之曼陀羅壇場圖、古印度神廟平面圖及美洲古瑪雅金字塔的基座平面圖構形亦相一致〔1〕。王國維又特揭出明堂太室之用途云：“四堂四室，兩兩對峙，則其中有廣庭焉。庭之形正方，其廣袤實與一堂之廣相等。《左氏傳》所謂‘埋璧於太室之庭’，《史記·封禪書》載申公之言曰：‘黃帝接萬靈明庭。’蓋均謂此庭也。”也就是說，明堂的中心太室是用來溝通神靈的所在。另外，在出土的商周青銅器中，有一些（主要是觚、簋、尊、盤、罍等）在底沿上端鑄有“✚”形穿孔，艾蘭先生以為此表明它們可能是“作為祭祀祖先的禮器”〔2〕，其說甚有理致。

其次，據商周時代的考古所知，商代及周初的墓葬佈局形制多有作“亞”形結構者。最早對這一現象進行研究的是高去尋先生，據他統計，僅殷墟大墓中就有約半數其木室是作亞形設計的，其形制略如下圖：

〔1〕 瑪雅金字塔基座平面圖參王大有《龍鳳文化源流》，北京：工藝美術出版社，1987 年，第 81 頁。古印度神廟平面圖參蕭兵、葉舒憲《中庸的文化省察》，武漢：湖北人民出版社，1997 年，第 644 頁。

〔2〕 艾蘭著，楊民等譯《早期中國歷史、思想與文化》，沈陽：遼寧教育出版社，1999 年，第 116 頁。

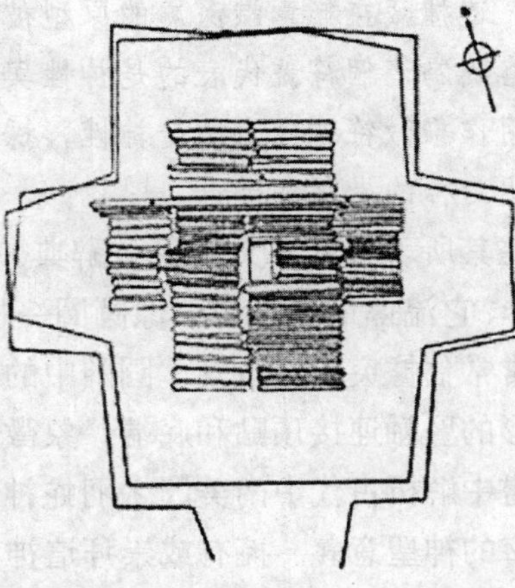

他又進而對此現象提出追問云：“平面作亞形的木室……何以不避困難之增加、工料之多費而造成如此形制之木室？這很清楚的表示出它有一定的涵義，非如此不可[1]。”那麽這裏的“亞”形設計究竟代表了什麽含義呢？高先生推測是取象於宗廟明堂的象徵性建築。張光直先生以為此“是不可易的”論斷[2]。艾蘭先生云：“死者的屍體安睡在‘亞’形的中央，供品直接由祖先的魂靈享用。”[3] 生者葬亡親於此可通神之所，蓋正欲令其骨骸能因而得以順利“回歸”。至於此亞形墓無方形外框的原因，蓋因屍體既葬於地下，則在它們的宇宙中，大地已有落實矣。又在殷商墓葬中發現有一些“屈曲形玉人”，這些玉人之手、足及嘴或作鳥形，故亦或稱之為“鳥人”，在這些“鳥人”的臀部皆刻有一“十”形符號，學界一般認為此類佩飾所顯示的文化主旨即是“祖先神”[4]，然“祖先神”之義當源自鳥之象徵而非其所附刻之“十”形符號，准之於墓葬的“亞”形取意，則頗疑此類“鳥人”亦寓意生者希望亡者能因通神符號“十”的引導而向“祖先神”歸依。

以“十”字或十字外加框形符號來作為宇宙之中心或神靈之本體的象徵，或許是人類早期生命中的共識。艾蘭先生就曾引用法國學者愛利德（Eliade）關於宗教儀式中的中心象徵説理論來解釋中國古代的“亞”形宇宙觀，指出“中心是最顯著的神聖地帶，是絶對的存在物的地帶”，“世界上不同地方的古代民族的信仰中存在如此多的相通之處，并非都有什麽共同的遺傳繼承，而是由於人類心理結構上的原因。”[5] 羅曉明、王良范二先生曾為總結説：

曼陀羅是最古老的象徵符號之一，其獨特之處在於它的表像超越於時間、國度、文化與個體而廣泛存在。這種普遍性使曼陀羅發展成為一種所有人類成員都共有的無

〔1〕 高去尋《殷代大墓的木室及其涵義之推測》，載《中央研究院歷史語言研究所集刊》第 39 輯，1969 年，第 181 頁。

〔2〕 張光直《説殷代的“亞”形》，載《中國青銅時代二集》，第 84 頁。

〔3〕 艾蘭著，楊民等譯《早期中國歷史、思想與文化》，第 116 頁。

〔4〕 參潘守永、雷虹霽《古代玉器上所見“亞”字紋的含義》，載《民族藝術》2000 年第 4 期。潘文多稱此類玉人為“屈曲形玉人佩”，但巫鴻曾指出：“這些玉雕中的大部分在下端有一個凸起的‘榫’，表明它們原來有可能是立在現已不存的木座之上。因此這些形象不是人們常常認為的裝飾佩件，而很可能是具有某種宗教意用途，固定於某處的縮微雕像。”參《禮儀中的美術：巫鴻中國古代美術史文編》，北京：三聯書店 2005 年，第 541 頁。

〔5〕 艾蘭著，楊民等譯《早期中國歷史、思想與文化》，沈陽：遼寧教育出版社，1999 年，第 114 頁。

意識的一個部分。那麽，這種藏在無意識深處的原型被表像出來作為一個符號時，它究竟象徵著什麽呢？榮格認為這個符號代表的是神性與自然的一種統一整合。……從歷史上看，曼陀羅圖像用作象徵符號代表的是神性，採用曼陀羅圖像是為了從哲學上闡明神性，也是為了表明對神的崇拜和敬仰。[1]

德國學者漢斯·比德曼在其所著《世界文化象徵辭典》“十字形（cross）”條下亦指出：“在造型簡單的象徵物中，它流傳最廣，……像圓圈一樣，十字形進入許多壇場、廟宇和教堂的繪畫中，十字形常常佔據突出地位。”“圓圈中的十字形除了象徵宇宙觀，也代表一年分為四個部分，十字形的豎軸連接頂點和底端，象徵性指代世界之軸。”[2] 葉舒憲先生在《中國神話哲學》一書中解析古代中南美洲之羽蛇神話時也推論云：“十字架本身亦有宇宙之中心、宇宙之主宰的神聖意義。擁有或崇拜這神秘的十字，便可確保宇宙秩序的正常運行。十字便是上帝或創造主神的一種非人格的化身[3]。”也就是說，以十字或十字外加框形的符號來表示宇宙的中心、終極本體（或曰上帝、神靈）之所在甚至終極本體本身，實為早期人類在無意識中的共同選擇。

其實中國傳統的“亞”形可以説是一個介於實物象徵符號與文字符號之間的“兩栖”標志。這從商周金文421件“亞”形銘器的表意情況即可明之，在這些銘器中，只有20件是表示官名、人名或祖先位次的，其他皆是作為一種“裝飾性”標識，并且多有在“亞”形框内録文的情況[4]，如：

亞豕鼎

亞卯方鼎

亞[5]

以“亞”形為廟宇之象徵的説法當為宋以來學界的共識，如（宋）王黼《重修宣和博古圖》卷一“商亞虎佼丁鼎”下云：“銘四字，亞形内著虎象，凡如此者皆為亞室，而亞室者，廟室也。”[6] 阮元曾指出：“古器作亞形者甚多，宋以來皆謂亞為廟室[7]。”艾蘭

〔1〕《貴州岩畫中的符號——十字形符號與圓形符號釋義》，載《貴州大學學報》1996年第3期。

〔2〕漢斯··比德曼著，劉玉紅等譯《世界文化象徵辭典》，桂林：灕江出版社，2000年，第306頁。

〔3〕葉舒憲《中國神話哲學》，北京：中國社會科學出版社，1992年，第190頁。

〔4〕參董蘊藴《金文中的“亞”字考》之統計，文載《大理學院學報》2005年第2期。

〔5〕分見中國社會科學院考古所編《殷周金文集成》第1401號、1413號、3094號摹圖，北京：中華書局，1984年。

〔6〕《重修宣和博古圖》，臺北：臺灣商務印書館影印《四庫全書》本，1983年，第840册，第383頁。

〔7〕阮元《積古齋鐘鼎彝器款識》卷一“虎父丁鼎”識文，光緒五年重雕本，第4頁。

先生以為"亞"形包有銘文的符號其象徵意義當與墓葬之"亞"形符號相同〔1〕，如此則"亞"形符號内包文字的情況可理解為此文字所代表的人或物處於宇宙之中央，正享受著生者的祝福，而得與存在之終極本體相互交融。其次，"亞"字也或作為一種象徵符號而與文字相並用，如甲骨文："丁丑卜，其兄（祝），王入於多亞？"（《摭續》167），朱鳳瀚先生認為，既然可"入"，那麽"亞"便是"一種處所，可以在那裹祭祀父甲、帝甲、大匕（妣）壬，應即是廟室〔2〕。"

漢字中使用此一符號時多作實心的"十"或"田"形，最早論及於此的蓋為姜亮夫先生，他在民國間所撰《干支蠡測》一文的"説甲"中云：

孚甲十字形之十，與數位之十相同。中土數字始於一，變於五，而終成於十，故許氏曰："十者數之成也。"累十則為百、千、萬。許以為一象東西，丨象南北。此説字形至為安妥。考人類一切初民皆共用一代表幸福嘉吉之符號，或作卍，或作☩，省之則作十，西人某氏（Mackerzie）之書論之詳矣。直至近世而其用仍不衰，至成為宗教中之神符。佛教徒用卍，□（苯）教用☩，而耶教用十（演為耶蘇死十字架）……即以從十諸字論之，如协，材十人也。升有隆義，十合為升。升不成其量也，《詩》"如日初升"，義至明。早者，《説文》："晨也，日欲出，在陰陽之交時也。"如卓，高也，早上為卓。協，衆之同和也，古文作叶。又斟，《説文》："斟，盛也。"又卙，《説文》："詞之集也。"又博，《説文》："大通也。"又古字，《玉篇》："始也。"《説文》"從十口，識前言者也。"又夲，《説文》："進趨也，從十猶兼人也。"又如"章，樂竟為一章，從音在十上。"樂竟者，樂成也。此外，如直，如針，如汁，如榫，如計，如什等，不一而足。總計此等字，皆與初始長成、嘉吉美盛義協。

姜先生所論雖僅從"十"字元號之通義而不是本體象徵角度展開，但其解此類字的思路則無疑具有重要的開創意義。如果結合前述"十"字象徵的本體意義，我們似乎可以認為姜先生所舉字例中的相當一部分也可以由此得到説明，如甲之始成義乃源於宇宙本體之初，日之出於宇宙本體之初為早，音之歸於宇宙本體之中為章等等，因為文字有轉相孳乳之特點，且因其演化過程中的符號化趨勢的影響，對於今天所見的從"十"之字當然亦應在梳理源流的基礎上分别論之，而不能一概以同一象徵取義蔽之，但其中有相當一部分從"十"之字用到其"宇宙本體"之象的意義應該還是明確的。

同理，從"田"形字也存在相同的情況，為免枝蔓，我們僅以數例言之，如"田"之本義或不僅僅是取像井田之形，而是取意於種子放進去後能生出新植物的所在，即像宇宙本體之形，種子在其中可以轉化而生出新"生命"。如"雷"亦是由可以"命風雨"的宇宙本體所發出的聲音（《説文》"雷，陰陽薄動生物者也"），如此等等。准此，則"鬼"（甲骨金文皆作從人從田形）字當解作人死後向宇宙本體回歸時的一種"靈性"存在形態，人們期望親人死後的屍體不僅僅是"入土為安"，而是還要能像種子入"田"一樣，經過

〔1〕艾蘭著，楊民等譯《早期中國歷史、思想與文化》，第116頁。

〔2〕朱鳳瀚《商周青銅器銘文中的複合氏名》，《南開學報》1983年第3期。

一段時間後回到宇宙本體，然後通過與宇宙本體的交融而獲得新生[1]。這種願望在早期人們的生命觀中應該是一種共識，如《論衡・論死》："人用神氣生，其死復歸神氣。"又《詩經・大雅・文王》"文王在上，於昭於天。周雖舊邦，其命維新。有周不顯，帝命不時。文王陟降，在帝左右。""帝"字當即早期文獻中對宇宙本體的一個人格化稱呼。今考古發現的早期墓葬品物及畫像亦多明確表達了人們死後升天的願望。中國的文化歷史因為不曾中斷，故其信仰基礎則一直延承了萬物有靈論的心理積澱，認為萬物皆有其神，若山川草木、土石瓦礫，各有其神，其稱名雖異，而內蘊之神則一，今或以為中國民間信仰為多神論者，恐未能得其真也[2]。這種理解也直接影響到中國傳統學術思想中對宇宙本體"道"（其具體稱名後來也有不同，如太極、性、理、神、空、法性、真如等等）的理解，以為道生萬物而又寓於萬物之中[3]，其以莊子對東郭子所論的在螻蟻、稊稗、瓦礫、屎尿等為一代表性表述。也就是說，人的生命雖然結束，但其屍體仍然存在世間，《禮記・祭義》："衆生必死，死必歸土。骨肉斃於下，陰為野土，其氣發揚於上為昭明也。"朱熹與弟子解此云：

> 曰："人氣本騰上，這下面盡，則只管騰上去，如火之煙，這下面薪盡，則煙只管騰上去。"曰："終久必消否？"曰："是。"[4]

此正表明屍體從消解到徹底的回歸本體之間要有一個過程，而作為宇宙之本體的"神"也必然會以一種形態存在於此日漸消鑠的屍體之中，"神"之此一存在形態即名之為"鬼"，"鬼"字的構形也正表達了人們的這樣一種認知結果[5]。并且，這一結果在鬼字使用的"語義場"中也可以得到印證。

三、基於"鬼"、"神"信仰的生命思考

《周易・繫辭上》："原始反終，故知死生之說。精氣為物，遊魂為變，是故知鬼神之情狀。"朱熹《周易本義》釋之云："陰精陽氣，聚而成物，神之伸也。魂遊魄降，散而為

---

〔1〕王充《論衡・論死》載漢時的流行說法云："人用神氣生，其死復歸神氣。陰陽稱鬼神，人死亦稱鬼神。氣之生人，猶水之為冰也。水凝為冰，氣凝為人，冰釋為水，人死復神。其名為神也，猶冰釋更名水也。"黃暉《論衡校釋》，北京：中華書局，1990年，第873頁。錢穆《儒釋耶回各家關於神靈魂魄之見解》亦有論云："古人祭祀之禮，小宗五世則遷，因子孫親屬五世而後，與其祖先年代不相接，感情不相通，祭祀感召即無靈驗。則人死為鬼亦暫時事，終必澌滅以盡，不能在人世常有其作用。"（載《靈魂與心》，第86頁）余英時申錢氏說云："新的一代將終止對最上一代的祭祀，但始祖除外，他作為世系身份的集體象徵而被保留下來。這個系統顯然基於這樣的假設：過了一定的時間之後，亡靈逐漸分散為原初的氣，并失去了他們的個體身份。"參《東漢生死觀》，上海：上海古籍出版社，2005年，第141－142頁。

〔2〕以水譬之，其稱湖海杯中之水為湖水、海水、杯水，是皆水也，不能因而謂之"多水論"或"泛水論"。參拙文《一本萬殊：中國民間信仰的本體反思》所論，載《中國俗文化研究》第5輯（2008）。

〔3〕參拙著《中國學術史述論》第5章第2節之"天理本體論"說，成都：巴蜀書社，2004年。

〔4〕《朱子語類》卷八七，北京：中華書局，1986年，第2258頁。

〔5〕至於"鬼"字在商周時期兼指鬼方之義，則當是"鬼"之本義"歸"的引申，先民因日月天象之出入而形成了以東象徵生、西象徵死的觀念，故以"鬼"字引申而指西方，方浚益《綴遺齋彝器考釋》卷三盂鼎："今按周代彝器文，其言征伐，東則曰東夷、曰淮夷、曰東國夷、曰方，南則曰荊、曰楚荊、曰南夷、曰南淮夷、曰蠻方，北則曰玁允，備載諸器。此與梁伯戈並曰鬼方，自是西方諸戎之通稱，與《博古圖》南宮中鼎之虎方同，非當時西方諸戎有此鬼方名號也。"涵芬樓1935年影印本，第32頁。

變，鬼之歸也。”又王充《論衡・論死》載漢代流行的一種說法云：

或說鬼神陰陽之名也，陰氣逆物而歸，故謂之鬼；陽氣導物而生，故謂之神。神者伸也，申復無已，終而復始。人用神氣生，其死復歸神氣。陰陽稱鬼神，人死亦稱鬼神。氣之生人，猶水之為冰也，水凝為冰，氣凝為人。冰釋為水，人死復神。其名為神也，猶冰釋更名水也。

按《說文・示部》：“神，天神，引出萬物者也。”劉向《說苑・修文》亦云：“神靈者，天地之本而為萬物之始也。”這能夠化生天地萬物（包括人）的“神”當即是宇宙創生的終極本體[1]，或者說，神是宇宙遍在的不斷地試圖因緣而創生萬物的終極本體，它引導萬物化生，最後又隨萬物之“死”而還原為本體神；而鬼則如上節所論，是萬物“死化”或者說“為變”後“屍體”中的本體存在形態，它在屍體消解後也將還原到作為終極本體的神“氣”中。《禮記・禮運》云：“人者，其天地之德，陰陽之交，鬼神之會，五行之秀氣也。”可以說，在人以及萬物的“生命”譜系中，鬼神是一對相互配合的文化範疇[2]，表示處於“陰陽”、“屈伸”、“聚散”、“動靜”或“消長”之時的本體存在形態[3]，這裏的“陰”、“陽”為形容詞，與本體論中表實體存在的“陰陽”二氣本身不同，它是從本體的功用角度命名的。或者說，此論鬼陰神陽云云并非從“本體”的角度來說神是全陽（或曰孤陽）而鬼是全陰（或曰孤陰）的，而是從“致用”的角度說“伸”“長”“散”“動”的本體運動狀態是陽而“屈”“消”“聚”“靜”的本體運動狀態為陰[4]，至於鬼神本身，仍是全具“陰陽”二氣的終極本體（若太極等所指）存在，夫唯如是，它們才能具有生化為變的基質。《淮南子・主術訓》“天氣為魂，地氣為魄”，高誘注云：“魂，人陽神也；魄，人陰神也。”其天陽、地陰之意當與前述表動靜等之陰陽同。

從前述朱子解“精氣為物，遊魂為變”中可以看出，在神生人成體、人化鬼歸神之間，他又增加了陰精陽氣、魂魄四個概念來解釋生命的內在結構。考《說文》云：“魂，陽氣也”，“魄，陰氣也。”是知朱子所謂的陰精陽氣與魄魂是相互對應的同一對概念的不

〔1〕錢穆在《中國思想史中之鬼神觀》中論及儒道兩家對於宇宙論之終極相異處的看法時說：“故儒道兩家主張自然之宇宙觀雖一，但道家主張自然之外無別義，因又謂宇宙終極是一無，儒家則承認此自然宇宙之最後終極乃一神。”“老子道家謂宇宙衆始是一無，而《易傳》儒家則改説宇宙衆始是一神。此層為晚周儒道兩家思想上一大分辨。”載《靈魂與心》第60、61頁。錢先生蓋從名相分別處言之，要其實，道家之“無”與儒家之“神”皆是對宇宙終極本體形態的一個能指稱名而已，其所指當同。

〔2〕如《尚書・太甲》云：“惟天無親，克敬惟親，民罔常懷，懷於有仁，鬼神無常享，享於克誠。”又《禮記・中庸》載孔子語：“鬼神之為德，其盛矣乎！視之而弗見，聽之而弗聞，體物而不可遺，使天下之人齊明盛服以承祭祀，洋洋乎如在其上，如在其左右。”

〔3〕《朱子語類》卷六三云：“天地間只是此一氣耳，來者為神，往者為鬼。譬如一身，生者為神，死者為鬼，皆一氣耳。”“論來只是陰陽屈伸之氣，只謂之陰陽亦可也。然必謂之鬼神者，以其良能功用而言也。”第1547、1545頁。

〔4〕（清）楊方達《正蒙集説・動物篇第五》釋張載“氣於人生而不離，死而遊散者謂魂；聚成形質，雖死而不散者謂魄”句云：“魂是氣之神，魄為形之靈，魂陽而魄陰，魂動而魄靜。……魂有聚散，魄則聚成形質而不散。”上海：上海古籍出版社《續修四庫全書》本，2003年，第951册，第423頁。此雖未明言陽即表動而陰乃表靜，然其意當違之不遠。一般來説，翕鬱發散、“無所不之”乃本體之常態，（楊氏提到“魂有聚散”説，乃從“物質”角度的想像來立論，不確。）故神除在與“鬼”對稱時指本體的“伸”、“長”、“動”等“良能”或致用形態外，往往也被用來指稱本體的一般存在形態。至於本體之處於“屈”、“消”、“靜”等“良能”或致用形態，則必有“被迫”之故，即所謂寓於有形物體之中，譬如水之凝結，以不得流動而謂之冰也。

同稱名，只是《説文》稱魄為陰氣而朱子因注《周易》而稱之為陰精，二者所指實同，蓋以魄之實質論，魄亦氣也；而以魄之存在方式論，魄乃寓於有形之中，為形所固而主靜守，故名之曰精、曰形。《左傳》昭公七年載子産論此最明：

人始生化曰魄，既生魄，陽曰魂。用物精多，則魂魄强。是以有精爽，至於神明。

唐孔穎達疏證云：

人之生也，始變化為形，形之靈者名之曰魄也。既生魄矣，魄内自有陽氣，氣之神者名之曰魂也。魂魄，神靈之名，本從形氣而有，形氣既殊，魂魄亦異。附形之靈為魄，附氣之神為魂也。附形之靈者，謂初生之時耳目心識手足運動啼呼為聲，此則魄之靈也；附氣之神者，謂精神性識漸有所知，此則附氣之神也。是魄在於前而魂在於後，故云"既生魄，陽曰魂"。

由此可知，魄不是指形體本身，而是形體之靈明者之稱；魂則是流動於魄之間的神氣，此神氣可隨時與天地之氣相交通，《靈樞·本神》所謂"隨神往來者謂之魂"是也。從有形世界言，自是先生魄而後魂乃因而得知，宋代道學家亦多持此論[1]。從宇宙生命的生化邏輯言，則是魂所從生之神本已先在，只不過在魄生之後才能因魄而被體知并别稱之為魂而已。以世理況之，若收音機之於聲音，聲音并非預裝於機内，然機器要在裝成後才可以接收聲音，唯此聲音是先在的，是在未開機甚至未裝機前就已存在的，不是在安裝或打開機器以後它才"生成"的，只不過在先在的時候它被稱作"無線電波"，恰如魂在融入形魄之先被稱作神一樣。錢穆先生在《靈魂與心》一文中指出："就其與身體之關係言，靈魂與肉體對立，在肉體未成長以前，靈魂已存在，在肉體已破毁之後，靈魂依然存在。所以肉體與靈魂二者成為各自獨立[2]。"只不過在肉體未生成以前已存在的"靈魂"稱為神，而在肉體已"破毁"之後的"靈魂"又轉歸於神而已。細論之，則肉體的"破毁"實又分為二階段，一是生命已逝，即靈魂已散歸於神[3]，魄轉化為鬼而存在於屍體之中；二是屍體消磔，鬼最終也回歸為神。

---

〔1〕周敦頤《太極圖説》云："無極之真，二五之精，妙合而凝……惟人也得其秀而最靈，形既生矣，神發知矣。"載《周敦頤集》，北京：中華書局，1990年，第4—5頁。又《朱子語類》卷三亦云："人生初間是先有氣，既成形，是魄在先。形既生矣，神發知矣，既生形後，方有精神知覺。"第41頁。精神知覺乃魂的表現功能。

〔2〕載《靈魂與心》，第9頁。錢先生舉此欲以證明西方靈魂與肉體二分説的特徵，與本文之理解不同，然本文通過對鬼神及神魂形魄之關係的討論，認為中國傳統的鬼神觀與西方有著某種程度上的一致性，但卻在生成論的理解上與西方的上帝造人而後躲在"遠處的天上"之説不同，生成論認為神生萬物而後仍寓於萬物之中，恰如一枚受精卵細胞，當它由一變二，由二變四，以至於數百萬億個細胞的形成，那個原初的細胞并未消失或躲到他處，而是同時孕於一個生命體的所有細胞中，或者説，一個生命體的所有細胞之基因資訊皆與原初的那枚卵細胞相同。所以創造論者可以説是二元論的生命觀，而生成論者卻仍持一元論的生命觀，這從傳統之魂魄鬼神的歸宿説中看得更為明白。

〔3〕《左傳》昭公七年子産論伯有化厲事孔疏："聖王緣生事死，制其祭祀，存亡既異，别為作名，改生之魂曰神，改生之魄曰鬼。"

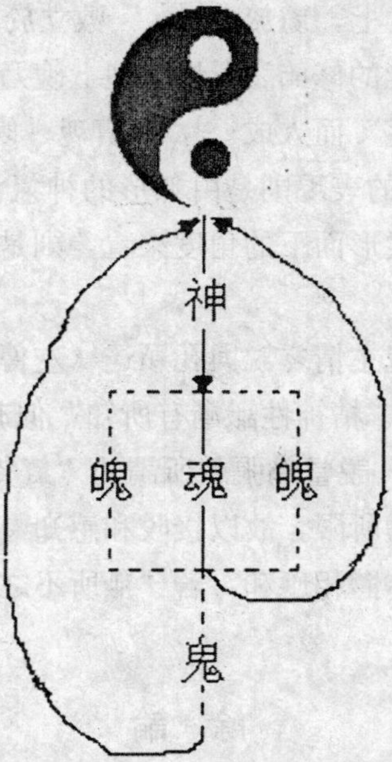

從子産之論中我們又可以得知，人之飲食噓吸的品物如果精緻而多，則魂魄就可以强盛，此蓋如收音機用料精良，則其收音效果也一定較好一樣。因為這樣的形體中的魂魄有更大的"聚散"能力而致易與體外之終極本體——神相通契。但與收音機之喻不同的是收音機的材質不可能由"聲音"或"無線電波"製成，而形魄卻與神魂同源於作為本體的神，只不過魄是凝聚在形體之中，故静而内斂，因飲食而與地相養[1]；而魂仍保存了化生形體之前的狀態，故動而發散，因噓吸而與天相通。從造字構形的角度來説，魂魄二字從鬼旁乃取鬼之歸義，即二字皆因人之形體而生，故其既生之後，亦必將如人體一樣"轉瞬"而返歸於本體，而從云、從白之不同，乃以明辨二字的具體意義之别，《白虎通·性情》云："魂魄者何謂也？魂猶伝伝也，行不休於外也，主於情；魄者，迫然著人，主於性也。"正謂此也。

另外，從民間所習傳的"三魂七魄"一語中也可以瞭解到魂魄之間的這種先後依存關係。此説最早見於道教經典《抱朴子·地真》："欲得通神，當金水分形，形分則自見其身中之三魂七魄。"宋代張君房《雲笈七籤》卷一三謂三魂指爽靈、胎元、幽精。又卷五四述七魄指屍狗、優矢、雀陰、吞賊、非毒、除穢、臭肺。這種説法在宋代當時就遭到學者的懷疑，如俞琰《席上腐談》卷上云："醫家謂肝屬東方木而藏魂，肺屬西方金而藏魄，道家乃有三魂七魄之説。魂果有三，魄果有七乎？曰'非也'。蓋九宫數以三居左，七居右也。"[2] 其實俞琰之説也不確。但至少啟發我們從另外的角度來探討三魂七魄的含義。我們認為，三、七二數與宇宙之化生序數有關，三國時吴人徐整《三五歷記》載云："數

〔1〕《老子河上公注·成象第六》"是謂玄牝"注："天食人以五氣，從鼻入……魂者雄也，主出入人鼻，與天通，故鼻為玄也；地食人以五味，從口入……魄者，雌也，主出入［人］口，與地通，故口為牝也。"鄭成海《增訂老子河上公注疏證》，臺北：華正書局，2008年，第59頁。

〔2〕（宋）俞琰《席上腐談》，臺北：臺灣商務印書館影印《四庫全書》本，1983年，第1061册，第607頁。

起於一，立於三，成於五，盛於七，處於九[1]。”數立於三而盛於七，則“三”、“七”二數乃是形容“魂”、“魄”之功能的修飾語，即三魂七魄乃指神動為魂則“生化之胎立”而人始，神化為魄則“生化之體盛”而人成[2]，其實魂、魄仍同起於作為終極本體的“一”或“太極”，但在有形之人身上的表現則是由無形的神氣漸化為有形的精魄，神氣又直接以魂的形態存寓於精魄之中。從形而下的角度來看，則是先看到有形的精魄，再進一步體察，才能感悟到無形的靈魂。

又《白虎通》論魄主性、魂主情之説與孔穎達《左傳》疏證中的魄之靈為“耳目心識手足運動啼呼為聲”、魂之神為“精神性識漸有所知”似有不同，《禮記·禮運》亦以魂為知氣[3]，則《白虎通》之“性”説當為張載所謂的“氣質之性”，而非“天命之謂性”的“天地之性”。氣質之性囿於肉體所限，故以接收和感知為其表現形態；而天地之性則是遊蕩發散，以與肉體之外的萬物本體相應和，若“無所不之”的情志、思慮等等乃為其特點之顯於外者[4]。

餘　論

在傳統文獻中，鬼神魂魄諸詞一向用法較亂，然語詞之用有“渾言則通，析言則别”之理[5]，學人若能因本馭末，則不可亂矣。

又與鬼有關的事尚有三題，今亦略申所見，而不作展開討論，冀幸得引達者深思之玉焉。

一、祭祀之目的。《禮記·祭義》云：“君子反古復始，不忘其所由生也，是以致其敬，發其情，竭力從事，以報其親，不敢弗盡也。”但這只是儀式的過程，是手段，其目的則是“易直子諒之心生則樂，樂則安，安則久，久則天，天則神”，此與孔子“祭如在，祭神如神在”，和董仲舒所解釋的“祭者，察也，以善逮鬼神之謂也”、“祭，然後能見不見；見不見之見者，然後知天命鬼神；知天命鬼神，然後明祭之義”（《春秋繁露·祭義》）。也就是説，祭祀的目的并非只是世俗意義上的盡孝之意，而是要因“鬼”而與作為本體的神相交通，藉以啟動祭者生命中的神聖靈覺，以得盡“行父母之遺體”（《禮記·祭

---

〔1〕歐陽詢《藝文類聚》卷一引，上海：上海古籍出版社，1982年，第2—3頁。此是宇宙化生序數最為完整的表達，他如《史記·律書第三》之“數始於一，終於十，成於三”云云，亦同，此又與《老子》“一生二，二生三，三生萬物”之論有承繼關係，皆可明其産生時代之大略。

〔2〕民間神話有“七仙女”之説，其“七”之寓意亦當與“七魄”同，仙女原屬本體的神之層面，即靜則為“起於一”而動則為“立於三”之境界，但因其“思凡”而轉“墜”於以“盛於七”為特徵的人間世界，故亦用“七”以修飾之，非謂此仙女排行第七，其前仍有六個姐妹也。

〔3〕原文謂人死“體魄則降，知氣在上”。

〔4〕《朱子語類》卷八七：“陰主藏受，陽主運用。凡能記憶，皆魄之所藏受也，至於運用發出來是魂。這兩個物事本不相離，他能記憶底是魄，然發出來底便是魂。能知覺底是魄，然知覺發出來底又是魂。”“魄盛，則耳目聰明，能記憶。所以老人多目昏耳聵，記事不得，便是魄衰而少也。”“陰主藏受，故魄能記憶在內。陽主運用，故魂能發用出來，二物不相離。”第2259頁。

〔5〕渾言（又稱泛言、散文等）指對同類事物的統稱，與析言相對，析言（又稱對言、對文等）指對同類事物細加辨别時而專用的名稱。

義》）的天命之性〔1〕。之所以强調以親族之先人為祭祀物件，乃因其易“同氣相應”而易於感通故也〔2〕。

二、强死之鬼為厲説。《左傳》襄公三十年載鄭國權臣伯有奢侈無度，嗜酒夜飲，至廢政事，子晳聯絡駟帶、公孫段伐之，殺伯有。昭公七年則載伯有死而化為厲鬼，托夢給駟帶和公孫段，言某年月日將分別殺之，二人至期而卒。子産解釋説：“匹夫匹婦强死，其魂魄猶能憑依於人以為淫厲，況良霄（伯有）……三世執其政柄，其用物也弘矣。其取精也多矣，其族又大，所憑厚矣，而强死，則為鬼，不亦宜乎！”化厲之説，乃魄之所為，非魂也。最後的解決辦法是為伯有之二子授官以承供祭祀，伯有之鬼才因以安寧，子産解釋説：“鬼有所歸，乃不為厲，吾為之歸也。”鬼乃屍身之“神”，若動植物受到傷害，猶知報復〔3〕，則此屍身之“神”之報復害己之人，於理亦宜。先秦兩漢文獻記載鬼厲為害事較多〔4〕，宋代道學家程頤、朱熹等都相信“伯有為厲”的真實性，但認為這是非常之理〔5〕。

三、轉世輪回説。張載曾批評佛教之輪回説云：“浮圖明鬼，謂有識之死，受生迴圈，遂厭苦求免，可謂知鬼乎？……”錢穆先生申之云：“此條仍本造化一體立論。果知造化之一體，由造化生發而有人，人必回歸於造化。人那能專私擅有了這一身，不再向造化回歸，而單由這一身自己在不斷輪回流轉，死後有鬼，鬼復轉胎成人。這樣便成為無造無化，宇宙間只是這些衆生在各自永遠輪回。明道説：‘放這身都在萬物中，不要從自家軀殼上頭起意’，横渠此條，正是此意，只説來更明白。以後朱子再從此條又闡説，此乃宋儒論鬼神辟佛家輪回一貫精義之所在。”〔6〕然此論似僅見其一端，如前所述，人死乃分兩階段而逐漸返歸本體，而萬物及人之生又是本體因緣而化。其理略如以一杯水倒入湖中，其必交融於湖之水，如再從湖中舀出一杯水，雖不便即説此杯水即原杯水，但也不得謂此杯水絶非原杯水也。故張載的天地父母、民胞物與之説甚是，而“靈魂”轉世甚至化為異類的説法在邏輯上也應該成立，只是靈魂散時，非以傳説故事中的孤立之形的“人格神”模式存在，而是要直接融入本體之共相中，然後再參與因緣生化而已。

關長龍（1964－），男，遼寧省岫巖人。史學博士，浙江大學古籍研究所教授

〔1〕錢穆於《中國民族之宗教信仰》一文中指出：“然祭者猶生，若以超出於小我有限之生命者論之，則此祭者内心一片無限生命之敏覺，固已通生死而一之。”載《靈魂與心》，第26頁。其實不僅是通生死，而是祭者通過自己先人“符號”的引導而與無限的本體世界得以時相交通。

〔2〕《朱子語類》卷三云：“然人死雖終歸於散，然亦未便散盡，故祭祀有感格之理。先祖世次遠者，氣之有無不可知，然奉祭祀者既是他子孫，畢竟只是一氣，所以有感通之理。然已散者不復聚。”第37頁。

〔3〕譬如王小波《植物對動物的“戰爭”》所述之長頸鹿與金合歡樹之間的鬪爭，即可見一般。載《百科知識》2002年第1期。

〔4〕參林素娟《先秦至漢代禮俗中有關厲鬼的觀念及其因應之道》，載《成大中文學報》第13期，2005年。

〔5〕《朱子語類》卷三載朱熹語：“至如伯有為厲，伊川謂别是一般道理。蓋其人氣未當盡而强死，自是能為厲。”“若是為妖孽者，多是不得其死，其氣未散，故鬱結而成妖孽。……然不得其死者，久之亦散，如今打面做糊，中間自有成小塊核不散底，久之漸漸也自會散。”第37、45頁。按此喻如論與屍體同在的“鬼”之消解的久暫較為合適，但如解釋為死者之魂魄“氣結未散”而為患人間，則恐不盡合理。疑鬼之為厲事僅是與“鬼”因子孫感格而加以福佑“行為”相反的一種能動反應，而非以“人格神”的形態往來於時空之中。

〔6〕《靈魂與心》第69－70頁。

The origin of Sinaean Character "*Gui*"（鬼）: and the Belief to Ghosts and Gods of Live Understanding of Traditional Sinaean Notion understanding

GUANG Chang－long

（Institute of Ancient Chinese Literature, Zhejiang University, Hangzhou, Zhejiang Prov., 310028）

Abstract: " Ghost, which means reunification. " This perspective has always been the consensus of scholars since the pre－Qinn the ideographic characters based tradition, the relationship between the explanation and the configuration of the charactergu (ghost) as well as people's belief in spirits, have been discussed since *Shuo Wen Jie Zi* of the Han Dynasty. However, limited by the configuration of the small seal style gui, all the previous studies have not formed a holistic system. The discovery of oracle in the late Qing Dynasty reveals more shapes of gui., which stirs further introspection and discussion on the relationship between its form and meaning , However, so far we have seen a lot of different perspectives, yet there is no well－accepted conclusion. In this article, we believe that the symbol *tian* (田, which means field) in the character gui is one of the oldest symbols of human being which is widely used in religious and funeral sites, representing the center of the universe and the spirits of the ultimate reality, The configuration of guiis a reflection of the traditional Chinese thinking about the return to the Ultimate Reality after death. This vision coincides with the semantic field of gui: the ontology of God as the ultimate reality creates things and resides in all things, and there are two forms of people who reside there, which are *yin* and *yang* (static and dynamic), *Yang* dynamic one (ontology of God in its natural form) is the soul, while the *Yin* limited one (ontology of God has been limited in person' s body) is the spiritWhen aperson dies, the soul will return to the ontology of God, and the spirit will return to the earth with the body. The reality residing in the body will be called ghost. When the body rots, the ghost will return to the ontology of God as well, and participate the new circle of birth and death.

Key words: Ghost; God; Soul; Spirit

兩種文言小説書目補正續*

羅　寧

（西南交通大學 中文系，四川省 成都市 610031）

提要：《中國文言小説總目提要》和《中國古代小説總目》是目前學術界廣泛使用的兩種小説書目著作，為人們瞭解古代文言小説的基本情況提供了方便，具有較高的學術價值。但是其中也存在一些問題，本文選取兩書中涉及的30部小説進行了正誤和補充，計唐前2部，唐五代5部，宋代23部，包括《錢譜》、《造化權輿》、《盧公家範》、《佐談》、《章程》、《文場盛事》、《范陽家志》、《衣冠盛事》、《石渠録》、《瑣碎録》、《紀談録》、《侍兒小名録》、《醉鄉小略》、《潮説》、《花木録》等。

關鍵詞：文言小説書目　《造化權輿》　《盧公家範》　《范陽家志》　《侍兒小名録》

《中國文言小説總目提要》和《中國古代小説總目》，為近年出版之古代小説研究成果，在學界已產生較大影響。我曾撰寫《兩種文言小説書目補正》[1]，選取30部唐五代小説予以補正，其目的是希望對這兩部重要著作進行拾遺補缺，並無求全責備之意。今又選取二書中30部小説，計唐前2部，唐五代6部，宋代22部，撰成《兩種文言小説書目補正續》。其體例亦如前文：每條先列小説書名，書名後標出該小説在《中國文言小説總目提要》和《中國古代小説總目・文言卷》（以下分别簡稱《提要》、《總目》）中的頁碼，然後引兩書中文字，進行修正或補充。所涉及兩部書目之提要如相同或相近，則只引其中一書之説，以避繁瑣。所選之小説多亡佚而名不甚著者，所補之事亦但關乎文獻考據，至於其書之内容與評論，仁智異見，非本文之事也。《隋書・經籍志》、《新唐書・藝文志》、《宋史・藝文志》、《通志・藝文略》，以下簡稱《隋志》、《新唐志》、《宋志》、《通志略》。

【錢譜】《提要》36頁。《總目》335頁。《總目》："《隋書・經籍志》譜系類著録顧烜《錢譜》一卷，其人未詳。《舊唐書・經籍志》入農家類，《宋史・藝文志》始入小説家類，作顧協撰，當以此為是。書已亡佚，未見佚文。"《提要》亦稱"梁顧協撰"。按，此書作者之名，《隋志》、《舊唐書・經籍志》、《新唐志》均作"顧烜"，應以顧烜為是。《初學記》

* 本文為國家社科基金項目"唐五代軼事小説研究"（10CZW026）與教育部人文社會科學重大項目"儒學的世俗化與民間文化心理"（8JJD840200）之成果。

〔1〕載《中國俗文化研究》第6輯，成都：巴蜀書社，2009年。此文及今所續撰文中所涉及提要之譌誤，朱一玄、寧稼雨、陳桂聲編著之《中國古代小説總目提要》（北京：人民文學出版社，2005年）大多亦有類似問題，為避繁瑣，討論中不列入此書。

卷二“露”引梁顧煊《賦得露詩》[1]，即顧烜，可知為梁代人。洪遵《泉志》序云：“泉之興，蓋自燧人氏以輕重為天下，太古杳邈，其詳叵得而記。至黄帝成周，其法寖具，秦漢而降，製作相踵，歲益久，類多湮没無傳。梁顧烜始為之書，凡歷代造立之原，[一]大小輕重之度，皆有倫序，使後乎此者可以概見。唐封演輩從而廣之，國朝金光襲、李孝美、董逌之徒，纂録寖出。”[2] 而《泉志》中多引“顧烜《錢譜》”及“顧烜”之説，佚文可見。

【要用對語】《提要》37頁。《總目》582頁。《提要》：“《隋書·經籍志》小説家類著録，四卷。已佚。”按，《隋志》小説家著録為《要用語對》，書名誤。

【造化權輿】《提要》52頁。《總目》653頁。《提要》：“趙自勔撰。《新唐書·藝文志》小説家類著録，六卷。《直齋書録解題》入雜家類，云：‘唐豐王府法曹趙自勔撰。天寶七年表上。陸農師著《埤雅》頗採用之，其孫務觀，嘗兩為之跋。余求之久不獲，己亥歲從吴門天慶《道藏》中借録。’其書久佚，未免佚文。據書名及陳振孫語，似為命定之類怪異故事。”按，此書屬於事始物原類小説，并非記異之書。《玉海》卷三“唐造化權輿”條云：“《藝文志》小説家：趙自勔《造化權輿》六卷（《崇文目》同）。《中興書目》：唐天寶中豐王府法曹參軍趙自勔撰。上述太極、天地、山岳、七曜、五行、陰陽之所始，中述人靈動用之所由，下述萬物變化鬼神之所出。”陸游跋見卷《渭南文集》二十六《跋造化權輿》，卷二七《跋家藏造化權輿》。此書佚文，余自《埤雅》中輯得九條，餘書中尚見數條。

【柳氏家學要録】《提要》106頁。《總目》264頁。《提要》：“原書已佚。”按，此書尚可見佚文。余嘉錫《讀已見書齋隨筆》輯《柳氏家學録》佚文三條[3]。余又輯得佚文數條。

【盧公家範】《提要》106頁。《總目》269頁。《提要》：“《崇文總目》小説類原注‘闕’，則宋代已佚。盧僎事跡史傳未載。《全唐詩》卷九九收其詩十四首。據其《讓帝挽歌詞》前小序，知為開元中人。”按，盧僎屢見於《新唐書》。《新唐書》卷二〇〇《儒學下》云：“開元集賢學士，又有尹愔、陸堅、鄭欽説、盧僎名稍著。”又云：“盧僎，吏部尚書從愿三從父也。自聞喜尉為學士，終吏部員外郎。”據《新唐書·宰相世系表三上》，盧僎為汝州刺史盧弘懌子，曾為汝州長史，與盧從愿為昆弟行[4]，疑本傳誤記。《新唐書》卷二〇〇《儒學下·褚無量傳》又記褚無量表奏聞喜尉盧僎等四人校讎秘書。《新唐書》卷一一八《韓思復傳》又記其為韓思復“故吏”，與孟浩然立石峴山。孟浩然詩中有《盧明府九日峴山宴袁使君、張郎中、崔員外》，《陪盧明府泛舟回作》，《和盧明府送鄭十三還京兼寄之什》，《同盧明府餞張郎中除義王府司馬，海園作》，《盧明府早秋宴張郎中海

〔1〕逯欽立《先秦漢魏晉南北朝詩》據《初學記》收入，見《梁詩》卷二八，北京：中華書局，1983年，第2119頁。

〔2〕洪遵《泉志》，《秘册彙函》本，見《叢書集成初編》。“一”，《學津討原》本作“若”。《玉海》卷一八〇“唐錢譜”條：“《藝文志》農家類：顧烜《錢譜》一卷。（顧氏為書，凡歷代造立之原，大小輕重之度，皆有倫序。）”注文當據《泉志》序為言，是知序中“一”字當删。

〔3〕見《余嘉錫論學雜著》，北京：中華書局，1963年，第656—658頁。

〔4〕《新唐書》，中華書局點校本，第9册第2928、第2930頁。

園即事，得秋字》，盧明府即盧僎。此書佚文見《太平御覽》等。余有《開元詩人盧僎及其詩文考論》、《唐代家範三種考論》可參[1]。

【佐談】《提要》107頁。《總目》691頁。《提要》："章絢撰。《新唐書·藝文志》小説家類著録，十卷。"按，此書未見《新唐志》，乃是《宋志》著録韋絢《佐談》十卷。又，《秘書省續編到四庫闕書目》小説類有《佐譚》十卷，《遂初堂書目》小説類有《佐譚》，均無撰者名。

【章程】《提要》110頁。《總目》660頁。補："章程"一詞於唐代亦指飲酒時所遵從之規定，與令章[2]、酒令同義。如《北里志·俞洛真》："洛真雖有風情，而淫冶任酒，殊無雅裁，亦時為席糾，頗善章程。鄭右史（仁表）常與詩曰：巧制新章拍指新，金罍巡舉助精神。時時猶得横波盼，又怕回籌錯指人。"《北里志·楊妙兒》："又以具善章程，愈相知愛。"《醉鄉日月·使酒》："大凡蔑章程而務牛飲者，非飲源也。"敦煌寫本《酒賦》："無勞四字犯章程，不明不快酒盛滿。……壺觴百杯徒浪飲，章程不許李稍雲。"

【文場盛事】《提要》123頁。《總目》487頁。《提要》："佚名撰。《遂初堂書目》小説類著録，又故事類重出。《新唐書·藝文志》入雜傳類。《崇文總目》入傳記類。原書已佚，未見佚文。據書名似與舉子入試軼聞有關。"按，"雜傳類"當作"雜傳記類"。《通志略·史類·傳記·科第》有《唐文場盛事》一卷，無撰人名。《玉海》卷五一"唐文場盛事"條："《書目》：一卷，不知作者。載唐人世取科第，及父子、兄弟、門生、座主同時者。"（又見《玉海》卷五一"唐文場盛事"條）可見此書内容大概。

【貨泉録】《提要》160頁。《總目》155頁。《提要》云："《宋史·藝文志》小説類著録，一卷。原書已佚，未見佚文。"按，《郡齋讀書志》著録《貨錢録》一卷，注："右皇朝陶岳撰。記五代諸侯擅改錢幣之由。幽州、嶺南、福建、湖南、江南五國。"《遂初堂書目》譜録類亦著録陶岳《貨泉録》。又按，洪遵《泉志》頗引此書，多記五代時錢事，佚文可輯。

【范陽家志】《提要》162頁。《總目》81頁。《提要》："盧藏撰。《宋史·藝文志》小説類著録，二卷。書已亡佚，未見徵引。盧藏事跡史傳未載，據《金石萃編》卷一三三《澹山巖題名》、一三四《零陵縣朝陽巖題名》，知其字魯卿，河南人。嘉祐時官潭州湘潭縣主簿，權永州推官。"按，《通志略·史類·譜系·家譜》有《范陽家志》五卷，題"盧藏用撰"。作者當作盧載。王銍《四六話》卷上云："盧多遜丞相謫海外，國史載其謝表，末云：'流星已遠，拱北極以無由；海日空懸，望長安而不見。'又其孫載作《范陽家志》，附其臨終自作遺表，略云：'昔日位居黄閣，衆口鑠金；此時身謝朱崖，蔓草縈骨。'雖有五代衰氣，然亦可哀矣。"可知盧載是盧多遜（934－985）孫。《直齋書録解題》詩集類有《盧載雜歌詩》一卷，注："盧載厚元撰。集中有與胡則、錢惟演往來詩。"即此人。《金石萃編》所載盧藏為嘉祐（1056－1063）中人，時代太晚。又，《玉照新志》卷一云："明清

〔1〕拙文《開元詩人盧僎及其詩文考論》，收入《中國詩學》第16輯，《唐代家範三種考論》收入《第三届中國俗文化國際學術研討會論文集》，其主要内容曾在第三届中國俗文化國際學術研討會（成都2009）上發表。

〔2〕"令章"參見項楚老師《令章大師李稍雲》，載項楚《柱馬屋存稿》，北京：商務印書館，2003年。

家昔有盧載《范陽家志》一書，敘其祖盧多遜行事之詳，為陸務觀假去，因循不曾往索，尚能仿佛記其二三，則云：多遜素與李孟雍穆厚善，多遜竄逐，萬里相望，聲迹渺絶。時法禁嚴，邸報不至海外。一日忽赦書至，後有參知政事李，多遜云：此必孟雍，若登政府，吾必北轅。戒舍人俶裝。已而果移容州團練副使，未渡巨浸，忽見江南李主，衣冠如平生，問云：相公平生何以至此？多遜云：屈。後主云：汝屈何如我屈。由是感疾而殂。"又："又多遜門下士有种英、蘇冠者，平生最器重之，得罪之後，賓客雲散，獨英、冠二人徒步送抵天涯而還。英後易名放，即明逸。冠易名易簡，魁天下，為參知政事。"是可見佚文二條。

【衣冠盛事】《提要》162 頁。《總目》589 頁。《提要》："錢明逸撰。《宋史・藝文志》小説類著録，一卷。今傳重編《説郛》及《古今説部叢刊》本均題唐蘇特撰，疑為明人僞託。他本未見。"按，《四庫闕書目》小説類有錢明逸《衣冠盛事》一卷。《玉海》卷五一"皇朝衣冠盛事"條："錢明逸載建隆以來訖熙寧衣冠盛事一卷，有景靈宫五朝繪像、功臣姓名附於後。"可知其書大概。《新唐志》雜傳記類有蘇特《唐代衣冠盛事録》一卷，《直齋書録解題》雜史類有《衣冠盛事》一卷，云："唐武功蘇特撰。"《宋志》傳記類有"蘇特（一作時）《唐代衣冠盛事録》一卷"。此與錢明逸《衣冠盛事》不同。然今傳本蘇特《衣冠盛事》亦僞書，蓋明人雜抄《國史補》、《因話録》、《隋唐嘉話》、《夢溪筆談》諸書為之。

【張舜民小説】《提要》164 頁。《總目》658 頁。《提要》："張舜民撰。未見著録及傳本。《錦繡萬花谷》前集卷三五引'密雲龍條'，敘崇寧間神宗下令製密雲龍事，末署出'《張舜民小説》'。知張舜民有此書。"按，此條實為張舜民《畫墁録》文字，稱"張舜民小説"者，泛稱也。此目當刪。

【石渠録】《提要》168 頁。《總目》393 頁。《提要》："黄伯思撰。……原書已佚，未見佚文。"按，涵芬樓《説郛》卷一二《悦生隨抄》引一條："八舅王彦舟侍郎，常［隨］〔跋〕周昉、韓幹畫人馬，云：'天廐無瘠馬，宫禁無悴容。宜乎韓馬周人皆肥。'"

【瑣碎録】《提要》171 頁。《總目》449 頁。《提要》："温革撰。《直齋書録解題》小説家類著録《瑣碎録》二十卷，《後録》二十卷。未見傳本及佚文。……温革事跡未詳。"《總目》："陳振孫著録其書，當作宋理宗時之前。"按，《文淵閣書目》卷三有《瑣碎録》一部三册。温革，字叔皮，南渡前後人。《建炎以來繫年要録》卷一三八："紹興十年冬十月壬申朔，秘書省正字温革，監登聞檢院馬竑罷。時言者論二人專守偏見，議議紛然，望使各與外任，庶幾人知好惡，國是自定。乃以革通判洪州。"《南宋館閣録・官聯・正字》："温革，字叔皮，温陵人。何榜上舍出身，治易。（紹興）八年五月除（秘書省正字），十年十月通判洪州。"《八閩通志》卷六七《人物・泉州府・良吏》："温革，字叔皮，惠安人。政和中第進士。初名豫，後恥與齊同，改今名。紹興初，被命與莆人方廷實使河南修山陵，歸，奏以實語，甚憤激。忤秦檜意，出知南劍州，改知漳州，甚得民譽。終福州轉運使。"今存《分門瑣碎録》殘本，《續修四庫全書》據上海圖書館藏明抄本影印，方健以為此本為明人據《瑣碎録》摘抄重編之本〔1〕。

【紀談録】《提要》171 頁。《總目》168 頁。《提要》云："晁邁撰。《直齋書録解題》小説家類著録，十五卷。……晁邁事跡史傳未載，僅據陳振孫注，知其字伯咎，號傳密居士。"按，作者當為晁公邁。陳振孫注云："稱傳密居士，不著名氏，蓋晁公邁伯咎也。""公"字不當省。晁公邁（1091－1146），北宋晁詠之長子。其生平略見何新所《昭德晁氏家族研究》〔2〕。

【侍兒小名録】《提要》174 頁。《總目》399 頁。《提要》："洪炎（或作洪芻、洪遂）編輯。……原書不存。《續百川學海》、重編《説郛》收有洪遂《侍兒小名録》……故今本當為明人偽撰而妄題洪遂原書。……洪炎其人未詳。"按，此書作者當是洪炎。洪炎（1067－1133），字玉父，南昌人。與其兄洪朋（龜父）、洪芻（駒父）稱三洪，均是江西詩派的重要詩人。洪炎元祐六年（1091）登進士第，宣和中累官著作郎、秘書少監，紹興三年（1133），以秘書少監守中書舍人。所謂洪遂之書，實是明人雜取三書而成，其中 1－10 條出自《侍兒小名録拾遺》，11－22 條出自《補侍兒小名録》，23－32 條出自《續補侍兒小名録》，其條目排列順序也與《稗海》本三書各自順序相同〔3〕。

【閒燕常談】《提要》176 頁。《總目》513 頁。《提要》："《直齋書録解題》小説家類著録一卷。袁行霈、侯忠義《中國文言小説書目》有北京大學圖書館藏抄本。未見。"按，《直齋書録解題》著録為三卷，非一卷也。《遂初堂書目》小説類亦著録《閒燕常談》。重編《説郛》卷三七收此書節録本。余又輯得佚文三條。

【隨園紀述】《提要》180 頁。《總目》445 頁。《提要》："姚迥撰。《宋史・藝文志》小説類著録，一卷。原書已佚，未見佚文。迥字及之，淳熙五年（1178）進士，終承議郎通判臨安府。事跡見《嘉定赤誠志》。"按，書名當作《隨因紀述》，作者是晁迥。《宋志》著録為姚迥《隨因紀述》一卷，作者亦誤。《宋史》卷三〇五《晁迥傳》："所著《翰林集》三十卷，《道院集》十五卷，《法藏碎金録》十卷，《［耆］〔耄〕智餘書》、《隨因紀述》、《昭德新編》各三卷。"晁迥（951－1034），字明遠，太平興國五年（980）進士。真宗時累遷工部侍郎、刑部侍郎、兵部侍郎。仁宗時遷吏部尚書，以太子少保致仕〔4〕。卒贈太子太保，謚文元。《隨因紀述》雖佚，然其内容有採入《道院集要》中者。《郡齋讀書志》别集類有《晁文元道院集要》三卷，云："右皇朝王古編。其序云：'文元晁公，博觀内書，不徒力行復，勤於譔述，以開導後學。其書曰《道院别集》，曰《自擇增修百法》，曰《法藏碎金》，曰《隨因記述》，曰《耄智餘書》。余嘗徧閲之，以為名理之妙，雖白樂天不逭也。輒刪去重複，總集精粹，以便觀覽云。'古，元祐中侍從。"據王古之序可知，《道院集要》乃《隨因記述》等五書之選編本。《道院集要》有《四庫全書》本。《隨因記述》

〔1〕 方健《南宋農業史》第四章第一節"南宋農書考略"，北京：人民出版社，2010 年。

〔2〕 何新所《昭德晁氏家族研究》，上海：上海古籍出版社，2006 年，第 56 頁。

〔3〕 參見羅寧、張克然《侍兒小名録書考》，發表於第六屆中國宋代文學國際學術研討會（成都 2009 年），已收入會議論文集，待出版。洪炎生平，可參見韋海英《洪炎行年考》，載其《江西詩派諸家考論》，北京大學出版社，2005 年。

〔4〕 參見何新所《昭德晁氏家族研究》第 32－第 33 頁。又張劍《晁迥年譜》，見《宋代家族與文學——以澶州晁氏為中心》附録一，北京：北京出版社，2006 年。

宋末尚存，俞琰《周易參同契發揮》卷五引其文字一段。

【史遺】《提要》183頁。《總目》396頁。《提要》："林思撰。《宋史·藝文志》小説類著録，一卷。……原書已佚。現存佚文二條。一見《群書類編故事》卷六'為乳母解紛'條，前引殷芸《小説》中關於東方朔巧言解救漢武帝乳母事，繼敘顧況以相同方法為韓晃乳母解圍事。二見明董斯張《廣博物志》卷四二，記王梵志投胎隋代王德祖家，為一樹癭。王德祖剖而取之，梵志故以王為姓。"按，此書作者不詳，非林思也。《新唐志》雜史類著録林恩《補國史》十卷，下接《傳載》一卷、《史遺》一卷，其間並無"又"字相連。《傳載》即今《大唐傳載》，作者不詳，《史遺》當亦非林恩之作。至於《宋志》稱"林思（一作黄仁望）《史遺》一卷"，恐是因《新唐志》而誤以為《史遺》亦林恩（思）之撰。至於林恩、林思孰是，暫不能定。《史遺》為唐代軼事小説，今本《桂苑叢談》後附此書，共十八條，即有顧況、王梵志二事。李劍國以為此書南宋已附《桂苑叢談》後，且為完本[1]。

【醉鄉小略】《提要》184頁。《總目》690頁。《提要》云："《宋史·藝文志》小説類著録，一卷。"按，此書作者名，《提要》、《總目》皆據《宋志》著録為説，而《提要》作胡节（竹字頭）還，《總目》作胡笏還。然查《宋志》小説類（中華書局本、武英殿本）實作胡節還。此書卷數，亦有五卷之説。《崇文總目》小説類著録《醉鄉小略》五卷。《通志略·史類·食貨·酒》亦著録《醉鄉小略》五卷，題"胡節還撰"。

【會計新録】《提要》184頁。《總目》154頁。《提要》："羅邵撰。《宋史·藝文志》小説類著録，一卷。……羅邵事跡未詳。"按，此書僅見《宋志》小説類著録，書名作《會稽新録》。《提要》、《總目》皆誤。李彌遜《筠谿集》卷一一有《與羅邵諸公同遊陳氏園分江頭千樹春欲暗得樹字》，蓋即此羅邵，是為北宋末人。

【廣説】《提要》184頁。《總目》114頁。按，此書作者、卷數，《提要》、《總目》據《宋志》小説類著録載為章世卿、一卷。然查中華書局本及武英殿本《宋志》，著録為譚世卿《廣説》二卷。

【雜説】《提要》184頁。《總目》651頁。《提要》："趙辟公撰。《宋史·藝文志》小説類著録，一卷。原書已佚，未見佚文。"按，陸佃《埤雅》引四條。

【和平談選士】《提要》185頁。《總目》133頁。《提要》："佚名撰。《宋史·藝文志》小説類著録，一卷。原書已佚，未見佚文。"按，張鎡《仕學規範》編書目有"和氏談選"，注"平時"。蓋作者為和平時，書名為《談選》。涵芬樓《説郛》卷五節録二十二條，注"十卷"。卷數與《宋志》相異。昌彼得《説郛考》云："舊抄本及《培林堂書目·説郛目》均題宋江湖隱逸撰。"[2] 江湖隱逸或即和平時之號。重編《説郛》卷三五據此收入而誤題《談撰》，作者為元虞裕，係妄題撰者。此外佚文見《仕學規範》引二條，《吴郡志》引三條，涵芬樓《説郛》卷一二《悦生隨抄》引一條。

【野説】《提要》190頁。《總目》584頁。《提要》："原書已佚。涵芬樓本《説郛》摘

---

〔1〕 參見李劍國《唐五代志怪傳奇敘録》，天津：南開大學出版社，1993年，第956頁。

〔2〕 昌彼得《説郛考》，臺北：文史哲出版社，1979年，第113頁。

録六條，為重編《説郛》所據。邵思事跡史傳未載。《説郛》署為‘雁門人’。然文中記開寶八年（975）宋兵陷金陵時作者六歲與父母避難事。則當為宋初江南人，與雁門不符。或祖籍雁門，僑寓金陵，亦未可知。”按，邵思另有《姓解》三卷，見《直齋書録解題》譜牒類著録，注：“雁門邵思撰。以偏旁字類為一百七十門，二千五百六十八氏。景祐二年序。”《宋志》譜牒類著録同。今傳《古逸叢書》本，屬“雁門邵思纂”，書前序稱“大宋景祐二年上祀圜丘後五日自序”。據《宋史·仁宗紀二》，祀圜丘在景祐二年（1035）十一月乙未。《姓解》卷一“邵”姓下，注“雁門邵氏”，雁門為邵氏郡望。

【傳載】《提要》190頁。《總目》685頁。《提要》：“佚名撰。《宋史·藝文志》小説類著録，一卷。未見傳本。《海録碎事》諸書引有佚文，見唐人《大唐傳載》，必非此書。疑即僧贊寧八卷本《傳載》之節本。”按，今傳本唐小説《大唐傳載》，《新唐志》雜史類、《崇文總目》傳記類著録均作《傳載》。《宋志》著録《傳載》，其前為裴鉶《傳奇》，其後為曹大雅《靈異圖》、裴約言《靈異志》，曹大雅時代不詳，而裴鉶、裴約言皆唐人，則此《傳載》亦當指《大唐傳載》而言，非於《大唐傳載》及贊寧《傳載》外別有一書也。此目當删。

【潮説】《提要》193頁。《總目》34頁。《提要》：“張君房撰。《宋史·藝文志》小説類著録，三卷。原書已佚，未見佚文。”按，此書又名《潮説會最》。《玉海》卷一五“天聖海潮圖論”條：“《崇文目》小説有《海潮論》一卷、《記》一卷、《潮説會最》三卷（張君房）。”錢輯本《崇文總目》小説類著録作《海潮會最》三卷，文淵閣《四庫全書》本《崇文總目》作《海説會最》。《遂初堂書目》地理類有《潮説》，《文淵閣書目》卷四有《潮説》三篇一册，應即此書。清俞思謙輯纂《海潮輯説》，録有竇叔蒙、丘光庭、張君房等人論潮之説，張君房書文字出自《永樂大典》，當屬可信。所謂“會最”，會抱朴子、封演、竇叔蒙、盧肇、丘光庭諸家之説也。

【花木録】《提要》437頁。《總目》144頁。《提要》：“《宋史·藝文志》小説類著録，七卷。今未見傳本及佚文。……張宗誨其人未詳。”《總目》云：“張宗誨其人未詳。《宋史·藝文志》小説類著録張宗誨《花木録》七卷。今存文學古籍刊行社1956年刊本，藏中國國家圖書館。”按，《宋志》又著録此書於農家類，重出。張宗誨，字習之，張齊賢（943—1014）第二子。以父任秘書省正字。後為永興軍兵馬鈐轄，又徙鄜延路兼知鄜州。領興州防禦使，復徙永興鈐轄兼知邠州，以秘書監致仕。見《宋史》卷二六五《張齊賢傳附宗誨傳》。此書之著録，又見《崇文總目》小説類、《宋志》農家類。《通志略·史類·食貨·種藝》有《花目録》七卷，注：“宋朝張宗誨撰。”亦即此書。《類説》卷一三有《花木録》五條。此外其佚文尚有：《吴郡志》卷四七《異聞》引一條，《海棠譜》卷上引三條。《總目》所云“今存文學古籍刊行社1956年刊本，藏中國國家圖書館”，誤。按，《類説》有天啓刊本藏國家圖書館，有文學古籍刊行社1956年影印本，恐以此而誤。

【錢譜】《提要》439頁。《總目》335頁。《提要》：“宋董卣撰。《宋史·藝文志》小説類著録，十卷。今有涵芬樓《説郛》、《翠瑯玕館叢書》、《藝術叢書》、《芋園叢書》本均為一卷。……董卣其人未詳。”《總目》題作者為董弅，云：“董弅字彦遠，東平（今屬山東）人。……事跡見《宋史翼》卷二七等。”按，此書作者董逌，字彦遠，董弅父。《宋史翼》

卷二七有傳。《郡齋讀書志》類書類著録《續錢譜》十卷，云："右皇朝董逌撰。逌之祖嘗得古錢百，令逌考次其文譜之，以前世帝王世次為序。且言梁顧烜、唐封演之譜，漫汗蔽固，不可用。其譜自太昊、葛天氏，至堯、舜、夏、商皆錢幣，其穿鑿誕妄至此。"《遂初堂書目》農家類亦有董彦遠《錢譜》。據《玉海》卷一八〇"唐錢譜"條記，董逌撰《續錢譜》十卷作於紹聖元年（1094）。洪遵《泉志》引其董逌之説頗多，即此書佚文。至於涵芬樓本《説郛》本《錢譜》（見卷八四），不題撰人，重編《説郛》卷九七收録《錢譜》，題"董逌"，二本文字略同。但其中有數處引董逌《錢譜》云云，末尾有"元朝錢鈔"、"國朝寶鈔"（重編《説郛》無"國朝寶鈔"），竟及元明，可見非董逌《錢譜》。

【歷代錢譜】《提要》439 頁。《總目》235 頁。《提要》："宋李孝友撰。《宋史・藝文志》小説類著録，十卷。未見傳本及文佚文。……李孝友其人未詳。"《總目》："李孝友為相州（今河南安陽人）。以蔭補官，仕至節度使。事跡見《宋史新編》卷一八三、《南宋書》卷六七等。……未見傳本及佚文。"按，此書又名《錢譜》，《遂初堂書目》譜録類有李孝美《錢譜》。《郡齋讀書志》類書類著録《錢譜》十卷，注："右梁顧烜撰《錢譜》一卷，唐張台亦有《錢録》二卷。皇朝紹聖間李孝美以兩人所纂舛錯，增廣成十卷，分八品云。"《清波雜志》卷七"錢譜"條云："煇家舊藏《歷代錢譜》十卷，乃紹聖間李孝美所著，蓋唐人顧烜、張台先有纂説，孝美重修也。"可見此書撰於北宋紹聖（1094－1098）中，作者之名當作李孝美，非南宋時李孝友。《宋志》雜藝術類有李孝美《墨苑》三卷，類事類有李孝美《文房監古》三卷。《直齋書録解題》雜藝類著録《墨苑》三卷，云："趙郡李孝美伯陽撰。曰圖，曰式，曰法。元符中馬涓、李元膺為之序。"可知李孝美字伯陽。洪遵《泉志》引李孝美説頗多，即此書佚文。

羅寧（1971－），男，四川成都人。西南交通大學中文系副教授

Emendation and Complement on two Bibliography of Classical Chinese Fiction

LUO Ning

(Chinese Department, Southwest Jiaotong University, Chengdu, Sichuan Prov. 610031)

Abstract: Abstract: This thesis corrects some mistakes and makes supplementary of thirty ancient Chinese fictions in two bibliographies.

Key words: Bibliography of Classical Chinese Fiction; *Zao Hua Quan Yu*（造化權輿）; *Lugong Jia Fan*（盧公家範）; *Fanyang Jia Zhi*（范陽家志）; *Shi er Xiao Ming Lu*（侍兒小名録）

宋本《太平御覽》引《周語中》斠證

郭萬青

（南京師範大學 文學院，江蘇省 南京市 210097）

提要：宋本《太平御覽》引自《周語中》17條，約略可以分為兩類：一、復述，即以《周語中》的基本史實作為藍本而簡括其事；二、直接徵引，即有關條目完全摘自《周語中》。根據和今傳《周語中》對校之後的結果，第二類又可以分為：（一）《御覽》引《周語中》例和今傳《周語中》用字不同，包括異體字、古今字、形近訛誤字；（二）《御覽》引《周語中》例和今傳《周語中》文字有差異，包括《御覽》在引用過程中為語義的明確性添加字、《御覽》在引用過程中減省字、《御覽》所引《周語中》例比今本多或少之字。

關鍵詞：《太平御覽》　《周語中》　公序本　明道本

《太平御覽》是宋代官方修纂的一部大型類書，總一千卷，自太平興國二年（977）至太平興國八年（983），歷時六年告成。由於卷帙浩繁，搜羅也極富，其篇首的《經史圖籍綱目》就列有書目1689種，故文獻輯佚等方面的價值也相當大。根據周生傑的研究，《太平御覽》的宋刻本就有北宋國子監本、南宋蜀刻本、閩刻本與光宗刻本四種[1]，今習見者為《四部叢刊三編》中所收日藏蜀刻本，殘缺處又配以靜嘉堂文庫藏南宋刻本及喜多氏活字本，中華書局1960年據《四部叢刊三編》影印。就《太平御覽》的編纂年代看，早於宋庠（996—1066）校《國語》一百多年，故《太平御覽》中的《國語》所據版本是早於公序本與明道本的《國語》版本，對《太平御覽》所收《國語》條目進行整理，可以窺見公序本與明道本之前的《國語》版本的一些情況，並且對《國語》本身的研究也會有一定的積極意義。經過對《四部叢刊三編》所收《太平御覽》進行全面統計，根據《太平御覽》的引用體例，得《太平御覽》引《國語》共262條。在這262條中，實際上有11條非今傳《國語》所有，可以分作兩類，一類是出自其他傳世文獻，另外一類或許是《國語》佚文。另外251條皆見於今本《國語》，按照《國語》周、魯、齊、晉、鄭、楚、吳、越八語的順序，以今傳宋刻宋元遞修本、金李澤遠堂本、秦鼎《國語定本》和黃刊天聖明道本作為參照，分別進行辨正分析。凡輯引文字，後標識《四部叢刊三編》本《太平御覽》卷次、本卷頁碼，文中缺筆諱，非有可討論者，則直接補足原字。另得日本京都大學藏殘宋本《太平御覽》，亦並參照。本篇為宋本《太平御覽》引《周語中》部分，《太平御覽》引《周語中》共17條，今一一摭出，根據各文段在今本《周語中》的前後次序進行

〔1〕 周生傑《〈太平御覽〉宋代刻本考述》，《開封大學學報》2007年第1期，第13—16頁。

排列，略為之斠，以就正於博雅君子。

1.《國語》曰：天根見而水涸，水涸而成梁，故夏令曰，十月而成梁，不使民患涉也。（卷七三，頁四）

2.《國語》曰：夫辰角見而除道，故《夏令》曰："九月除道"。賈逵注曰：辰角，大辰倉龍之龍。角，星名也。（卷一九五，頁四）

［按］此兩條皆《御覽》截取單子語而言之。今傳《國語》"十月"與"成梁"之間無"而"字，亦無"不使民患涉也"一句，遞修本韋注云："成梁，所以便民使不涉也。"黄刊明道本、金李本、秦鼎本並同。秦鼎云："陳本'不'、'涉'間有'病'字，似是。"〔1〕今以《御覽》證之，則"不"、"涉"間確當有表憂患義之心理動詞也，"病"、"患"皆合語義語境。

依據第一條引例，則第二條當依《國語》引作"夫辰角見而雨畢，雨畢而除道"，是《御覽》引脱"而雨畢，雨畢"五字。韋注云："辰角，大辰蒼龍之角。角，星名也。"張以仁謂韋注與《御覽》引賈注近。張以仁作"辰角，大辰蒼龍也。龍角，星名也。"〔2〕是以《御覽》所引賈注"之"字為"也"字之譌，以"龍角"為星名，《史記·天官書》："杓攜龍角，衡殷南斗。"裴駰集解引孟康曰："杓，北斗杓也。龍角，東方宿也。"〔3〕如果按照二十八宿的排列命名，則東方蒼龍七宿之一即為角宿，《角宿去極度數考》云："角宿本居東，乃位辰之次。"〔4〕此當是辰角之所以為辰角之所由。所謂大辰，則當是指蒼龍七宿整體作為一個星座而言，非謂某一星也。裴駰注引孟康所謂"東方宿"恰合"東方蒼龍"之説，亦非是具體星宿而言。故《御覽》引賈注中"之龍"之"龍"當為"角"字之誤，涉後而譌。

3.《國語》曰：駟見而霣于敏反霜，霜霣而冬裘具。賈逵曰：駟，房星也。（卷一四，頁二）

［按］張以仁云："《書鈔》、《白帖》、《初學記》、《事類賦》、《御覽》、《天中記》引'隕'皆作'霣'。蓋賈本如此。隕落至字作'隕'，'霣'乃假字。"〔5〕《説文·雨部》："霣，雨也。"〔6〕王筠《句讀》云："陰陽纏固之時，得雷乃解散而成雨也。"〔7〕古書當中有用者，李富孫《易經異文釋》卷三："有隕自天，《説文繫傳·雨部》引作霣。案《春秋》莊七年'星隕如雨'，《公羊》作霣。僖十六年'隕石'，《公羊》亦作霣。"〔8〕又李氏《春秋左傳異文釋》卷二云："卅三年經'隕霜'，《公羊》作霣。昭四年《傳》'殷是以

〔1〕［日］秦鼎《春秋外傳國語定本》，日本文化七年（1810）秦氏滄浪居刊本，本卷頁一三。

〔2〕張以仁《〈國語〉舊注輯校》，見載於氏著《張以仁先秦史論集》，上海：上海古籍出版社，2010年版，第192頁。

〔3〕（漢）司馬遷撰《史記》，北京：中華書局，1965年點校三家注本，第1192頁。

〔4〕不著撰人《二十八宿總論》，日本東方文化學院古都研究所藏本。

〔5〕張以仁《〈國語〉舊注輯校》，見載於氏著《張以仁先秦史論集》，上海：上海古籍出版社，2010年版，第193頁。

〔6〕（漢）許慎撰《説文解字》，北京：中華書局，1963年，第241頁上。

〔7〕（清）王筠《説文句讀》卷二二，北京：中國書店，1983年，本卷頁一〇。

〔8〕李富孫《易經異文釋》卷三，上海古籍出版社《續修四庫全書》，1996年，第27册，第689頁下。

隕’，《新序·善謀》作霣本《太平御覽》引《周語中》斠證。”〔1〕則“隕”、“霣”義本相通，則“霣”固非“隕”之假字，實為下雨等自然現象這一動詞義新造的書寫形式，屬於後起分化字性質。

4. 又曰：火見而清風戒寒，清風至而脩城郭。（卷九，頁一〇）

5.《國語》曰：火見而清風戒寒，火，心星。清風，寒風也。清風至而脩城郭。（卷三四，頁七）

6.《國語》曰：火見而清風戒寒而修城郭。（卷一九三，頁六）

［按］卷一九三引脱“清風”二字。此是《御覽》截取《周語中》單子談話中的兩句而成，遞修本字作“脩”，黄刊明道本、金李本、秦鼎本作“修”，説見前。“火，心星。清風，寒風也”之注為鄭衆注，《北堂書鈔》卷一五六見引〔2〕。“清”本無“寒”義，因與“凊”音同而假借，《説文·仌部》：“凊，寒也。”〔3〕王念孫云：“瀙、凊、清並通。”〔4〕則“寒”為“清”之假借義，因“清”、“凊”形似。

7.《風俗通》曰：謹案《春秋國語》有寓望，謂金亭也，民所安定也。亭有樓，從高省，丁聲也。漢家因秦，大率十里一亭。亭，留也。今語有亭留、亭待，蓋行旅宿食之所館也。亭亦平也，民有訟諍，吏留辦處，勿失其正也。（卷一九四，頁五）

［按］此是《風俗通》引《國語》之辭，《原本玉篇殘卷·高部》亦見引，云：“謂今亭也。”〔5〕審《御覽》引《風俗通》文義，字當作“今”，王利器《風俗通義校注》輯佚文即作“今”，又王利器所據以輯佚各本引《國語》全句“畺有寓望”，並標明亦引《御覽》卷一九四〔6〕，實是《原本玉篇殘卷》引全句也，辨見拙稿《〈原本玉篇殘卷〉引〈國語〉例辨正》第91條。

8.《國語·周語》曰：邵公告單公曰：“晉有三伐，勇而有禮，返之以仁。吾三逐楚君之卒，勇也；見其君必趨，禮也；能獲鄭伯而捨之，仁也。”（卷二七六，頁六）

［按］此亦節略引用。遞修本、金李本、秦鼎本“邵”作“召”，“晉”作“吾”，“返”作“反”，“必趨”作“必下而趨”，“捨”作“赦”，黄刊明道本“邵”字與《御覽》引同，“君”作“軍”，其他與遞修本同。又金李本“趨”作“趨”。秦鼎云：“‘楚君’，一作‘楚軍’。”〔7〕張以仁云：“軍、君皆可通，未知孰是。”〔8〕此處之“卒”非一兵一卒之謂，實“卒伍”、“軍隊”之謂，兩軍交戰，各有乘、卒，三逐“楚君之卒”非僅逐其步卒，實是指楚軍整體而言，故前加限定詞“楚君”以明軍隊之所屬，作“軍”者似非。

“晉”作“吾”者，因《御覽》節略引用，邵公轉述郤子部分删去，故易“吾”作

〔1〕李富孫《春秋左傳異文釋》卷二，上海古籍出版社《續修四庫全書》，1996年，第144册，第405頁上。

〔2〕張以仁《〈國語〉舊注輯校》，見載於氏著《張以仁先秦史論集》，上海古籍出版社，2010年版，第193頁。

〔3〕（漢）許慎撰《説文解字》，北京：中華書局，1963年，第240頁下。

〔4〕徐復主編《廣雅詁林》，南京：江蘇古籍出版社，1992年，第297頁下。

〔5〕（南朝梁）顧野王《原本玉篇殘卷》，北京：中華書局，1985年，第468頁。

〔6〕王利器《風俗通義校注》，北京：中華書局，1981年，第493頁。

〔7〕［日］秦鼎《春秋外傳國語定本》卷二，日本文化七年秦氏滄浪居刊本，第19頁。

〔8〕張以仁《國語斠證》，臺北：臺灣商務印書館，1969年版，第90頁。

“晉”，更能明確引文部分語義。

“反”、“返”古今字。“下而趨”是見敵國之君的禮節，作為主帥一定是在戰車上，見到敵國之君的戰車一定是下車前趨以盡臣子之節，則《御覽》引作“見其君必趨”不辭，不符合語境和事實。

《説文·手部》：“捨，釋也。”〔1〕王念孫云：“捨與赦聲義亦同。”〔2〕《説文·支部》：“赦，置也。”〔3〕段注云：“與捨音義同，非專謂赦罪也。後捨行而赦廢，赦專為赦罪矣。”〔4〕此處非指免鄭伯之罪，實是釋放，故二字皆可通。或《御覽》編者囿於“赦”之專指赦罪之成説，因以“捨”易“赦”字。

9.《國語》曰：温之會，晉人執衛成公歸之于周。晉侯將煞之，王曰：“不可。夫政自上下也，上作政而下行之不逆，故上下無怨。今叔父作政而不行，無乃不可乎？不行，謂不順也。夫君臣無獄，獄，訟也。無是非曲直獄訟之義也。今元咺雖直，不可聽也。君臣皆獄，父子將獄，是無上下也，而叔父聽之，一逆矣。又為臣殺其君，安庸刑？庸，用。刑，法。布刑而不庸，再逆矣。一合諸侯而有再逆政，余懼其無後也。在魯僖三十年。無後，無以後合諸侯。不然，余何私於衛侯？”晉人乃歸衛侯。（卷六四三，頁一）

［按］遞修本“晉人執”之“晉”作“晋”，“衛”作“衞”，“將煞”作“請殺”，“上下”、“也”間有“者”字，“安庸刑”前有“其”字。注中“無以後合諸候”之“後”作“復”。黄刊明道本“晉人執”之“晉”與《御覽》引同，“無後”後無“也”字，其他與遞修本同。金李本“無後”後有“也”字，其他與黄刊明道本同。各本注“無以後合諸候”之“後”作“復”。

“晉”、“衛”之辨見前。既然晉人“執之于周”，當然是為了徵求周天子的意見，所以“請”字是，“將”字於語境未恰。“煞”字不見收於《説文》，《廣韻》見録。《資治通鑒·唐紀五十二》“則令杖煞之”胡三省注云：“煞與殺同。”〔5〕則“煞”、“殺”音同義通，此亦“煞”之所以為甚詞之由。

“上下”、“也”間有“者”字，是，因“政”是名物，故加“者”作為名物標記，且起到舒緩語氣的功能。

“其”字可表祈使語氣，也有疑問效果，審此句有無“其”字，於文義無乖。然今本《國語》皆有，或《御覽》引用脱去亦未可知。

“余懼其無後”之後當以有“也”字為是，起到强調和加重語氣的效果。

“後”、“復”在這個語境當中都講得通，但是既然是解釋“無後”，釋語中自然還要出現“後”這個詞纔穩妥，疑今《國語》各本之“復”或為“後”字形誤，因二字篆書字形“𢔏”（後）、“𢓚”（復）本相近。

10.《國語》曰：定王使單襄聘于宋，遂假道於陳，以聘于楚。及陳，陳靈公與

---

〔1〕（漢）許慎撰《説文解字》，北京：中華書局1963，第252頁上。
〔2〕徐復主編《廣雅詁林》，南京：江蘇教育出版社，1992年，第286頁上。
〔3〕（漢）許慎撰《説文解字》，北京：中華書局，1963年，第68頁下。
〔4〕（清）段玉裁《説文解字注》，上海古籍出版社影經韻樓本，1981年，第124頁下。
〔5〕（宋）司馬光編纂、（元）胡三省注《資治通鑒》，北京：中華書局，1976年點校本，第7615頁。

孔甯、儀行父南冠以如夏氏。單子歸，告王曰："陳，我大姬之後也，棄衮冕而南冠以出，不亦簡彝乎？"言簡畧常服也。（卷六八四，頁五）

11.《國語》曰：定王使單襄公聘於宋，假道於陳。陳靈公與孔寧、儀行父南冠以如夏氏，留賔不見。單子歸，告王曰："陳侯弃衮冕而南冠以出，不亦彝簡乎？簡，畧；彝，常也。言簡略常服。犯先王之令，國其亡乎！"賈逵曰：南冠，楚冠也。（卷六八五，頁五）

［按］遞修本"聘于楚"之"于"作"於"，作"孔寧"，他與第10條全同。第11條"留賔不見"作"留賓弗見"，"犯先王之令，國其亡乎"當是《御覽》約略言之，遞修本作"是又犯先王之令也。昔先王之教，茂帥其德也，猶恐隕越。若廢其教而棄其制，蔑其官而犯其令，將何以守國？居大國之間，而無此四者，其能久乎？"引注不出出處者為韋注。黄刊明道本作"於宋"、"於陳"、"於楚"、"孔寧"，"留賔不見"與《御覽》引同，他與第10條同。金李本作"賔"，他與遞修本全通。

"于"、"於"之混用在古文獻中比較常見，基本不别。《説文》無"寗"字有"甯"字，《字彙·宀部》云："寗，俗甯字。"[1]《篇海類編》亦云："甯，俗相承作寗。"[2]《説文·用部》云："甯，所願也，从用，寧省聲。"[3] 段注云："此與丂部寧音義皆同。"[4]《禮記·禮運篇》"是謂君臣為謔"鄭玄注云："陳靈公與孔甯、儀行父數如夏氏。"陸德明《經典釋文》云："本又作寧。"[5] 是《御覽》兩處引文皆書寫者憑意自造，未必核查原書。

"賔"不見於《説文》，《字彙·貝部》云："賔，俗賓字。"[6]

12. 又曰：敵國賔至，關尹以告，膳宰致飧，熟食曰飧。廩人獻餼。（卷八五〇，頁八）

［按］遞修本"賔"作"賓"，"飧"作"餐"。黄刊明道本"賔"與《御覽》引同，"飧"作"饔"。金李本作"賔"作"餐"。秦鼎本與遞修本同。鄭玄《周禮注》引作"賔"[7]。黄丕烈云："《補音》作'餐'，音孫。丕烈案，此與下句'獻餼'對文，聘禮之饔餼也，故韋分生熟為解。'餐'字非此之用也。"[8] 汪遠孫云："音'孫'者，其字當作'飧'。《詩·魏風》傳：'孰食曰飧。'《小雅》傳：'孰食曰饔。'渾言'飧''饔'皆謂'孰食'。今考《周禮·掌客》：上公飧五牢，饔餼九牢；侯伯飧四牢，饔餼七牢；子男飧三牢，饔餼五牢。《司儀》注云：'小禮曰飧，大禮曰饔餼。'《傳》下文'獻餼'，則其字作'饔'矣。'饔'誤為'餐'，作音者又誤讀'餐'為'飧'。陸德明《釋文》'餐''飧'不分，宋公序亦仍其誤矣。音'孫'者，其字當作'飧'。《詩·魏風》傳：'孰食曰飧。'

[1]（明）梅膺祚《字彙·寅集》，上海古籍出版社《續修四庫全書》，1996年，第232册，第518頁下。

[2]（明）宋濂撰、（明）屠龍訂正、（明）張嘉和輯《篇海類編》，上海古籍出版社《續修四庫全書》，1996年，第230册，第172頁下。

[3]（漢）許慎撰《説文解字》，北京：中華書局，1963年，第70頁上。

[4]（清）段玉裁《説文解字注》，上海古籍出版社影經韻樓本，1981年，第128頁下。

[5]（唐）陸德明《經典釋文》，北京：中華書局影通志堂經解本，1983年，第182頁下。

[6]（明）梅膺祚《字彙·酉集》，上海古籍出版社《續修四庫全書》，1996年，第233册，第271頁上。

[7] 此處據《四部叢刊》收録明翻宋岳氏本，卷四。

[8]（清）黄丕烈《國語明道本札記》，上海：商務印書館《國學基本叢書》本《國語》後附，1958年，第245頁。

《小雅》傳：‘孰食曰饔。’渾言‘飧’‘饔’皆謂‘孰食’。今考《周禮·掌客》：上公飧五牢，饔餼九牢；侯伯飧四牢，饔餼七牢；子男飧三牢，饔餼五牢。《司儀》注云：‘小禮曰飧，大禮曰饔餼。’《傳》下文‘獻餼’，則其字作‘饔’矣。‘饔’誤為‘餐’，作音者又誤讀‘餐’為‘飧’。陸德明《釋文》‘餐’‘飧’不分，宋公序亦仍其誤矣。”[1] 依汪之意，則字本當作“飧”或“饔”，作“餐”者誤，故董增齡《國語正義》改從明道本作“饔”。

13.《國語》曰：晉侯使聘周，王召士季曰：“汝今我王室之一二兄弟以相見，將和協典禮，以示民訓。奉其犧息奇切。象，出其尊彜，陳其俎豆。”（卷七五九，頁三）

[按] 遞修本“使”後有“隨會”二字，“隨會”為晉國大夫，恰與“晉侯使”構成主謂賓結構，若《御覽》所引，則“使”只合作名詞。“汝”作“女”，“以”、“相見”之間有“時”字，“和”作“龢”，“民訓”後有“則”字，“彜”作“彝”，“俎豆”作“鼎俎”。無“息奇切”之音注。《補音》“犧象”注云：“上許宜反。按注‘犧尊飾以犧，象尊以象骨為飾’，鄭康成音息何反，‘飾以翡翠，象鳳凰’。今據注，則‘許宜’是也。”[2] 則“息奇切”音注或《御覽》編纂者添加。黃刊明道本字作“和”、“樽”，其他與遞修本同。金李本與遞修本全同。“以”、“相見”之間有“時”字是，《御覽》引脱。《説文·龠部》：“龢，調也。讀與和同。”[3] 段玉裁云：“經典多叚和為龢。”[4] 則就《國語》文本而言，字當作“和”。“示民”、“訓則”為並列的動賓結構，《御覽》引脱。“彜”、“彝”異體。在“漢籍全文檢索系統（第二版）”先秦部分中輸入“鼎俎”，得 14 篇 22 次，輸入“俎豆”，得 25 篇 28 次，則二者應用頻率基本相當，或《御覽》所據本本作“俎豆”，因《國語》後文有“於是乎有折俎加豆”之語，或是作“俎豆”之由。

14. 又曰：晉侯使隨會聘于周，王饗之餚蒸，原公相禮，范子私於原公曰：“吾聞王室之禮無毀折，今此何禮也?”原公以告于王，王召士季范子字也。曰：“親戚宴饗則有餚蒸，蒸，外也，外折俎之餚也。唯戎狄則有體薦。夫戎狄冒没輕儳，貪而不讓，冒，抵觸也。没，入也。儳，進退無列。其血氣不治，若禽獸焉。其適來班貢，不俟馨香嘉味，適，往也。班，賦也。故坐諸門外，而使舌人體委與之。舌人，能達異方之志，象胥之官。汝今我王室之一二兄弟，以時相見，於是乎有折俎加豆，加豆，謂既食之後所加之豆也。其實芹俎菟醢之屬。以示容合好，胡有効戎狄也?”（卷七九九，頁五）

[按] 遞修本“王饗”前有“定”字，“餚蒸”作“殽烝”，無“以告于王”之“于”，且作正文。“唯”作“且唯夫”，“狄”作“翟”，“汝”作“女”，“胡有効戎狄也”作“胡有孑然其效戎翟也”。注中“象胥”之“胥”作“胥”，

黃刊明道本“王”前有“定”字，“饗之”之“饗”作“享”，“蒸”作“烝”，無“以告于王”之“于”，且作正文。“唯”前有“且”字，“汝”作“女”，“胡有効戎狄也”作“胡有孑然其效戎狄也”。

〔1〕（清）汪遠孫《國語明道本考異》，上海：商務印書館《國學基本叢書》本《國語》後附，1958 年，第 277 頁。
〔2〕（宋）宋庠《國語補音》，北京：國家圖書館出版社《中華再造善本工程》影宋刻宋元遞修本，2006 年，第六册，本卷頁一七。
〔3〕（漢）許慎撰《説文解字》，北京：中華書局，1963 年，第 48 頁下。
〔4〕（清）段玉裁《説文解字注》，上海古籍出版社影經韻樓本，1981 年，第 85 頁下。

金李本“召”前無“王”字，他與遞修本同。

“定”字當是《御覽》引脱。汪遠孫云：“《舊音》‘殽’或為‘肴’。案‘餚’字俗。”〔1〕《説文·殳部》：“殽，相雜錯也。”〔2〕與“肴”義無涉，當是假借字。汪遠孫云：“公序本‘唯’下有‘夫’字，涉下文衍，《御覽》無。”〔3〕“胥”字是，《御覽》作“咠”字誤，類同於《戰國策·趙策》“太后盛氣而揖之”之誤。“効”、“效”異體。“胡有”句當是《御覽》節引所致。

15.《國語》曰：鄭人伐滑，王使游孫伯請滑，鄭人執之。王怒，將以狄伐鄭。狄，隗姓之國也。富辰諫曰：“不可！夫狄，無列於王室，列，位次也。豺狼之德也。王不忍小忿而弃鄭，又登叔隗以階狄，階狄禍。狄封豕豺狼，不可厭也。厭，足也。”王弗聽。十八年，王黜狄后，□□□□□□□□王子帶，故也。狄人來誅殺譚伯。狄人奉子帶，攻王而殺譚伯。初，惠后欲立王子帶，故以其黨啟狄人，狄人遂入周，王乃出居於鄭。（卷七九九，頁五）

［按］該段引文在今傳《國語》分為二章，《御覽》分别截取前章之首與後章之中。遞修本“狄”作“翟”，“弃”作“棄”，“狼”後有“也”字，“於”作“于”。註釋皆取自韋注。黄刊明道本“豺”作“犲”，“弃”作“棄”，“狼”後有“也”字，“厭”作“猒”，“弗”作“不”，“於”作“于”。金李本與遞修本同。秦鼎本唯“於鄭”與《御覽》引同，其他皆與遞修本同。

審本段文字，“狼”後無“也”字更能强化語氣，使得前後一氣呵成，增强肯定效果，有“也”字作中間停頓反而削弱了肯定性。“猒”、“厭”古今字。“豺”、“犲”異體字，汪遠孫云：“公序本‘犲’作‘豺’，下同。《説文》從豸。”〔4〕《玉篇》、《類篇》中皆收録“犲”字，《説文》無。

16.《國語》曰：周制有人曰：“民無懸耜，言常用。入士曰耜，耜柄曰耒。野無奥草。”皆墾辟與深也。（卷八二三，頁二）

［按］公序本系列“懸”作“縣”，二者古今字。汪遠孫引《舊音》云：“奥，賈本作‘冥’。”〔5〕“冥”、“奥”義同。注“皆墾辟與深也”，遞修本韋注作“皆墾辟也。奥，深也”，《御覽》誤。

17.又曰：聖人貴讓，且諺曰：“獸惡其網，民惡其上。”獸惡其網，為害己；民惡其上，為病己也。（卷八三四，頁九）

［按］今傳《國語》各本同。

〔1〕（清）汪遠孫《國語明道本考異》，上海：商務印書館《國學基本叢書》本《國語》後附，1958年，第276頁。

〔2〕（漢）許慎撰《説文解字》，北京：中華書局，1963年，第66頁下。

〔3〕（清）汪遠孫《國語明道本考異》，上海：商務印書館《國學基本叢書》本《國語》後附，1958年，第276頁。

〔4〕（清）汪遠孫《國語明道本考異》，上海：商務印書館《國學基本叢書》本《國語》後附，1958年，第274頁。

〔5〕（清）汪遠孫《國語明道本考異》，上海：商務印書館《國學基本叢書》本《國語》後附，1958年，第277頁。

郭萬青（1975－），男，山東寧津人。南京師範大學文學院中國古典文獻學2010級博士生、唐山師範學院中文系講師

Collated notes on Songben *Taipingyulan*'s cases from *Zhouyuzhong*

GUO Wan－qing

（School of Literature，Nanjing Normal University，Nanjing，Jiangsu Prov. 210097）

Abstract：There are 17 cases in *Taipingyulan* quoted from *Zhouyuzhong*，which are different from those in the present vision of *Zhouyuzhong*.

Key words：*Taipingyulan*；*Zhouyuzhong*；vision

釋“貧儉”、“默識”、“曠蕩”

蔣詩耘

（綿陽師范學院 文學與對外漢語學院，四川省 綿陽市 621000）

提要：《世説新語》解讀不易，雖經歷代學者不斷努力，但由於其内容博大精深，其間仍有不少疑難需得再加探索。本文試解“貧儉、默識；曠蕩”諸條以就教方家。

關鍵詞：《世説新語》　貧儉　默識　曠蕩

貧 儉

陳太丘詣荀朗陵，貧儉無僕役。乃使元方將車，季方持杖後從。長文尚小，載著車中。既至，荀使叔慈應門，慈明行酒，余六龍下食，文若亦小，坐著膝前。于時太史奏真人東行。（德行 6）

貧儉，張永言《世説新語辭典》（以下簡稱川本）釋作“貧窮，儉約”（325）。張萬起《世説新語詞典》（以下簡稱商務本）釋作“貧窮不富裕”（481），《漢語大詞典》釋作“貧窮儉約”。例為晉陸雲《與兄平原書》：“雲作雖時有一佳語，見兄作，又欲成貧儉家，無緣當致兄此謙辭。”

比較三書，當以商務本近是，“貧儉”在魏晉六朝很常見，都是“貧窮，貧乏”的意思，是説物資方面欠缺短少。我們舉幾個例子如下：

咸寧初，以祥家甚貧儉，賜絹三百匹。（《晉書・王祥傳》）

雖歷職内外，而家至貧儉，兒病無以市藥。帝聞之，賜錢十萬。（又《李胤傳》）

家至貧儉，躬耕供養，親没負土成墳，廬於墓側。（又《儒林傳・范宣》）

義熙初襲峻爵建昌縣侯，弘微家素貧儉，而所繼豐泰，唯受書數千卷，國吏數人而已，遺財禄秩一不關豫。（《宋書・謝弘微傳》）

八月癸未朔，分遣大使巡行天下遭水之處，丐民租賦。貧儉不自存者，賜以粟帛。（《魏書・高祖紀上》）

説刺史裴儁按舊跡修督亢陂，溉田萬餘頃，民賴其利，修立之功，多以委之。文偉既善於管理，兼展私力，家素貧儉，因此致富。（《北齊書・盧文偉傳》）

《説文・貝部》：“貧，財分少也。”段玉裁注：“謂財分而少也。合則見多，分則見少。”《廣雅・釋詁》：“儉，少也。”“貧”指財少，“儉”泛稱少，二者同義連文，指貧窮。與“儉約”不相關涉。似此，商務本“不富裕”三字也是多餘的。類似還有“窮儉”一詞，晉葛洪《抱朴子·外篇·漢過》："吞財多藏，不知紀極，而不能散錙銖之薄物，施振清廉之窮儉焉。"《漢語大詞典》釋作"貧乏"，卻又對了。在漢末，貧、窮差不多已是同義語了，《初學紀》收應瑗《雜詩》："貧子語窮兒，無錢可把撮。耕自不得粟，采彼北山葛。""貧子"即"窮兒"。

又《漢語大詞典》引陸雲書，或未懂原文，"貧儉家"猶言窮兒，東漢而下，"某某家"往往指某類人，此是陸雲謙虛説有時自我感覺文章不錯，一看其兄的詩文，則如窮兒一般，没有什麽東西了。所以，截取此處"貧儉"為詞目其實是不對的，當以"貧儉家"為目。

默　識

武昌孟嘉作庾太尉州從事，已知名。褚太傅有知人鑒，罷豫章，還過武昌，問庾曰："聞孟從事佳，今在此不?"庾云："卿自求之。"褚眄睞良久，指嘉曰："此君小異，得無是乎?"庾大笑曰："然。"于時既歎褚之默識，又欣嘉之見賞。(識鑒16)

"默識"一詞，川本解釋為"暗自領悟"(304)，商務本没立條，《漢語大詞典》釋為"暗中記住"。各種注譯本也因對詞義的隔膜而不得要領。不煩舉。

按，此"默識"的理解通常都與《論語·學而》"默而識之"聯繫了起來，其實不過是字面上的偶合，與"默而識之"毫無關係。這裹的"默"是通常的"暗中"的意思，而"識"則是"識别，鑒别"的意思。歸為"識鑒"門，本已透露出"識"的含義。此故事前言褚裒有"知人鑒"，而後言人們贊歎"褚之默識"即暗中的鑒别能力。解釋成"暗中辨别"就對了。

曠　蕩

孫秀降晉，晉武帝厚存寵之，妻以姨妹蒯氏，室家甚篤。妻嘗妒，乃罵秀為貉子。秀大不平，遂不復入。蒯氏大自悔責，請救于帝，時大赦，羣臣咸見。既出，帝獨留秀，從容謂曰："天下曠蕩，蒯夫人可得從其例不?"秀免冠而謝，遂為夫婦如初。(惑溺4)

上文"曠蕩"一詞，商務本釋作"寬宏大量"(385)，川本釋作"浩蕩寬宏"(246)，《漢語大詞典》下共5個義項，分别是：1. 遼闊；寬廣。2. 浩蕩，廣大。3. 指寬宏的恩德。4. 寬宥，從寬論處。5. 曠達。

按，兩部詞書的釋義均不得其要，而《漢語大詞典》的五個義項于上文亦不相協調。上文前言"時大赦"，後言"天下曠蕩，蒯夫人可得從其例不"，從何例？這是武帝對孫秀的譏刺，其意是説，而今天下大赦，蒯夫人難道不能赦免？《漢語大詞典》立"寬宥，從寬論處"一義，近似而未達一間。在魏晉六朝，"曠蕩"的赦免一義頗見於文獻，兹舉如下的例子以佐證之：

《晉書·苟晞傳》："伏願陛下寬宥宗臣，聽（司馬）越還國；其餘逼迫，宜蒙曠蕩。"《宋書·沈攸之傳》："皇朝赦令，初不遵奉，欲殺欲擊。故曠蕩之澤，長隔彼州。此其無君陵上大逆之罪六也。"（"赦令"與"曠蕩"對舉）又《薛安都傳》："劭又問：'四方阻逆，無戰不禽，主上皆加以曠蕩，即其才用，卿何不早歸天闕，乃逃命草閑乎？'”（“曠蕩”對“阻逆”而言）《南齊書·柳士隆傳》：“峻太半之賦，暴參夷之刑，鞭棰國士，全用虜法。一人逃亡，闔宗捕逮。皇朝赦令，初不遵奉；曠蕩之澤，長隔彼州。”（“曠蕩”對“赦令”而言）《梁書·武帝紀下》：“詔曰：‘……應是緣邊初附諸州部内百姓，先有負罪流亡，逃叛入北，一皆曠蕩，不問往?，並不得挾以私仇而相報復。'”（“曠蕩”對“逃叛”而言）《陳書·到仲舉傳》：“見今大憝克殲，罪人斯得，並可收付廷尉，肅正刑書。罪止仲舉父子及子高三人而已，其餘一從曠蕩，並所不問。”（“曠蕩”對“附逆”者而言）《陳書·華皎傳》：“乃下詔曰：‘……可曲赦湘巴二州，凡厥為賊所逼制，預在兇黨，悉皆不問。其賊主帥節相，並許開恩出首，一同曠蕩。'”（“曠蕩”對“賊”而言）

這些例子中的“曠蕩”，均只能以“赦免，大赦”釋之。

蔣詩耘（1977—），女，四川綿陽人。綿陽師範學院文學與對外漢語學院講師

On the Meaning of " Pin—jian"" Mo—zhi"" Kuang—dang"（“貧儉”“默識”“曠蕩”）in *Shih—shuo Hsin—yü*

JIANG Shi—yun

(School of Chinese Literature, Mianyang Normal University, Mianyang, Sichuan Prov. 621000)

Abstract: It is not easy to make clear the implication of words in *A New Account of Tales of the World* (*Shih—shuo Hsin—yü*). This article reexamines the meaning of such three words.

Key words: *Shih—shuo Hsin—yü* (*A New Account of Tales of the World*); " Pin—jian"（貧儉）;" Mo—zhi"（默識）;" kuang—dang"（曠蕩）

敦煌寫卷《廬山遠公話》校異

譚　莊

（重慶師範大學 中文系，重慶市 401331）

提要：本文針對新近所發表的著作中有關敦煌寫卷《廬山遠公話》校勘的錯訛及偏頗進行考辨。

關鍵詞：《廬山遠公話》　校勘

斯二〇三七號《廬山遠公話》，因其作為現存敦煌寫卷中最早的話本之一，故學術界對其素來重視，且在校勘箋釋方面取得了豐贍的成果，其中尤以黄征《敦煌變文校注》（下稱“黄校”）〔1〕、項楚《增訂本敦煌變文選注》（下稱“項校”）〔2〕、竇懷永《敦煌小説合集》（下稱“竇校”）〔3〕所作校録為最善者。不過，筆者近由唐代文史轉治敦煌變文，檢讀黄校、項校（惟因竇校屬於彙校集解性質，故本文所論以黄校、項校為主）之時發現不少可資拾遺補缺之處，茲特擇其要者條辨如次，以祈就正於學術界。

（一）《廬山遠公話》：“闍梨自稱鵬鳥，直擬舉翼摩天，歎他乃作蟭蟟，棲宿常居小草，不見道心，粗者失欺，敲者忘意。況今朝莫語，便須用意，莫謾粗疏。”黄校：“敲，……當通‘墝’，義同‘墝㴵’之‘墝’；‘意’當為‘義’之近義詞。”項校：“道心，即菩提心。……粗者失欺，敲者忘意，未詳。”

【按】“不見道心”至“敲者忘意”句，當作“不見道心粗者失，欺敵者亡”。不見道，猶言不見説，《廬山遠公話》之中即有“不見道孔丘雖聖者”之例，故此句亦不宜點破。敲、忘，各為“敵”、“亡”之訛，以形近耳。意，蓋涉下文“便須用意”之中同字而衍，當刪。心粗者失，欺敵者亡，《古尊宿語録》卷一八《雲門匡真禪師廣録》下：“問僧：‘吃得幾個餬餅?’云：‘五個。’師拈起餬餅云：‘這個是第幾個?’無對。師云：‘你問我。’僧便問，師云：‘不出。’代云：‘欺敵者亡。’”又卷四六《滁州琅琊山覺和尚語録》：“上堂，舉：‘先聖道：“才有是非，紛然失心。”到者裏還有商量也無。’云：‘心粗者失，欺敵者亡。珍重。’”《續古尊宿語要》卷四月集《山堂洵禪師語》：“師云：‘巴陵布縵天網打衝浪魚，爭奈這僧是個透網金鱗，畢竟網他不住，是則是心粗者失，且道落在賓家分上、主家分上，具眼者辨取。’”《林泉老人評唱丹霞淳禪師頌古虛堂集》卷三第四〇則

〔1〕黄征、張涌泉《敦煌變文校注》卷二，北京：中華書局，1997年5月，第252—297頁。

〔2〕項楚《敦煌變文選注（增訂本）》下編，北京：中華書局，2006年4月，第1783—1964頁。

〔3〕竇懷永、張涌泉《敦煌小説合集》卷丁，杭州：浙江文藝出版社，2010年2月，第482—529頁。

《强德上座》："示衆云：'心粗者失，豈免胡顔，欺敵者亡，不無懡□。輸己筭人者且道阿誰。'"《元史》卷一四九《郭侃傳》："又西行三千里，至天房，其將住石致書請降，左右以住石之請為信然，易之不為備，侃曰：'欺敵者亡，軍機多詐，若中彼計，恥莫大焉。'乃嚴備以待。"

（二）《廬山遠公話》："時有堅牢樹神走至殿前唱喏，狀如豹雷相似，一頭三面，眼如懸鏡，手中執一等身鐵棒。"黄校："徐（震堮）校：'"豹雷"同"儤雷"，或作"暴雷"，形容唱喏聲。'……此處謂樹神貌若雷公，非特狀聲音響亮也。"項校："原文'豹'當作'爆'，'爆雷'即炸雷，……李文蔚《燕青博魚》楔子：'我這裏也爆雷也似唱喏罷。'即此處'狀如爆雷形似'之意。"竇校："疑'豹雷'或謂唱喏之聲響亮，校讀作'暴雷'者近是。"

【按】倘據文意而斷，"豹雷"二字實乃狀堅牢樹神之貌，非擬其聲。豹雷，疑即"豹貍"之訛。"貍"字其下的"貍"字，或涉上而省"豸"，或訛形而作"田"。《左傳》文公十八年條："高辛氏有才子八人：伯奮、仲堪、叔獻、季仲、伯虎、仲熊、叔豹、季貍（《康熙字典》戌集雨部：'又《正韻》："《左傳》：'叔豹、季貍。'"按《左傳》文十八年，今本作季貍。'），忠肅共懿，宣慈惠和，天下之民謂之'八元'。"如據古人取名通例，既以虎、熊、豹、貍並舉，則其四者之義必相同或相近，故知"貍"亦指獸類無疑。《渭南文集》卷一五《曾裘父詩集序》："裘父諱季貍，及與建炎過江諸賢遊，尤見賞於東湖徐公。"《直齋書録解題》卷一八别集下："《艇齋雜著》一卷，南豐曾季貍裘父撰。鞏之弟曰湘潭主簿宰，宰之孫曰大理司直晦之，季貍其子也。"兩例均作"曾季貍"，然檢《湖北省立圖書館書目》舊籍部下所輯《艇齋詩話》則作"曾季貍"[1]，是則"貍"、"貍"二字可通。（楊劍橋《閩方言來母S聲字補論》："里聲字有貍、悝、貍等。……近年來出土的漢代竹簡帛書中，'里、貍'與'埋、貍'等通假甚多。如湖北雲夢睡虎地秦墓竹簡：'或自殺，其室人弗言吏，即葬貍之。''貍'通'貍'，……又《儀禮·大射》：'奏貍首間若一。'"[2]《説文解字》卷九豸部："貙獌，似貍。……貔，豹屬，出貉國。……貍，伏獸，似貙。"段玉裁注："'貙，似貍。''獌'，衍文耳。……《釋獸》曰：'貔，白狐。'……按《方言》曰：'貔，……關西謂之貍。'……玉裁謂《方言》所説貍也，非貔也，《爾雅》所説白狐，蓋亦貍類，非貔也，而皆得貔名者，俗呼之相混也。……按上文豹屬當作貍屬。……此云貍似貙，言二物相似，即俗所謂野貓。"《楚辭·九歌·山鬼》："乘赤豹兮從文貍。"洪興祖注："豹有數種，有赤豹，有玄豹，有白豹。《詩》曰：'赤豹黄羆。'陸機曰：'毛赤而文黑謂之赤豹，貍有虎斑文者，有貓斑文者。'"《三國志》卷二九《魏書》二十九《方技傳》："管輅，字公明，平原人也。……清河令徐季龍使人行獵，令輅筮其所得，輅

〔1〕《湖北省立圖書館書目》，武昌：湖北省圖書館，1935年11月，第756頁。除此而外，許多學術著述論及《艇齋詩話》之時亦作"曾季貍"，諸如王學泰《論唐宋時期的杜甫研究》（載《中國古典文學論叢》，北京：人民文學出版社，1985年第3輯，第29頁）、吴仕端《東坡在惠州謫居生活探》（載《論蘇軾嶺南詩及其他——蘇軾研究學會全國第三次學術討論會論文集》，廣東：廣東人民出版社，1986年11月，第223頁）、霍松林《唐詩探勝》（鄭州：中州古籍出版社，1987年1月，第224頁）、王學泰《中國古典詩歌要籍叢談》（天津：天津古籍出版社，2004年7月，第1061頁）、鄒雲湖《中國選本批評》（上海：上海三聯書店，2002年6月，第59頁）。

〔2〕楊劍橋《閩方言來母S聲字補論》，載《李新魁教授紀念文集》，北京：中華書局，1998年8月，第122頁。

曰：‘當獲小獸，復非食禽，雖有爪牙，微而不强，雖有文章，蔚而不明，非虎非雉，其名曰貍。’獵人暮歸，果如輅言。”羅願《爾雅翼》卷二一《釋獸》四：“貍者，狐之類，狐口鋭而尾大，貍口方而身文，黄黑彬彬，蓋次於豹，故稱大人虎别，君子豹别，辯人貍别。……貍，善搏者也。為小步以擬度焉，有發必獲，謂之貍步。”蕭吉《五行大義》卷五《論三十六禽獸》：“寅為虎、豹、貍者，三獸形類皆相似。寅為木位，木主藂林，寅又屬艮，艮為山，虎之所處。《集靈經》云：‘寅為少陽，五色玄黄。’寅又有生火，火主文章，三獸俱斑並有文也。”

（三）《廬山遠公話》：“是時遠公來至市内，執標而自賣身。是時萬衆千人，無不歎念。……看衆咨嗟，無不愛念。是時看人三三作隊五五成行：‘我今世上過卻千萬留賤之人，實是不曾見有。’歎念之次，看人轉多。”黄校：“留賤，卑賤。‘留’當為留住之意。……‘留住’即流刑被遠配邊鄙留住服役的，故‘留賤之人’即指罪犯、奴僕之類。”項校：“原文‘留’疑即‘良’之聲轉，‘良賤’即平民與奴婢的合稱，‘良賤之人’指各種身份的一切之人。”

【按】留賤，實為“貿販”形訛，《晉書》卷一一三《苻堅載記》上：“自永嘉之亂，庠序無聞，及堅之僭，頗留心儒學，王猛整齊風俗，政理稱舉，學校漸興。關隴清晏，百姓豐樂，自長安至於諸州，皆夾路樹槐柳，二十里一亭，四十里一驛，旅行者取給於途，工商貿販於道。”《新唐書》卷二二〇《東夷傳》：“新羅，弁韓苗裔也。居漢樂浪地，横千里，縱三千里，東拒長人，東南日本，西百濟，南瀕海，北高麗，……市皆婦女貿販。”《宋史》卷一一六《職官志》三：“宣和元年詔：‘官告院立條，凡製造告身法物，應用綾錦，私輒放效織造及貿販（或作買販）服用者，立賞許告。’”李遠《青唐録》：“西城無慮數千家，東城惟陷羌人及陷羌人之子孫，夏國降羌，于闐、回紇貿販（或作賈販）之人數百家居之。”“貿販”之語，正與惠遠“執標而自賣身”的身份相符合。

（四）《廬山遠公話》：“道安答曰：‘《涅槃經》譬喻，其數最多，大喻三千，小喻八百。’於其中間，善慶問曰：‘黑風義者何？’道安答曰：‘黑風義者，是衆生無明之風。衆生從無量劫來，彼被此風摇動不定。將此風分為八般，引義台友，卒説不盡。’”項校：“台友，疑有誤，俟考。原校‘友’作‘教’，亦不可通。”

【按】“台友”當作“台教”。台教，即天台宗之教門，《五燈會元》卷一八《天童普交禪師》：“慶元府天童普交禪師，郡之萬齡畢氏子。幼穎悟，未冠得度，往南屏聽台教，因為檀越修懺摩。”又卷一九《保寧仁勇禪師》：“金陵保寧仁勇禪師，四明竺氏子。容止淵秀，韶為大僧，通天台教。”又卷二〇《黄龍法忠禪師》：“隆興府黄龍牧庵法忠禪師，四明姚氏子。十九試經得度，習台教，悟一心三觀之旨，未能泯跡，遍參名宿，至龍門觀水磨旋轉，發明心要，乃述偈曰：‘轉大法輪，目前包裹，更問如何，水推石磨。’”《佛祖通載》卷一三：“其後翰林梁肅，深得台教之旨趣，嘗著《天台法門》，議曰：‘修釋氏之訓者務三而已，曰戒、定、慧。'”天台宗以《涅槃經》為旁依之經論[1]，此處惠遠、道安所問答的“黑風”即見《涅槃經》之中（其後分云：“爾時，十方世界，大地虛空，寂然大暗，日月精光，悉無復照，黑暗愁惱彌布世界。於是時間，忽然黑風鼓怒驚振，吹扇塵沙，彌暗世界。”詳見卷上《應盡還源品》)，“引義台教”亦即引用台教義理，與之正合。當然，天台宗乃創立於隋，興盛於唐，已為晉後之事，惠遠、道安或不至於預用後來之語，不過，《廬山遠公話》終係小説家言，且產生於中晚唐（説見韓建瓴《敦煌寫本〈廬山遠公話〉初探》[2]、周維平《英藏斯二〇七三卷子敦煌話本故事探源》[3]、伏俊璉《石室齊諧：敦煌小説選析》[4]，涉及顯學，混入時語，倒不足以深怪。

（五）《廬山遠公話》：“相公在此，聊述聲揚，暖道場，將為法樂。”項校：“暖道場，此句疑脱一字。”竇校：“［□］暖道場。”

【按】“暖道場”實無脱字，其構詞釋義同“暖寮”、“暖洞”之類。暖，有供養意，《禪林象器箋》卷九《叢軌門》：“暖寮。忠曰：‘入寮人辦茶果等饗先居人，曰暖寮，予聞大德寺亦曰暖寮，妙心寺此謂暖席矣。清拙《小清規》云：‘凡如祖堂，當一一歷代位牌平等供養云云，比之生人，入寮暖寮同。’《輟耕録》云：‘今之入宅與遷居者，鄰里醵金治具，過主人飲，謂之曰暖屋，或曰暖房。王建《宮詞》：“太乙前日暖房來。”則暖屋之禮，其來尚矣。’忠曰：‘此暖房，鄰里暖於入宅者之房，故與禪林暖寮義少異焉。’暖洞。義堂《日工集》：‘守亨書記求預會下，乃容石屏洞腳。’又云：‘勸淨智長老春谷，令停止兩班官錢，且告云：“今時佛法屬吾宗門，宗門弊在名，名之弊在暖洞，暖洞之弊，至官錢極矣，與古之賣爵無異，請和尚誓革此弊，以為永則焉。”’又康曆二年記云：‘承僧録之命，巡報建仁兩序、西堂、諸寮，禁止暖洞之儀，蓋余之宿志也。’”又卷二九《錢財門》：“凡借他寺院房舍，或修法會，或辦齋供，則納暖席錢於本院。”伯三〇七九《維摩詰經講經文》卷五《持世菩薩》：“解歌音，能律吕，簫韶直得陰雲布，日夜交伊暖法堂，師兄收取天宮女。”又，江藍生《唐五代語言詞典》：“暖道場，在道場、法堂上奉獻舞樂。又作‘暖法堂’”，亦非是。

（六）《廬山遠公話》：“且見遠公標，身長七尺，白銀相光，額廣眉高，面如滿月，髮如塗漆，唇若點朱，行步牛王，手垂過膝，東西舉步而行。”黄校：“‘牛王’亦費解。”項校：“‘牛王’即牛中之殊勝者，佛經多以‘王’稱同類中之優異者。……牛之行步，平正有力，……故佛書多以‘牛行’比喻行步穩健，有大人之相。”

【按】項校甚是，“行步牛王”即行步如牛王，《佛説護國尊者所問大乘經》卷一：“亦如牛王行步穩，振動大地無暫止，我禮如來堅固力。”《四童子三昧經》卷上：“行步如大

〔1〕 釋湛然《止觀義例》卷上心境釋疑例條：“況復三觀本宗瓔珞，補處大士金口親承，故知一家教門遠稟佛經，復與大士宛如符契。況所用義旨，以法華為宗骨，以智論為指南，以大經為扶疏，以大品為觀法，引諸經以增信，引諸論以助威，觀心為經，諸法為緯，織成部帙不與他同。”按，“瓔珞”為《瓔珞經》，“法華”為《法華經》，“智論”為《大智度論》，“大經”為《大般涅槃經》（亦即《涅槃經》），“大品”為《大品般若經》。見《大正藏》卷四六，第452—453頁。

〔2〕 韓建瓴《敦煌寫本〈廬山遠公話〉初探》，載《敦煌學輯刊》，1983年創刊號，第50—66頁。

〔3〕 周維平《英藏斯2073卷子敦煌話本故事探源》，載《敦煌學輯刊》，1996年第2期，第32—37頁。

〔4〕 伏俊璉、伏麒鵬《石室齊諧：敦煌小説選析》，蘭州：甘肅人民出版社，2000年6月，第53—54頁。

牛王。”《大方等大集經賢護分》卷一《思惟品》：“云何當得雄猛不怯弱出聲，如大牛王及大師子王行步。”《教誡新學比丘行護律儀》在寺法條：“不得急行，當學牛王象王之步。”《文殊師利菩薩及諸仙所説吉凶時日善惡曜經》卷上《宿曜曆經序日宿直所生品》：“行步如牛王有容儀。”

（七）《廬山遠公話》：“白莊曰：‘卻即早來，勿令我怪，若也來遲，遣左右捉來，只向馬前腰斬三截，莫言不道。’”黄校：“不道，不講義理，邪惡。”

【按】不道，義同“不説”，《後漢書》卷八四《列女傳》：“扶風曹世叔妻者，同郡班彪之女也，名昭，字惠班，一名姬，博學高才。……作女誡七篇，有助内訓，其辭曰：‘……婦行第四。女有四行，一曰婦德，二曰婦言，三曰婦容，四曰婦功。……婦言，不必辯口利辭也。……擇辭而説，不道惡語，時然後言，不厭於人，是謂婦言。’”蘇轍《龍川别志》卷上：“丁謂既逐李公於衡州，遣中使齎詔賜之，不道所以。”莫言不道，猶言莫言不告、莫言不説，斯二一四四號《韓擒虎話本》：“見右夷陣上，人緣教多，前頭總是弓弩，擒虎有令：‘簸旗大喊，旗亞齊入，若一人退後，斬剁諸將，莫言不道。’言訖，簸旗大喊，一齊便入，此陣一擊，當時瓦解。”斯四六六四號《團僧等於白露道場認真課念帖》：“新戒決丈十一，莫言不告。”《五燈會元》卷七《羅山道閑禪師》：“福州羅山道閑禪師，長溪陳氏子，出家於龜山，年滿受具，遍歷諸方。……福曰：‘汝向羅山道，保福秋間上府朝覲大王，置四十個問頭問和尚，忽若一句不相當，莫言不道。’”又卷一一《風穴延沼禪師》：“師參南院，入門不禮拜。院曰：‘入門須辨主。’師曰：‘端的請師分。’院於左膝拍一拍，師便喝。院於右膝拍一拍，師又喝。院曰：‘左邊一拍且置，右邊一拍作麽生？’師曰：‘瞎。’院便拈棒，師曰：‘莫盲枷瞎棒，奪打和尚，莫言不道。’院擲下棒曰：‘今日被黄面浙子鈍置一場。’師曰：‘和尚大似持鉢不得，詐道不饑。’”據以上例，可知“莫言不道”即提醒招呼意。

（八）《廬山遠公話》：“是日夜揀鍊神兵，閃電百般，雷鳴千種，徹曉喧喧，神鬼造寺，直至天明，造得一寺，非常有異。”黄校：“‘夜’通‘也’，‘是日也’下逗，表示這天開始點兵造寺，通宵達旦乃成。‘夜’、‘也’多可通借。”項校：“據下文‘徹曉喧喧’及‘直至天明’等語，可知鬼神造寺之事發生在夜間，原文‘日’字是衍文。”竇校：“‘是日夜’即當天晚上，原文意自可通，或不煩改字。”

【按】竇校甚是。“是日夜”即是日之夜，《後漢書·禮儀志》下：“是日夜，下竹使符告郡國二千石、諸侯王，竹使符到，皆伏哭盡哀。”《太平廣記》卷一一六《報應》一五引《地獄苦記》：“唐太史令傅奕，本太原人，後徙扶風。……初，奕與同伴傅仁均、薛頤並為太史令，頤先負仁均錢五千，未償而仁均死，後頤夢見仁均，言語如平常，頤因問曰：‘先所負錢，當付誰人？’仁均曰：‘可以付泥犁人。’問是誰，答曰：‘太史令傅奕是也。’既而寤，是日夜，少府監馮長命又夢己在一處，多見先亡人，長命問經文説罪福之報，未知審定有否，答曰：‘皆悉有之。’”準此，此句“是日夜”不煩校改。

（九）《廬山遠公話》：“忽時壽州界内有一群賊，姓白名莊，説其此人，少年好勇，常行劫盜，不顧危亡，心生好煞。……況是白莊累行惡跡，伴涉凶徒，好煞惡生，以劫為活。”黄校、項校、竇校失校。

【按】"心生好煞"當據"好煞惡生"校作"惡生好煞"。惡生，猶言厭生，即不怕死，《墨子》卷一一《大取》："諸所遭執而欲惡生者，人不必以其請得焉。"孫詒讓注："惡生，謂樂於就死也。"《史記》卷一一七《司馬相如列傳》："彼豈樂死惡生，非編列之民，而與巴蜀異主哉。"《三國志》卷一九《魏書》一九《曹植傳》："車右伏劍於鳴轂，雍門刎首於齊境，若此二士，豈惡生而尚死哉，誠忿其慢主而陵君也。"《太平御覽》卷六四八《刑法部》一四引《晉書》："叛盜之屬，斷支而已，是好生惡殺，叛盜皆死，是好殺惡生也，斷支若謂之酷，截頭更不謂之虐，何其乖哉。"

（一〇）《廬山遠公話》："更有名花嫩蘂生於覺悟之傍。"項校："'悟'，徐震堮疑當作'路'，是。覺路，覺悟成佛之路。"

【按】覺悟，即覺路與悟門省語，原謂修道成佛之途，李白《春日歸山寄孟浩然》："金繩開覺路，寶筏渡迷川。"杜荀鶴《贈臨上人》："不計禪兼修，終須入悟門。"《禪宗永嘉集序》："慧門廣闢，理絶色相之端。覺路遥登，跡晦名言之表。"慧門，義與"悟門"無異。後多實指進出寺廟的路或門，盧肇《題甘露寺》："覺路花非染，流年景謾催。"吕温《終南精舍月中聞磬聲詩》："思入空門妙，聲從覺路聞。"孫逖《奉和崔司馬遊雲門寺》："覺路山童引，經行谷鳥從。"另如今重慶市華巖寺山門之傍亦有覺路、悟門，故而此句"覺悟"或不煩校改作"覺路"。

譚　莊，重慶師範大學中文系

Some different researches on the collation of "LU SHAN YUAN GONG HUA"

TAN Zhuang

(Dept. of Chinese Language and Culture, Chongqing Normal University, Chongqing 401331)

Abstract: Aiming at some errors and biased opinions in the researches of the collation of "LU SHAN YUAN GONG HUA" in some books spublished recently, this paper provides some new testimony and arguments.

Key words: "LU SHAN YUAN GONG HUA"; collation

就《金瓶梅詞話》“濡伋、單光、掐”校勘答蔣信

劉　敬　林

（安慶師範學院 文學院，安徽省 安慶市 246133）

提要：就蔣信同志對拙作《〈金瓶梅詞話〉校點拾補》所校“濡伋、單光、掐”三詞質疑而作答，再次用更多的證據證明《拾補》所校不誤，蔣同志所論皆不成立。

關鍵字：金瓶梅　濡伋　罩　掏

蔣信同志《〈“金瓶梅詞話”校點拾補〉獻疑》（刊《中國俗文化研究》第六輯。下簡作《獻疑》）一文，就拙作《〈金瓶梅詞話〉校點拾補》（刊《中國語文》2006 年第 3 期。下簡作《拾補》）中的“濡伋（林按：《獻疑》誤作“汲”）、單光、掐”校勘意見提出質疑。文章有人看，觀點有人議，作為作者的確很高興。但讀過《獻疑》後，覺得所“疑”並不成立。為免拙文歧惑學者，現謹對其疑問答復如下，以向蔣同志請教。

引《詞話》文句一仍《拾補》。為節省篇幅，《拾補》意見僅作簡介。為節省讀者目力和便於區別，所引《獻疑》用仿體字，我們的意見則用宋體字。

1、萬里彤雲密佈，空中祥瑞飄簾。瓊花片片舞前簷。剡溪當此際，濡滯子猷船。（1.16.6）校記［一五］“濡滯”原作“濡伋”，從崇本改。

《拾補》認為萬曆本“濡伋”不誤，“濡伋”是“濡跡”的記音字。且認為戴本從崇本作“濡滯”、陶本從《水滸傳》為“凍住”未安，白維國先生校“濡伋”作“濡没”為誤。

對此，《獻疑》提出三點否定意見，下面分“點”論之。

其一，校勘古籍決不能想當然下結論，即或是理校，也至少要有理。如果“伋”是“跡”的記音字，試問，大凡記音，總是用最常見且筆畫最少的字來代替複雜的字，何以不用“及”而用一般人並不熟悉的“伋”字。這是不好解釋的。

回答作者為何用“伋”，而不用筆畫少的“及”，似對當今任何智者來說都是個難題，何況質性鈍魯如我者。而“大凡記音，總是用最常見且筆畫最少的字來代替複雜的字”的說法，不知蔣同志是在對古籍作大量的調查基礎上作出的科學結論，還是想當然？據我們的淺見，這個說法並不符合實際。清朱駿聲《說文通訓定聲·隨部》：“駕，假借為加。”《呂氏春秋·貴因》：“其辭至矣，不可以駕矣。”高誘注：“駕，加也。”清全祖望《書韓文公集後》：“是當時小人忌先生，必欲乘間去之，特駕其罪於建言。”“駕”即誣加字。“加”比“駕”少十畫（繁體），寫者即使書寫時一時沒想到“加”，但寫“駕”時即可聯想到

"加"，但卻偏不寫筆畫少且好寫的正字"加"，而寫記音字"駕"，對此雖"不好解釋"，但卻是實情。他如"區"通"句"（"區"繁體比"句"筆畫多，且一般人很難"熟悉"二者形音義之聯繫）、"盛"通"成"、"覆"通"愎"，等等。在《詞話》中這種現象更可以說是屢見不鮮。如"下程"（第53回）一詞，又異作"嗄程"（第36回、第92回），指送給他人出行的錢物。李申《金瓶梅方言俗語匯釋》引清西崖《談征》："夫登途曰上路，則停驂當曰下程。"[1][P46] "下程"多要食宿而花錢，故"下程"也就有了送與他人出行盤纏義。可見，"下程"字本作"下"，字既好寫人又熟悉，但作者卻偏要寫作筆畫多且一般人不熟悉的"嗄"字。再如"材料"與"才料"、"（倔）溜"與"强"，等等。由此可見，以筆畫多少或一般人熟悉與否，來作否定"伋"的理由並不充分。"校勘古籍決不能想當然下結論"，《獻疑》此話，首先應當對作者自己有警示作用。

其二，《獻疑》針對"剡溪"兩句引《世説新語·任誕》王子猷山陰訪戴故事後，説：

王子猷訪戴，是在"夜大雪"的背景下，此處用事，恰到好處，充滿詩情畫意，其意不過説雪大而已。如果解"濡跡"為滯留，是王子猷的船留在了剡溪，去見了戴安道？還是留在了河邊？本來是雪夜訪戴"興盡而返"，卻被莫名其妙留在了剡溪，真是匪夷所思。

《獻疑》的"莫名其妙"、"匪夷所思"之惑，不是來自"滯留"，而是來自没讀懂"剡溪當此際，濡伋子猷船"在文章中的意義所在。《詞話》有關武松、潘金蓮、西門慶的故事本於《水滸傳》，上引文句也本自《水滸傳》。而明容與堂刻本《水滸傳》本句作"凍住子猷船"，[2][P209] 學淺如我輩不明《任誕》王子猷山陰訪戴故事，博學如施耐庵羅貫中也"莫名其妙"？萬曆本《詞話》作者也没覺得《水滸傳》寫錯而作他改，反而用書面語"濡伋"換去在語境中表相同語義的口語成分較濃厚的"凍住"，後出的崇本又作"濡滯"而使三者表意一脈相承。難道這些人都不知王子猷山陰訪戴事？

其實，《水滸傳》將王子猷山陰訪戴故事化用入詩，意在表天寒，而非表"詩情畫意"或"不過雪大而已"。意思是説，當年王子猷雪夜剡溪乘船訪戴之所以能去能來，是因為雪雖大天卻不甚冷，而潘金蓮挑逗"叔叔"武松的雪天，不僅雪大，且寒冷。作者寫雪大用"瓊花片片舞前簷"直接進行描寫，寫天冷則採取"曲筆"手法表達：如果當年的王子猷雪夜剡溪乘船訪戴"當此際"（在這種天氣情況下），船定會被凍住而不得前行。正因為有了"剡溪當此際，凍住子猷船"的天寒，才有了潘金蓮"去武松房裏簇了一盆炭火"，要"叔叔向火"，和"叔叔寒冷"、"天色寒冷，叔叔飲個成雙杯兒"的挑逗話。也就是説，《水滸傳》的"剡溪當此際，凍住子猷船"，是渲染天氣寒冷氛圍的，是為潘金蓮給武松生火、要武松"向火"飲酒禦寒並進而借酒挑逗的故事發展作鋪墊的。萬曆、崇禎兩版本進行同義語互換，是深得其意的。然從古籍校勘説，聲稱以萬曆本為底本，並"儘量保存萬曆詞話本原貌"者，如戴本校作"濡滯"、陶本校為"凍住"，於文意雖皆可通，但非萬曆詞話本原貌，所以《拾補》認為應是不明"濡伋"的誤校。

其三，劉文證明觀點的材料全來自《漢語大詞典》，可惜的是《漢大》此條的釋義和書證都有問題。試辨析如下：

1、滯留。晋陸機《門有車馬客行》：“念君久不歸，濡跡涉江湘。”2、駐足。喻出仕。《後漢書・荀爽傳論》：“意者疑其乖趣舍，余竊商其情，以為出處君子之大致也。平運則弘道以求志，陵夷則濡跡以匡時。”清秦篤輝《平書・人事篇上》：“荀淑正言於梁氏用事之日；子爽濡跡於董卓專命之朝。”

按，第一義《漢語大詞典》沿襲《辭源》等舊辭書之誤，非義立義。接著引《門有車馬客行》全詩，之後説：

陸機此詩寫的是來了一個故鄉的客人，於是細問委曲，不禁感慨係之的狀況。“念君久不歸，濡跡涉江湘”是來客對陸機語，《文選六臣注》：“（李）善曰：‘濡，漬也。’（吕）向曰：‘君謂機也，濡跡，漬足也。涉，度也。湘，水名。’”因為陸機不歸，於是乎客人涉湘而謁。辭書錯用而劉氏不察拉來便以為證。

《獻疑》並没有讀懂“濡跡涉江湘”句，所論完全錯誤。“濡跡涉江湘”也就是“濡跡江湘”與“涉江湘”的並説。“涉”是關涉，不是涉水。“江湘”字面指長江與湘江，“於是乎客人涉湘而謁”，則只涉“湘”而避“江”，“江”哪裏去了？再説，陸機在離開家鄉後一直生活在北方而未至“湘”，看他的客人怎會“涉湘而謁”呢？

據《陸平原年譜》，《門有車馬客行》為陸機“在洛久聞故鄉消息之作也”。要把握這兩句詩義，關鍵在於要弄清楚陸機此詩相關背景。陸機為亡吴名將陸抗之子，年二十歲時（吴末帝天紀四年）吴為晋所滅，後歸華亭故里（今上海松江）閉門勤學十年，晋太康四年（283）因統治階級對亡國名臣之後有忌而曾與陸喜等十五人被詔入洛。晋太康十年（289）又“迫於王命”離家進京。從太熙元年（290）三十歲的陸機因才能為世所知而作為“可教子女”被任以祭酒進入官場始，至四十三歲（晋太安二年）被害的十多年間，除元康四年（294）以郎中令職，隨出鎮淮南的吴王司馬晏而得以回吴地外，其餘時間先後在洛陽和平原任職。[3]陸機雖然才華過人，但因是亡國之後，時時受人冷遇。《世説新語・簡傲》有劉道真問陸機“東吴有長柄壺盧，卿得種來不”的奚落語。又有“盧志於衆坐問陸士衡：‘陸遜、陸抗是君何物”的不敬話。直到晋惠帝永寧元年（301），陸機在他的《謝平原内史表》中還有“臣本吴人，出自敵國”的自知“家庭出身”的自薄之語。明於此，對這位迫於王命的亡國之後來説“久不歸”之因也就易理解了。詩句“江湘”指三國時孫吴所據的長江中下游及湘江流域即原吴國統治區域。此隱指故國地。“涉”即“牽”“繫”。《漢語大字典》：“涉：❼關連；牽涉。”又“牽：❸牽連，涉及。《廣雅・釋詁四》：‘牽，連也。’《文選・張衡〈西京賦〉》：‘夫人在陽時則舒，在陰時則慘，此牽乎天者也。’李善注引薛綜曰：‘牽，猶繫也。’”“念君”兩句是詩人借來客口吻，曲折表達：我想你雖久不歸，卻必是想念你曾經滯留（久居）的江湘故國之地。《辭源》編者以《文選》詞例立條，想應該是也見到了李、吕所出之注未安，才另立新釋的。輕言《辭源》、《漢語大詞典》“非義立義”似欠慎重。

批評“劉氏不察拉來便以為證”亦欠公允。《辭源》將異體同詞“濡迹”、“濡跡”分列為兩個條目，釋為二義。《漢語大詞典》則在同條目下立兩個義項，“劉氏”則認為是異體同詞而並作“濡伋”之證。

第二義書證有兩個問題：一、釋義與書證不合。二、第二書證出宋朱熹《答劉子澄書》(見《晦庵集》及《諸子全書》等)語,《漢大》引清人輯書大非所宜,而劉文沿襲不省。(按,“濡跡”在近代漢語中也有“淹留”義,茲不旁及)

其實,這兩個例子其義猶言“汙身、辱身”,因辭書未見此義,補充幾個例子於下。

《獻疑》所言“釋義與書證不合”問題,與其所發明的“辭書未見此義”的“汙身、辱身”新義相關,故放在一起討論。蔣同志為他新發明的“汙身、辱身”義列有七條書證,為節省篇幅,這裏僅引前兩條:

梁公社稷之臣,濡跡應變,與唐屈伸(按,濡跡,指屈身事武則天事)。妖虹横天,鳴牝專晨。獨立大道,指南生人。(唐吕温《狄梁公立廬陵王傳贊》)

明年春,大將吴曦挾寇以叛,士之仕於蜀者,或舍生以取義,或濡跡以就事,或逃難以避汙。其事不必皆同,歸潔其身志於仁而已。(宋魏了翁《彭節齋記》)

《獻疑》説此二“濡跡”為“屈身”(“汙身、辱身”),但這個釋義肯定不是從語詞直接而來的,因為在“濡跡”中找不到任何一語素有可能與“屈”或“身”有關係。其實,這兩個“濡跡”的確義仍是“滯留”。後例“或舍生以取義,或濡跡以就事,或逃難以避汙”就是明證。把此句翻作白話就是:有的用生命來换取正義,有的留下來就職作事,有的逃離禍害以避濁。“舍生”表“死”,“濡跡”表“留”,“逃難”表“去”,三句平列表義。如從《獻疑》所釋,平列關係則不復存在,顯與理事和句子修辭不宜。狄梁公“濡跡”語境與此完全相同。武則天君臨天下,李唐舊臣有的用生命進行反抗,有的遠離禍害退歸山林,而狄梁公則屬“濡跡以就事”即“留”者。此外,釋“濡跡”作“滯留”也與語素義吻合。“濡”即“稽”=“留止”,“跡”本指腳跡,可引申為“行”,“止行”即“淹留”。可見,《獻疑》所説新義是遠離詞語語素的、語詞在句子各成分共同作用下的事理意,而非詞義。

我們認為,“《漢大》引清人輯書”為書證,並不存在“大非所宜”的問題。作為辭書書證,列為首條的最好能溯及於“源”,至於“流”,選哪本書都没有不宜的,關鍵在於選詞真實,釋義確切。至於“劉文”,怕也不存在“沿襲不省”問題吧?因為《拾補》不是梳理“濡跡”源流史。拿詞例作為證據去證明所論,只要詞例真實,能證明問題就是硬道理。

最後《獻疑》又申説白本校作“濡没”可從的理由:

比較各家校本,筆者還是以為白本可從,“濡偎”為“濡没”之訛。訛誤理由,形近致誤。“濡没子猷船”極言大雪紛飛,銀裝素裹,王子猷的船也融入了一片銀色的世界中。白校引葛洪《神仙傳·葛玄》“舟遇大風,百官船無大小多濡没”。劉文對此大張撻伐,其實二者並不矛盾。《神仙傳》説船被水“淹没”,《金瓶梅詞話》云王子猷的船被大雪遮掩。就“没”的核心來説是一樣的。

但表“淹没”之“濡没”,與表“遮掩”之“濡没”則大不一樣。表“淹没”之“濡没”從語詞結構説,為同義連用,連用後釋義並作“淹没”。若表“遮掩”義,則“濡”與“没”不可連用成詞,因為“濡”没“遮掩”義,連用則不詞。《獻疑》大概也意識到了這一點,但為了堅持自己的觀點,最後只好避開語素“濡”,而僅言“就‘没’的核心來説是一樣的”。這就有點强詞奪理了。我疑心白先生對自己所校也没有《獻疑》那麽自信，因為先生所編《金瓶梅詞典》“濡没”、“濡伋”（包括“濡滯”）皆未收。

此外，還要説明的是，“劉文”對白校並没有“大張撻伐”——進行猛烈攻擊，只是據所校不詞而説白校“大誤”。誰個對人“大張撻伐”，相信讀者是看得出來的。

2. 瑠璃瓶光單美女奇花，雲母障並瀛州閬苑。（15. 173. 5）

《拾補》在討論“瑠璃瓶”“雲母障”為燈名成因基礎上，從工對聯上下句動詞謂語詞性用法意義近同可互釋的修辭特點入手，認為下句謂語“並”為“屏”的記音字，“單”當是“罩”的形近誤字，二字並作“遮護”，而“光”“或是涉上‘瓶’之‘並’而誤。”《獻疑》就此論曰：

> 按，不須分析，我們即可見劉説之迂曲勉强較之上例更甚。尤讓人不可理解的是，若上下句的謂語動詞均是“遮護”的意思，文情並茂的《金瓶梅詞話》難道會行文拙劣乃爾？若然，這一駢句尚還有什麽美感可言。筆者以為，白本以“光單”二字為“輝”之刻散，可謂不刊之論，輝，輝映，照耀；並，比並，互相襯托。請看原文：
>
> 山石穿雙龍戲水，雲霞映獨鶴朝天。金蓮燈、玉樓燈，見一片珠璣；荷花燈、芙蓉燈，散千團錦繡。繡球燈，皎皎潔潔；雪花燈，拂拂紛紛。秀才燈，揖讓進止，存孔孟之遺風；媳婦燈，容德温柔，效孟姜之節操。和尚燈，月明與柳翠相連；判官燈，鍾馗與小妹並坐。師婆燈，揮羽扇假降邪神；劉海燈，背金蟬戲吞至寶。駱駝燈、青獅燈，馱無價之奇珍；猿猴燈、白象燈，進連城之秘寶。七手八腳，螃蟹燈倒戲清波；巨口大髯，鯰魚燈平吞緑藻。銀娥鬬彩，雪柳爭輝。魚龍沙戲，七真五老獻丹書；吊掛流蘇，九夷八蠻來進寶。村里社鼓，隊隊喧闐；百戲貨郎，俱樁樁齊鬬巧。轉燈兒，一來一往；吊燈兒，或仰或垂。瑠璃瓶光單美女奇花，雲母障並瀛州閬苑。
>
> 從上文可見可知：一、凡言燈，既以燈名，而各種燈飾亦傳神描摹，“瑠璃瓶”“雲母障”非如劉説為燈罩顯然。二、因上文有主要動詞“映”字，不可能下又用一“映”字，這是駢文行文的常識，所以王本作“映”字亦非是。而作“輝”從校勘常識、行文技巧都無可挑剔。三、這兩句是互文，如同上文“魚龍”一聯，其義是説瑠璃瓶和雲母障（雲母屏風）上繪製著仙山瓊閣、奇花異草、美女豔姬等等。

如果説《獻疑》因未讀懂“剡溪當此際，濡伋子猷船”確義，而以王子猷山陰訪戴故事否定《拾補》所校僅是理解上出了偏差的話，那麽對此例的“不須分析，我們即可見劉説之迂曲勉强較之上例更甚”的判語，則是因主觀上的粗疏而没有讀懂《拾補》。下面依序討論。

《獻疑》：“尤讓人不可理解的是，若上下句的謂語動詞均是‘遮護’的意思，文情並茂的《金瓶梅詞話》難道會行文拙劣乃爾？若然，這一駢句尚還有什麽美感可言。”但這種蔣同志“不可理解”、没有“美感可言”的“拙劣”駢句，則在古代駢文工對句中常見，僅舉一例。王勃《秋日登洪府滕王閣餞别序》：“天高地迥，覺宇宙之無窮；興盡悲來，識盈虛之有數。"上下句的謂語動詞"覺""識"均是"知"的意思。《説文·言部》:"識,知也。"《詩·大雅·瞻卬》"君子是識"鄭箋:"識,知也。"清徐灝《説文解字注箋·見部》:"覺,又為凡知覺之稱。"而《獻疑》所移録《詞話》"原文",也有這種"行文拙劣"的句子。"銀娥鬪彩,雪柳爭輝。"謂語動詞"鬪""爭",均是"爭鬪"的意思。"魚龍沙戲,七真五老獻丹書;吊掛流蘇,九夷八蠻來進寶。"謂語動詞"獻""進",均是"進獻"的意思。對王勃文,相信中國無人感到"行文拙劣",而對"鬪""爭"、"獻""進",相信《獻疑》也未覺察到没有"美感可言"。

對"一",《拾補》有回答:"從文意看,這兩句是寫兩種形狀近似但名稱有區別的元宵花燈","'瀛州閬苑'指畫在雲母燈罩内壁上的圖畫。句言雲母燈罩遮護著'瀛州閬苑'。指名為'雲母障'的花燈情狀。同'雲母障'相對為文的'瑠璃瓶',指用羊角、硝鉛等燒製的半透明仿玻璃燈罩,在此借指瑠璃製作的花燈。"

"二"説校作"輝""無可挑剔",因僅有結論,而無過程的證明,讀者也無法"從校勘常識、行文技巧"進行"挑剔"。不過説"上文有主要動詞'映'字,不可能下又用一'映'字",並以"這是駢文行文的常識"來證明"輝"是"映"非,怕不可靠。再舉王勃文為證:"豫章故郡,洪都新府;星分翼軫,地接衡廬。襟三江而帶五湖,控蠻荊而引甌越。"比照《獻疑》所説"主要動詞'映'字"為引文首句"雲霞映獨鶴朝天"之"映",上引王勃文中"接""襟"自然也應是"主要動詞"了。但王勃文下有"遥襟甫暢"、"接孟氏之芳鄰"句。難道一篇連"駢文行文常識"都存在問題的文章,還能成為古文名篇?而把文章"總寫"句子出現的動詞稱為"主要動詞"的説法,也有些新人耳目。

"三"把"魚龍"、"瑠璃"兩聯並釋作互文,可從。當初我們也是由此而認為"光單"應作"罩"、"並"應作"屏",並作"遮護"。不過這樣一來,《獻疑》卻否定了自己所釋"輝,輝映,照耀;並,比並,互相襯托"。因為,工對聯上下句對應位置的動詞謂語一般意義用法近同,對應的主、賓語才能相類或相關。"七真五老"對"九夷八蠻"、"丹書"(林按:"丹書"是道家至寶,這裏代指道家所進之"寶")對"寶",就是由同義詞"獻""進"繫聯而成句的。同理,"瑠璃"兩聯作謂語的動詞,只有"罩""並"才有可能同為"遮護"而互釋,才能形成工對句。把"光單"校勘為"輝"字,就單句而言也成意思,但與"比並"構不成互釋關係。這豈不是對自己的"互文"説是自我否定?

3、西門慶走到李瓶兒房裏,洗洗手出來。伯爵問他要香茶,西門慶道:"怪花子,你害了痞,如何只鬼混人!"每人掐了一撮與他。伯爵道:"只與我這兩個兒!由他由他,等我問李家小淫婦兒要。"(52. 678. 5)

《校補》認為:萬曆本作"掐",今版各本均作"掐",皆為誤校。"掐",乃"掏"字異體。並引同回上文"(李)桂姐向他袖子内,掏出好些香茶來袖了"為證。《獻疑》則質疑説:

> 劉説倒是"大誤",其誤蓋拘泥於通常"掐"是指用指甲切刺外物的動作,而不知用指頭或指尖部分拈物或掰物的動作也可稱作"掐"(此義辭書亦不載)。
>
> 據以析曰:掐,是指尖的動作,"掐"了"一撮";掏,是一隻手的動作,掏了好些。"掐"與"一撮"相配,"掏"與"好些"關聯,二者適成對比,其間差

異不言自明。這本是作者運用語言的準確高妙傳神處，卻讓劉先生混淆了。若從劉説為“掏”字，“掏”了“一撮”成何話語。

《獻疑》説“用指頭或指尖部分拈物或掐物的動作也可稱作‘掐’”，是。《漢語大詞典》“掐”❸“用拇指和另一指頭捏”，説的也是這個意思。不過，用“一撮”對應“掐”，“掏”對應“好些”，來證明字必為“掐”，怕未切中肯綮。《説文·手部》：“撮，兩指撮也。”《玉篇·手部》：“撮，三指取也。”用兩個或三個指頭抓取叫“撮”，並由此引申泛指極少量。“一撮”即今語“一點”。如果不分語境，孤立地説“掐了一撮”或“掏了一撮”，即“掐了一點”或“掏了一點”，都成話。但《金瓶梅詞話》的語境決定了萬曆本必為“搯”，而不可作“掐”。“搯”者，伸進去取也。如人們常説的“掏螃蟹”，“掏麻雀”，就是將手伸入洞穴裹取的意思。再如，從衣服口袋裹取東西，一般就叫作“掏東西”，至於是五指並用“掏”了一大把，還是三指對撮“掏”了一點，甚至連一點都没“掏”到，也必曰為“掏”，而不可因“一點”改稱作“掐”。反過來説，如果東西放在平面的物體上，就是取上一大把，也不能叫作“掏”。古人在衣袖中縫口袋以裝物，且袋口與袖筒逆向而向上，人從衣袖袋中取物必“掏”無疑。而《金瓶梅詞話》寫人從衣袖中取物也多作“掏”。第十五回：“西門慶向袖中掏出三兩銀子來遞與桂卿。”又第五十九回：“那月兒不信，還伸手往他這邊袖子裹掏，又掏出個紫縐紗汗巾兒。”又第七十二回：“金蓮道：‘略有些鹹味兒。你有香茶與我些壓壓。’西門慶道：‘香茶在我白綾襖内，你自家拿。’這婦人向床頭拉過他袖子來掏，掏了幾個，放在口内才罷。”此例亦是掏香茶，且亦一點——“幾個”。當是“掐”為“搯”之誤的直接證據。又第七十三回：“那春梅道：‘娘不信掏他袖子，怕不的還有柑子皮兒在袖子裹不止的。’婦人於是扯過他袖子來，用手掏他袖子。用手撇著，不教掏。春梅一面拉起手來，果然掏上出些柑子皮兒來。”由上可見，即使《拾校》在論證中存有瑕疵，也不可因之而顛覆萬曆本原貌“搯”字。

參考文献：

[1] 李申《金瓶梅方言俗語彙釋》，北京師範學院出版社，1992年。

[2] 施耐庵、羅貫中《水滸传》，中華書局，2005年。

[3] 姜亮夫《陸平原年譜》，古典文學出版社，1957年。

劉敬林（1957–），男，河南鎮平人。安慶師範學院文學院教授

Reply to the letter of Jiang on Collation of “Ru Ji” “Dan Guang” “Qia” (“濡伋、單光、掐”) in *Jinpingmei Cihua*

LIU Jing－lin

(School of Chinese Language & Literature, Anqing Normal College, Anqing, Anhui Prov. 246133)

Abstract: Reply to the question of three words “Ru Ji” “Dan Guang” “Qia” (“濡伋、單光、掐”) collated from my essay “supplement on the collation－annotation in *Jinpingmei Cihua*”. Again we can prove that the collation of my essay is not wrong with more evidence, discussion of professor Jiang cannot be established.

Key words: ***Jinpingmei***; **“Ru Ji”** (濡伋); **“Zhao”** (罩); **“Tao”** (掏)

《藝槩注稿》補箋*

袁　津　琥

（綿陽師範學院 文學與對外漢語學院，四川省 綿陽市 621000）

提要：作者對其專著《藝槩注稿》作了一些補充注釋。

關鍵詞：劉熙載　《藝槩》　文藝理論

《藝槩》是晚清著名學者劉熙載所撰寫的一部文藝理論批評著作。但該書在寫作上頗有其獨到之處：即每好選取前人著作中的相關語句熔鑄於自己的文章之中，所謂以述代論，織錦為文也。對此，拙著《藝槩注稿》中已多有抉發，然彼時限於時間，遺漏尚復多有也。今秋稍暇，爰取舊作，重新批閱一過，成此補箋，或於研讀《藝槩》者，不無微助焉。然猶有説者：《藝槩》一書引文情況極為複雜（筆者將另成他文探討），且書成於晚清，文中徵引前人語句之處，孰為有意徵引，孰為沿用當時成語，孰為偶合，辨識固不易也。故此文所為補箋之處，皆係筆者以為較生僻及不生異議者，若書中所用當時或已為成語及過於枝節瑣碎易生歧義之處，則不在此補箋之列也。

卷一第〇〇一　“六經”，文之範圍也。聖人之旨，於經觀其大備；其“深博無涯涘”，(1) 乃《文心雕龍》所謂“百家騰躍，終入環内”者也。

補箋：(1)：唐韓愈《柳子厚墓志銘》：“務記覽，為詞章汎濫停蓄，為深博無涯涘。”

卷一第〇二二　《檀弓》“誠慤”“頎至”，(1)《考工》“樸屬”“微至”。

補箋：(1)：《禮記檀弓》：“苟無禮義忠信誠慤之心以涖之，雖固結之，民其不解乎？”此引《檀弓》之語以評其文。

卷一第〇四二　孟子之時，孔道已將不著，況荀子時乎？荀子矯世之枉，雖立言之意時或過激，然非“自知明而信道篤”者不能。(1)

補箋：(1)：唐韓愈《伯夷頌》：“士之特立獨行，適於義而已。不顧人之是非，皆豪傑之士，信道篤而自知明者也。”

卷一第〇五二　《莊子》寓真於誕，寓實於玄，於此見“寓言”之妙。(1)

補箋：(1)：《莊子》卷九有《寓言》篇。

卷一第〇五八　老年之文多平淡。《莊子》書中有莊子將死一段，其為晚年之作無疑，然其文一何“諔詭”之甚。(1)

---

*　本文為國家社科基金青年項目《藝槩詳注》（批准號：08CZW001）之成果。

補箋：(1)：《莊子·天下》："其書雖瓌瑋而連犿無傷也；其辭雖参差而諔詭可觀。"

卷一第〇六七　秦文雄奇，漢文醇厚。大抵"越世高談"，(1) 漢不如秦；"本經立義"，(2) 秦亦不能如漢也。

補箋：(1)：南朝梁劉勰《文心雕龍》卷四《諸子》："夫自六國以前，去聖未遠，故能越世高談，自開户牖。"

(2)：南朝梁劉勰《文心雕龍》卷一《辯騷》："《離騷》之文，依經立義。"

卷一第〇七〇　賈生"陳政事"，(1) 大抵以《禮》為根極。劉歆《移讓太常博士書》云："在漢朝之儒，惟賈生而已。"一"儒"字下得極有分曉。何太史公但稱其"明申商"也？

補箋：(1)：《漢書》卷四八《賈誼傳》："誼數上疏陳政事，多所欲匡建。"《文選補遺》卷四即拟題為《陳政事疏》。

卷一第〇七九　文之道，時為大。《春秋》不同於《尚書》，無論矣。即以《左傳》、《史記》言之，强《左》為《史》，則"噍殺"，强《史》為《左》，則"嘽緩"。惟"與時為消息"，(1) 故不同正所以同也。(2)

補箋：(1)：《易豐卦》："日中則昃，月盈則食，天地盈虚，與時消息，而況於人乎？況於鬼神乎？"

(2)：宋黎靖德編《朱子語類》卷八："須是盡知其所以不同，方知其所謂同也。"

卷一第〇九八　《淮南子》連類喻義，本諸《易》與《莊子》，而奇偉宏富，又能"自用其才"，(1) 雖使與先秦諸子同時，亦足成一家之作。

補箋：(1)：宋蘇軾《賈誼論》："非才之難，所以自用者實難。惜乎賈生王者之佐，而不能自用其才也。"

卷一第一一七　崔寔《政論》，参霸政之法術；(1) 荀悦《申鑒》，明古聖王之仁義。(2) 悦言屏四患、崇五政，允足為後世法戒；寔言孝宣優於孝文，意在矯衰漢之弊，故不覺言之過當耳。

補箋：(1)：《後漢書》卷五二《崔寔傳》引《政論》："故量力度德，《春秋》之義，今既不能純法八代，故宜参以霸政，則宜重賞深罰以御之，明著法術以檢之。"

(2)：《申鑒》卷一《政體》："夫道之本，仁義而已矣。五典以經之，羣籍以緯之，詠之歌之，弦之舞之，前鑒既明，後復申之。故古之聖王，其於仁義也，申重而已。篤序無疆，謂之申鑒。"

卷一第一二八　陶淵明為文不多，且若未嘗經意。然其"文不可以學而能"，(1) 非文之難，有其胸次為難也。

補箋：(1)：宋蘇轍《欒城集》卷二二《上樞密韓太尉書》："太尉執事：轍生好為文，思之至深。以為文者，氣之所形。然文不可以學而能，氣可以養而致。"

卷一第一三七　元次山文，狂狷之言也。其所著《出規》，意存乎"有為"；(1)《處規》，意存乎"有守"；(2) 至《七不如七篇》，雖若憤世太深，而憂世正復甚摯。是亦足使頑廉懦立，未許以矯枉過正目之。

補箋：(1)(2)：《尚書周書洪範》："凡厥庶民，有猷有為有守，汝則念之。"

卷一第一四二　獨孤至之文，“抑邪與正”，(1) 與韓文同。《唐實録》稱“韓愈師其為文”，乃韓則未嘗自言，學於韓者復不言。《唐書》本傳亦僅言“梁肅、高參、崔元翰、陳京、唐次、齊抗師事之”，而韓不與焉。要其文之足重，固不係乎韓師之也。

補箋：(1)：唐韓愈《上宰相書》：“其所讀，皆聖人之書，楊墨釋老之學無所入於其心；其所著，皆約六經之旨而成文，抑邪與正。”

卷一第一七四　柳州係心民瘼，故所治能有惠政。讀《捕蛇者説》、《送薛存義序》，頗可得其精神“鬱結”處。(1)

補箋：(1)：《史記》卷一三〇《太史公自序》：“此人皆意有所鬱結，不得通其道也。”

卷一第一五八　昌黎言“作為文章，其書滿家。”書非“止為作文用”也。(1) 觀所為《盧殷墓志》云：“無書不讀，然止用以資為詩。”曾是惜人者而自蹈之乎！

補箋：(1)：宋黎靖德編《朱子語類》卷一三七《戰國漢唐諸子》：“問荀揚王韓四子。曰：‘……韓退之則於大體處見得，而於作用施為處却不曉。如《原道》一篇，自孟子後無人，似它見得。‘郊焉而天神格，廟焉而人鬼享。以之為人，則愛而公；以之為心，則和而平；以之為天下國家，無所處而不當。説得極無疵。只是空見得箇本原如此，下面工夫都空疎，更無物事撑住襯簟，所以於用處不甚可人意。緣它費工夫去作文，所以讀書者，只為作文用。自朝至暮，自少至老，只是火急去弄文章，而於經綸實務不曾究心，所以作用不得。”

卷一第一九六　歐陽公文幾於“史公之潔”，(1) 而幽情雅韻，得騷人之指趣為多。

補箋：(1)：柳宗元《答韋中立論師道書》：“始吾幼且少，為文章以辭為工。及長，乃知文者以明道，是固不苟為炳炳烺烺，務采色，夸聲音，而以為能也。凡吾所陳，皆自謂近道，而不知道之果近乎？遠乎？吾子好道而可吾文，或者其於道不遠矣。故吾每為文章，未嘗敢以輕心掉之，懼其剽而不留也；未嘗敢以怠心易之，懼其弛而不嚴也；未嘗敢以昏氣出之，懼其昧没而雜也；未嘗敢以矜氣作之，懼其偃蹇而驕也。抑之欲其奥，揚之欲其明；疏之欲其通，廉之欲其節；激而發之欲其清，固而存之欲其重；此吾所以羽翼夫道也。本之《書》，以求其質；本之《詩》，以求其恒；本之《禮》，以求其宜；本之《春秋》，以求其斷；本之《易》，以求其動；此吾所以取道之原也。參之《穀梁氏》，以厲其氣；參之《孟》《荀》，以暢其支；參之《莊》《老》，以肆其端；參之《國語》，以博其趣；參之《離騷》，以致其幽；參之《太史公》，以著其潔。此吾所以旁推交通而以為之文也。”

卷一第一九七　歐陽公《五代史》諸論，深得“畏天憫人”之旨，蓋其事不足言，而又不忍不言，言之怫於己，不言無以懲於世。“情見乎辭”，(1) 亦可悲矣。公他文亦多惻隱之意。

補箋：(1)：《易繫辭下》：“聖人之情見乎辭。”

卷一第二〇四　蘇老泉云：“風行水上，渙，此天下之至文也。”余謂大蘇文“一瀉千里”，(1) 小蘇文一波三折，亦本此意。

補箋：(1)：宋黄震《黄氏日抄》卷六二《蘇文》：“東坡之文如長江大河，一瀉千里。至其混浩流轉，曲折變化之妙，則無復可以名狀，盖能文之士莫之能尚也。”

卷一第二〇九　坡文多“微妙”語。(1) 其論文曰：“快”、曰：“達”、曰：“了”，正為非此不足以發微闡妙也。

補箋：(1)：宋蘇轍《亡兄子瞻端明墓志銘》："公之於文，得之於天。少與轍皆師先君，初好賈誼、陸贄書，論古今治亂，不為空言。既而讀《莊子》，喟然歎息曰：'吾昔有見於中，口未能言，今見《莊子》，得吾心矣。'乃出《中庸論》，其言微妙，古人所未喻。"

卷二第二一一　東坡讀《莊子》，歎曰："吾昔有見，口未能言；今見是書，得吾心矣。"後人讀東坡文，亦當有是語。蓋其過人處在能説得出，不但"見得到"已也。(1)

補箋：(1)：宋朱熹《晦庵集》卷四三《答李伯諫》："嘗聞之師曰：'二蘇聰明過人，所説《語》《孟》儘有好處，蓋天地間道理不過如此，有時便見得到，皆聰明之發也。但見到處却有病，若欲窮理，不可不論也。''見到處却有病'，此語極有味，試一思之，不可以為平常而忽之也。"

卷一第二一九　曾文"窮盡事理"，(1) 其氣味爾雅深厚，令人想見"碩人之寬。"王介甫云："夫安驅徐行，轥《中庸》之廷而造乎其室，舍二賢人者而誰哉？"二賢謂正之、子固也。然則子固之文，即肖子固之為人矣。

補箋：(1)：曾鞏《贈黎安二生序》："趙郡蘇軾，余之同年友也。自蜀以書至京師遺余，稱蜀之士曰：黎生、安生者。既而黎生攜其文數十萬言，安生攜其文亦數千言，辱以顧。余讀其文，誠閎壯雋偉，善反復馳騁，窮盡事理，而其才力之放縱，若不可極者也。"

卷一第二三九　劉原父文"好摹古"，(1) 故論者譽訾參半。然其於學無所不究，其大者如解《春秋》，多有古人所未言。"朝廷每有禮樂之事，必就其家以取決"，豈曰文焉已哉！即以文論，歐公為作墓志，稱其"立馬卻坐，一揮九制，文辭典雅，各得其體"，朱子稱其"才思極多，湧將出來"，亦可見其崖略矣。

補箋：(1)：宋晁公武《郡齋讀書志》卷四《劉公是集七十五卷》："人明白俊偉，自六經百氏下至傳記，無所不通。為文章尤敏贍，好摹倣古語句度。在西掖時，嘗食頃揮九制，各得其體。英宗嘗語及原甫，韓魏公對以有文學，歐陽公曰：其文章未佳，特博學可稱耳。"

卷一第二五二　論事叙事，皆以"窮盡事理"為先。(1) 事理盡後，斯可再講筆法。不然，離"有物"以求有章，曾足以"適用"而"不朽"乎？

補箋：(1)：注見卷一第二一九。

卷一第二五七　或問淵明所謂"示己志"者，己志其有以别於人乎？曰：只是"稱心而言"耳。(1) 使必以異人為尚，豈天下之大，千古之遠，絶無同己者哉？

補箋：(1)：晉陶淵明《時運》："洋洋平津，乃漱乃濯。邈邈遐景，載欣載矚。稱心而言，人亦易足。揮茲一觴，陶然自樂。"

卷一第二五八　"聖人之情見乎辭"，為作《易》言也。作者"情生文"，斯讀者"文生情"。(1)《易》教之神，神以此也。使情不稱文，豈惟人之難感，在己先"不誠無物"矣。

補箋：(1)：南朝宋劉義慶《世説新語政事》："孫子荆除婦服，作詩以示王武子。王曰：'未知文生於情，情生於文，覽之悽然，增伉儷之重。'"

卷一第二八〇　一語為千萬語所託命，是為筆頭上擔得千鈞。然此一語正不在“大聲以色”，(1) 蓋往往有以輕運重者。

補箋：(1)：“大聲以色”：《詩・大雅・皇矣》：“帝謂文王，予懷明德，不大聲以色。”

卷一第二八九　叙事有主意，如傳之有經也。主意定，則先此者為“先經”，後此者為“後經”，依此者為“依經”，錯此者為“錯經”。(1)

補箋：(1)：晉杜預《春秋左氏傳序》：“左丘明受經於仲尼，以為經者，不刊之書也。故傳或先經以始事，或後經以終義，或依經以辨理，或錯經以合異。”

卷一第二九四　為人作傳，必人己之間，“同弗是，異弗非”，(1) 方能持理之平，而施之不枉其實。

補箋：(1)：《禮記・儒行》：“世治不輕，世亂不沮，同弗與，異弗非也，其特立獨行有如此者。”

卷一第二九七　論不可使“辭勝於理”，(1)“辭勝理”則“以反人為實”，“以勝人為名”，(2) 弊且不可勝言也。《文心雕龍・論説》篇解“論”字，有“倫理有無”及“彌綸群言，研精一理”之説，得之矣。

補箋：(1)：《孔叢子公孫龍》》曰：“平原君謂公孫龍曰：‘公無復與孔子高辯事也。其人理勝於辭，公辭勝於理。’”

(2)《莊子天下》：“以反人為實，而欲以勝人為名，是以與衆不適也。”

卷一第三〇八　辭命之旨在“忠告”，其用卻全在“善道”。(1) 奉使“受命不受辭”，蓋“因時適變”，(2) 自有許多衡量在也。

補箋：(1)：《論語・顔淵》：“子貢問友。子曰：‘忠告而善道之，不可則止，毋自辱焉。’”

(2)：曾鞏《元豐類藁》卷一一《戰國策目録序》：“惟先王之道，因時適變，為法不同，而考之無疵，用之無弊，故古之聖賢，未有以此而易彼也。”

卷一第三二九　善書者，點畫微而意態自足，(1) 點畫大而氣體不累。文之“沈著”、“飄逸”，(2) 當準是觀之。

補箋：(1)：見宋蘇軾《書唐氏六家書後》：“張長史草書頽然天放，略有點畫處而意態自足，號稱神逸。”

(2)：“沈著”、“飄逸”本為署名唐司空圖《二十四詩品》中之論詩術語。此藉以論文。

卷二第〇二六　《古詩十九首》與蘇、李同一“悲慨”。(1) 然《古詩》兼有“豪放”、“曠達”之意，與蘇、李之一於“委曲”、“含蓄”，(2) 有“陽舒陰慘”之不同。知人論世者，自能得諸言外，固不必如鍾嶸《詩品》謂《古詩》“出於《國風》”，李陵“出於《楚辭》”也。

補箋：(1)：“悲慨”為署名唐司空圖《二十四詩品》中之論詩術語。“悲慨”：“大風卷水，林木為摧。適苦欲死，招憩不來。百歲如流，富貴冷灰。大道日喪，若為雄才。壯士拂劍，浩然彌哀。蕭蕭落葉，漏雨蒼苔。”

(2)：“豪放”、“曠達”、“含蓄”、“委曲”皆為署名唐司空圖《二十四詩品》中之論詩術語。“豪放”：“觀花匪禁，吞吐大荒。由道反氣，處得以狂。天風浪浪，海山蒼蒼。真力彌滿，萬象在旁。前招三辰，後引鳳凰。曉策六鰲，濯足扶桑。”“曠達”：“生者百歲，相去幾何。歡樂苦短，憂愁實多。何如尊酒，日往煙蘿。”“委曲”：“登彼太行，翠繞羊腸。杳靄流玉，悠悠花香。力之於時，聲之於羌。似往已回，如幽匪藏。水理漩洑，鵬風翱翔。道不自器，與之圓方。”“含蓄”：“不著一字，盡得風流。語不涉己，若不堪憂。是有真宰，與之沉浮。如滿綠酒，花時反秋。悠悠空塵，忽忽海漚。淺深聚散，萬取一收。”

卷二第〇三三　士衡樂府，金石之音，風雲之氣，能令讀者“驚心動魄”。(1) 雖子建諸樂府，且不得專美於前，他何論焉！

補箋：(1)：南朝梁鍾嶸《詩品》卷上《古詩》。“其體源出於《國風》。陸機所擬十四首，文温以麗，意悲而遠，驚心動魄，可謂幾乎一字千金。”

卷二第〇四五　陶詩云：“願言躡清風，高舉尋吾契。”又云：“即事如已高，何必升華嵩。”可見其玩心高明，未嘗不腳踏實地，不是“倜然無所歸宿”也。(1)

補箋：(1)：《荀子·非十二子》：“終日言成文典，反紃察之，則倜然無所歸宿。”

卷二第〇五〇　謝客詩刻畫微眇，其造語似子處，“不用力而功益奇”，(1) 在詩家為獨闢之境。

補箋：(1)：唐韓愈《石鼎聯句詩序》：“道士高踞大唱曰：‘劉把筆吾詩’云云，其不用意而功益奇。”

卷二第〇五八　明遠長句，“慷慨任氣，磊落使才”，(1) 在當時不可無一，不能有二。杜少陵《簡薛華醉歌》云：“近來海内為長句，汝與山東李白好。何劉沈謝力未工，才兼鮑照愁絕倒。”此雖意重推薛，然亦見鮑之長句，何、劉、沈、謝均莫及也。

補箋：(1)：南朝梁劉勰《文心雕龍》卷三《明詩》：“並憐風月，狎池苑；述恩榮，敘酣宴；慷慨以任氣，磊落以使才。”

卷二第〇六三　隋楊處道詩，甚為“雄深雅健”。(1) 齊梁文辭之弊，貴“清綺”不重“氣質”，得此可以矯之。

補箋：(1)：唐劉禹錫《唐故尚書禮部員外郎柳君集紀》：“子厚之喪，昌黎韓退之志其墓，且以書來弔曰：哀哉！若人之不淑！吾嘗評其文，雄深雅健似司馬子長，崔蔡不足多也。”

卷二第〇七一　李詩鑿空而道，歸趣難窮，由“《風》多於《雅》”，(1)“興多於賦”也。(2)

補箋：(1)：明徐𤊹《徐氏筆精》卷三：“太白《風》多於《雅》，子美《雅》多於《風》，至於義山、飛卿雖本《國風》，然篇篇入鄭衛之響矣。”

(2) 明張以寧《翠屏集》卷三《釣魚軒詩集序》：“詩於唐贏五百家，獨李杜氏崒然為之冠。近代諸名人類宗杜氏而學焉，學李者何其甚鮮也。嘗竊論：杜繇學而至，精義入神，故賦多於比興，以追二《雅》；李繇才而入，妙悟天出，故比興多於賦，以繼《國風》。”

卷二第〇七五　太白詩雖若“昇天乘雲”，(1) 無所不之，然自不離本位。故“放言”實是“法言”，(2) 非李赤之徒所能託也。

補箋：(1)：漢王逸《楚辭章句》卷一二《招隱士章句》："小山之徒閔傷屈原，又怪其文昇天乘雲，役使百神，佀若仙者，雖身沈没，名德顯聞，與隱處山澤無異。"

(2)："法言"："法語之言"之省。《論語·子罕》："子曰：法語之言能無從乎？改之為貴。"

卷二第〇七六　"幕天席地，友月交風"，原是平常過活，非"廣己造大也"。(1) 太白詩當以此意讀之。

補箋：(1)：《莊子山木》："顔回端拱還目而窺之，仲尼恐其廣己而造大也，愛己而造哀也。"

卷二第〇七九　學太白詩，當學其"體氣高妙"，(1) 不當襲其陳意。若言仙、言酒、言俠、言女，亦要學之，此僧皎然所謂"鈍賊"者也。

補箋：(1)：三國魏曹丕《典論論文》"孔融體氣高妙，有過人者。然不能持論，理不勝辭，至於雜以嘲戲。及其時有所善，揚班儔也。"

卷二第〇八八　意欲"沈著"，格欲"高古"。(1) 持此以等百家之詩，於杜陵乃無"遺憾"。(2)

補箋：(1)："沈著"、"高古"皆為署名唐司空圖《二十四詩品》中之論詩術語。

(2)：杜甫《敬贈鄭諫議十韻》："毫髮無遺憾，波瀾獨老成。"

卷二第〇九二　近體氣格"高古"尤難。此少陵五排、五七律所以品居最上。

補箋：(1)：見卷二第〇八八注 (1)。

卷二第〇九四　杜詩有"不可解"及看不出好處之句。(1)"文章千古事，得失寸心知"，少陵嘗自言之。作者本不求知，讀者非身當其境，亦何容强臆耶！

補箋：(1)：清朱鶴齡《杜工部詩集輯注序》："夫詩有可解者，有不可解者。指事陳情，意含諷諭，此可解者也；託物假像，興會適然，此不可解者也。不可解而强解之，日星動成比擬，草木亦涉瑕疵，譬諸圖罔象而刻空虛也。可解而不善解之，前後貿時，淺深乖分。欣忭之悟，反作誚譏；忠剴之詞，幾領怨懟；譬諸玉題瑠而烏轉舄也。"

卷二第〇九七　論李、杜詩者，謂太白志存"復古"，(1) 少陵獨開"生面"；(2) 少陵思精，太白韻高。然真賞之士，尤當有以觀其合焉。

補箋：(1)：唐孟棨《本事詩高逸第三》："白才逸氣高，與陳拾遺齊名，先後合德。其論詩云：'梁陳以來，艷薄斯極，沈休文又尚以聲律，将復古道，非我而誰與？'故陳李二集，律詩殊少。"

(2)：唐杜甫《丹青引》："開元之中常引見，承恩數上南薰殿。凌烟功臣少顔色，將軍下筆開生面。"此以杜語以贊杜詩。

卷二第一〇〇　劉文房詩，以研鍊字句見長，而清贍閑雅，"蹈乎大方"。(1) 其篇章亦"儘有法度"，(2) 所以能斷截晚唐家數。

補箋：(1)：《莊子山木》："南越有邑焉，名為建德之國。其民愚而朴，少私而寡欲，知作而不知藏，與而不求其報，不知義之所適，不知禮之所將。猖狂妄行，乃蹈乎大方。"

(2)：《管子君臣》："朝有定度，衡儀以尊主位，衣服縔絻盡有法度，則君體法而立矣。"

卷二第一〇二　高常侍、岑嘉州兩家詩，皆可亞匹杜陵。至岑“超”高“實”，(1)則趣尚各有近焉。

補箋：(1)：“超”：超詣。“實”：實境。皆為署名唐司空圖《二十四詩品》論詩術語。

卷二第一〇三　元道州著書有《惡圓》、《惡曲》等篇，其詩亦“一肚皮不合時宜”。(1) 然剛者必仁，此公足以當之。

補箋：(1)：宋費袞《梁谿漫志》卷四《侍兒對東坡語》：“東坡一日退朝食罷，捫腹徐行，顧謂侍兒曰：‘汝輩且道是中有何物？’一婢遽曰：‘都是文章。’坡不以為然。又一人曰：‘滿腹都是識見。’坡亦未以為當。至朝雲乃曰：‘學士一肚皮不入時宜。’坡捧腹大笑。”

卷二第一〇六　次山詩令人想見“立意較然，不欺其志。”(1) 其疾官邪、輕爵禄，意皆起於“惻怛為民”，(2) 不獨《舂陵行》及《賊退示官吏》作，足使杜陵感喟也。

補箋：(1)：司馬遷《史記》卷八六《刺客列傳》：“太史公曰：世言荆軻，其稱太子丹之命，‘天雨粟，馬生角’也，太過。又言荆軻傷秦王，皆非也。始公孫季功、董生與夏無且游，具知其事，為余道之如是。自曹沫至荆軻五人，此其義或成或不成，然其立意較然，不欺其志，名垂後世，豈妄也哉？”

(2)：宋黄震《黄氏日抄》卷四六：“文帝遺詔短喪，議禮者譏焉。然觀文帝惻怛為民，惟恐妨之，至死彌篤。”又宋魏天應《論學繩尺》卷二：“武帝自即位以來，凡幾號令、凡幾文章，非不可觀，然其惻怛為民之真心，獨在於輪臺之一詔。”

卷二第一〇八　韋蘇州“憂民之意”如元道州，(1)：試觀《高陵書情》云：“兵凶久相踐，徭賦豈得閑。促戚下可哀，寬政身致患。日夕思自退，出門望故山。”此可與《舂陵行》、《賊退示官吏》作並讀，但氣别婉勁耳。

補箋：(1)：宋劉克莊《後村詩話》卷四：“唐詩人出牧者，多誇説軍府之雄，邑屋之麗，士女之盛。惟元道州《賊退示官吏》云：‘追呼且不忍，况乃鞭扑之。’韋蘇州《寄人》云：‘身多疾病思田，里邑有流亡愧俸錢。’皆有憂民之意。”

卷二第一一三　太白詩多有羡於神仙者，或以喻“超世”之志，(1) 或以喻“死而不亡”，(2) 俱不可知。若昌黎云：“安能從汝巢神山。”此固鄙夷不屑之意，然亦何必非寓言耶？

補箋：(1)：《舊唐書》卷一九〇下：“李白字太白，山東人。少有逸才，志氣宏放，飄然有超世之心。”

(2)：《老子》第三十三章：“不失其所者久，死而不亡者壽。”

卷二第一二二　陶、謝並稱，韋、柳並稱。蘇州出於淵明，柳州出於康樂，殆各“得其性之所近”。(1)

補箋：(1)：唐韓愈《送王秀才序》：“吾常以為孔子之道，大而能博，門弟子不能徧觀而盡識也，故學焉而皆得其性之所近。”

卷二第一三七　王荆公詩學杜得其“瘦硬”，(1) 然杜具“熱腸”，(2) 公惟冷面，殆亦如其文之學韓，同而未嘗不異也。

補箋：(1)：唐杜甫《李潮八分小篆歌》：“苦縣光和尚骨立，書貴瘦硬方通神。”

（2）：唐杜甫《自京赴奉先縣詠懷五百字》："窮年憂黎元，歎息腸内熱。"

卷二第一四六　遇他人以為極艱極苦之境，而"能外形骸以理自勝"，（1）此韓、蘇兩家詩意所同。

補箋：（1）：韓愈《與孟尚書書》："潮州時，有一老僧號大顛，頗聰明識道理。遠地無可與語者，故自山召至州郭，留十數日，實能外形骸以理自勝，不為事物侵亂。"

卷二第一六五　五言與七言因乎情境，如《孺子歌》"滄浪之水清兮"，"平澹天真"，（1）於五言宜；寧戚歌"滄浪之水白石粲"，"豪蕩感激"，（2）於七言宜。

補箋：（1）：宋米芾《畫史》："董源平淡天真多，唐無此品。"此藉以論詩。

（2）：唐杜甫《觀公孫大娘弟子舞劍器行并序》："昔者吴人張旭善草書，書帖數嘗於鄴縣，見公孫大娘舞西河劍器，自此草書長進，豪蕩感激，即公孫可知矣。"

卷二第二〇一　絶句於六義多取風、興，故視他體尤以"委曲"、"含蓄"、"自然"為尚。（1）

補箋：（1）："委曲"、"含蓄"、"自然"均為署名唐司空圖《二十四詩品》中論詩術語。

卷二第二七五　詩不可有我而無古，更不可有古而無我，"典雅"、"精神"，（1）兼之斯善。

補箋：（1）："典雅"、"精神"均為署名唐司空圖《二十四詩品》中論詩術語。

卷三第〇一九　荀卿之賦"直指"，屈子之賦"旁通"。景以寄情，"文以代質"，（1）"旁通"之妙用也。

補箋：（1）：漢班固《白虎通義》卷上《三軍》："又改正朔者，文代其質也。文者先其文，質者先其質。"

卷三第〇三三　宋玉《招魂》，在楚辭為尤多"異采"。（1）約之亦只兩境：一"可喜"，（2）一可怖而已。

補箋：（1）：屈原《九章·抽思》："文質疏内兮，衆不知余之異采。"

（2）：屈原《九章·橘頌》："緑葉素榮，紛其可喜兮。"

卷三第〇二七　屈子之文，取諸"六氣"，故有"晦明"變化、"風雨"迷離之意。（1）讀《山鬼》篇足覘其槩。

補箋：（1）：《莊子逍遥遊》："夫列子御風而行，泠然善也，旬有五日而後反，彼於致福者，未數數然也。此雖免乎行，猶有所待者也。若夫乘天地之正，而御六氣之辯，以遊無窮者，彼且惡乎待哉？"晉郭象注："六氣：陰陽，風雨，晦明也。"

卷三第〇四六　相如一切文，皆善於"架虚行危"。其賦既會"造出奇怪"，又會撇入窅冥，（1）所謂"似不從人間來者"，此也！至"模山範水"，（2）猶其末事。

補箋：（1）明胡震亨《唐音癸籤》卷六引陳繹曾語"李白詩祖風騷，宗漢魏，下至徐庾楊王，亦時用之。善掉弄，造出奇怪，驚動心目，忽然撇出，妙入無聲，其詩家之仙者乎？格高於杜，變化不及。"

（2）：南朝梁劉勰《文心雕龍》卷一〇《物色》："及長卿之徒，詭勢瓌聲，模山範水，字必魚貫。所謂詩人麗則而約言，辭人麗淫而繁句也。"

卷三〇五一　班倢伃《擣素賦》"怨而不怒"，(1) 兼有"塞淵"、"温惠"、"淑慎"六字之長，可謂深得風人之旨。

補箋：(1)：《國語周語上》："召公曰：'……夫事君者，險而不懟，怨而不怒，況事王乎？"

卷三第〇六一　《離騷》不必學《三百篇》，《歸去來辭》不必學《騷》，而皆有其獨至處，固知"真古"自與摹古異也。(1)

補箋：(1)：南朝梁鍾嶸《詩品》卷中《宋徵士陶潛詩》："其源出於應璩，又協左思風力。文體省浄，殆無長語。篤意真古，辭興婉愜。每觀其文，想其人德。世歎其質直。至如'歡言酌春酒'，'日暮天無雲'，風華清靡，豈直為田家語耶？古今隱逸詩人之宗也。"又融齋《游藝約言》："真古無託，託古之意即俗也；真美無飾，飾美之意即醜也。"

卷三第〇六二　屈子之纏綿，枚叔、長卿之"巨麗"，(1) 淵明之高逸，宇宙間賦，歸趣總不外此三種。

補箋：(1)：司馬相如《上林賦》："且夫齊楚之事又烏足道乎？君未覩夫巨麗也。獨不聞天子之上林乎？"

卷三第〇六五　韓昌黎《復志賦》，李習之《幽懷賦》，皆有得於《騷》之波瀾意度而異其迹象。故知"獵豔辭"、"拾香草"者，(1) 皆童蒙之智也。

補箋：(1)：南朝梁劉勰《文心雕龍》卷一《辨騷》："故才高者菀其鴻裁，中巧者獵其艷辭；吟諷者銜其山川，童蒙者拾其香草。"

卷三第〇八五　或問古人賦之言志者，漢如崔篆之《慰志》、馮衍之《顯志》，魏如劉楨之《遂志》、丁儀之《勵志》，晉如棗據之《表志》、曹攄之《述志》，然則賦以徑言其志為尚乎？余謂賦無往而非言志也。必題是志而後其賦為言志，則志"或幾乎息矣"。(1)

補箋：(1)：《易繫辭上》："乾坤成列，而易立乎其中矣。乾坤毁，則无以見易。易不可見，則乾坤或幾乎息矣。"

卷三第〇八七　風詩中賦事，往往兼寓比興之意。鍾嶸《詩品》所由竟以"寓言寫物"為賦也。賦兼比興，則以言内之實事，寫"言外之重旨"。(1) 故古之君子上下交際，不必有言也，以賦相示而已。不然，賦物必此物，其為用也幾何？

補箋：(1)：南朝梁劉勰《文心雕龍》卷八《隱秀》："夫心術之動遠矣，文情之變深矣。源奥而派生，根盛而穎峻。是以文之英蕤，有秀有隱。隱也者，文外之重旨者也。秀也者，篇中之獨拔者也。"

卷三第一〇〇　賦取窮物之變。如山川草木，雖各具本等意態，而隨時異觀，則存乎"陰陽、晦明、風雨"也。(1)

補箋：(1)：見卷三第〇二七 (1)。

卷三第一〇一　賦家之心，"其小無内，其大無垠，"(1) 故能隨其所值，賦像班形，(2) 所謂"惟其有之，是以似之"也。

補箋：(1)：《管子心術》："其大無外，其小無内。"尹知章注："所謂大無不包，細無不入也。"

(2)：南朝宋謝惠連《雪賦》："值物賦像，任地班形。""形"或作"行"。

卷三第一一二　古賦“意密體疏”，(1) 俗賦體密意疏。

補箋：(1)：戰國宋玉《登徒子好色賦》：“於是處子怳若有望而不來，忽若有來而不見，意密體疏，俯仰異觀，含喜微笑，竊視流眄。”

卷四第〇三四　白石，才子之詞；稼軒，豪傑之詞。才子豪傑，“各從其類”愛之，(1) 强論得失，皆偏辭也。

補箋：(1)：《易乾》：“子曰：‘同聲相應，同氣相求。水流濕，火就燥；雲從龍，風從虎；聖人作而萬物覩；本乎天者親上，本乎地者親下，則各從其類也。’”

卷四第〇七四　上入雖可代平，然亦有必不可代之處。使以“宛轉遷就之聲”，亂“一定不易之律”，(1) 則代之一説，轉以不知為愈矣。

補箋：(1)：宋張炎《詞源》卷下《音譜》：“蓋五音有唇、齒、喉、舌、鼻，所以有輕清重濁之分。故平聲字可為上入者，此也。聽者不知宛轉遷就之聲，以為合律；不詳一定不易之譜，則曰失律。矧歌者豈特忘其律，抑且忘其聲字矣。”

卷四第〇九九　詞之妙，莫妙於以不言言之。非不言也，“寄言”也。(1) 如寄深於淺，寄厚於輕，寄勁於婉，寄直於曲，寄實於虛，寄正於餘，皆是。

補箋：(1)：《楚辭・九章・思美人》：“願寄言於浮雲兮，遇豐隆而不將。”

卷四第一〇八　詞尚“風流儒雅”。以塵言為“儒雅”，以綺語為“風流”，此“風流儒雅”之所以亡也。(1)

補箋：(1)：唐杜甫《詠懷古跡》：“摇落深知宋玉悲，風流儒雅亦吾師。”

卷四第一五七　《樂記》言“聲歌各有宜”，歸於“直己而陳德”。可知歌無今古，皆取以“正聲感人”。(1) 故曲之無益風化，無關勸戒者，君子不為也。

補箋：(1)：《禮記樂記》：“凡姦聲感人，而逆氣應之；逆氣成象，而淫樂興焉。正聲感人，而順氣應之；順氣成象，而和樂興焉。”

卷四第一五八　《堯典》末，鄭注云：“歌所以長言詩之意。”“聲之曲折，又長言而為之，聲中律乃為和。”(1)《周禮・樂師》鄭注云：“所為合聲，亦等其曲折，使應節奏。”余謂曲之名義，大抵即曲折之意。《漢書・藝文志》：“《河南周歌聲曲折》，七篇。《周謡歌詩曲折》，七十五篇”，殆此類耶？

補箋：(1)：《毛詩注疏詩譜序》：“《虞書》曰：‘詩言志，歌永言，聲依永，律和聲，然則詩之道放於此？’”句孔穎達《疏》引：“正義曰：《虞書》者，《舜典》也。鄭不見《古文尚書》，伏生以《舜典》合於《堯典》，故鄭注在《堯典》之末。彼注云：‘詩，所以言人之志意也。永，長也。歌又所以長言詩之意。聲之曲折，又長言而為之。聲中律乃為和。’彼《舜典》命樂，已道歌詩，經典言詩，無先此者，故言詩之道也。”

卷五第〇八五　黄山谷云：“大令草書殊迫伯英。所以中間論書者，以右軍草入能品，而大令草入神品。”余謂大令“擅奇”固尤在草，(1) 然論大令書不必與右軍相較也。

補箋：(1)：宋岳珂《寶真齋法書贊》卷四《王獻之洛神賦帖》：“贊曰：慶雲絢彩，河漢縈之。列星垂天，日月明之。先民授能，維聖成之。英英後先，疇其勝之。有晉大令，父而兄之。一門擅奇，世共稱之。”

卷五第〇八六　大令《洛神十三行》，黄山谷謂：“宋宣獻公、周膳部少加筆力，亦可及此。"此似言之太易，然正以明大令之書，不惟以"妍妙"勝也。(1) 其《保母磚志》，近代雖只有摹本，卻尚存勁質之意。學晉書者，固尤當以勁質先之。

補箋：(1)：唐張懷瓘《書斷》卷下："父子之間又為古今，子敬窮其妍妙，固其宜也。"

卷五第〇八七　清，恐人不知，不如恐人知。子敬書"高致"(1)"逸氣"，(2) 視諸右軍，其如胡威之於父質乎？

補箋：(1)：宋歐陽修《集古録》卷四《晉王獻之法帖》："右王獻之法帖。予嘗喜覽魏晉以來筆墨遺跡，而想前人之高致也。"

(2)：唐張懷瓘《書斷》卷上："若逸氣縱横，則羲謝於獻；若簪裾禮樂，則獻不繼羲。"

卷五第一四一　長史、懷素皆祖伯英今草。長史《千文》殘本，雄古深邃，"邈焉寡儔"。(1) 懷素大小字《千文》，或謂非真，顧精神雖遜長史，其機勢自然，當亦從原本脱胎而出；至《聖母帖》，又見與二王之門庭不異也。

補箋：(1)：元鄭杓《衍極》卷下："或問：懷素草書隣於長史，君謨有僕奴之譏，過乎？曰：人無百歲之壽而有千年之信，豪傑復起，相知於異世之下，翕然若合符節。未達。曰：人莫不飲食也，鮮能知味也。夫張公者，人龍也，邈焉寡儔。"

卷五第一四三　旭、素書可謂"謹嚴"之極，(1) 或以為"顛""狂"而學之，(2) 與宋向氏學盜何異？旭、素必謂之曰："若失顛狂之道至此乎？"

補箋：(1)：宋蔡襄《端明集》卷三四："張長史正書甚謹嚴。"

(2)：宋朱長文《墨池編》卷三："唐僧懷素，字藏真，長沙人也。自云得草書三昧。始其臨學勤苦，故筆頽委，作筆塚以瘞之。嘗觀夏雲隨風變化，頓有所悟，遂至妙絶。如壯士拔劍，神彩動人。顔公嘗有書云：'昔張長史之作也，時人謂之張顛。今懷素之為也，僕實謂之狂僧。以狂繼顛，孰為不可耶？'其為名流推與如此。"

卷五第一六二　東坡詩如華嚴法界，"文如萬斛泉源"，(1) 惟書亦頗得此意。即行書《醉翁亭記》便可見之。其正書"字間櫛比"，(2) 近顔書《東方畫讃》者為多，然未嘗不自"出新意"也。(3)

補箋：(1)：蘇軾《自評文》："吾文如萬斛泉源，不擇地皆可出。在平地，滔滔汩汩，雖一日千里無難。及其與山石曲折，隨物賦形，而不可知也。所可知者，常行於所當行，常止於不可不止，如是而已矣。其他雖吾亦不能知也。"

(2)：清倪濤《六藝之一録》卷八一《東方朔畫像贊》引《東坡集》："顔魯公平生寫碑，唯《東方畫贊》為清雄，字間櫛比，而不失清遠。其後見逸少本，乃知魯公字字臨此書，雖大小相懸，而氣韻良是，非自得於書，未易為此言也。"

(3)：宋蘇軾《孫莘老求墨妙亭詩》："蘭亭繭紙入昭陵，世間遺跡猶龍騰。顔公變法出新意，細筋入骨如秋鷹。"

卷五第二二四　書非使人愛之為難，而不求人愛之為難。蓋"有欲""無欲"，(1) 書之所以别人天也。

補箋：(1)：《老子》第一章："故常無欲，以觀其妙；常有欲，以觀其徼。"

卷五二二六　書要“有為”，又要“無為”，(1) 脱略、安排俱不是。

補箋：(1)：《庄子在宥》：“有天道，有人道。無為而尊者，天道也；有為而累者，人道也。主者，天道也；臣者，人道也。天道之與人道也相去遠矣，不可不察也。”

卷五第二二八　書，陰陽剛柔不可偏陂，(1) 大抵以合於《虞書》九德為尚。

補箋：(1)：《易説卦》：“昔者聖人之作易也，將以順性命之理。是以立天之道曰陰與陽，立地之道曰柔與剛。”融齋每好引之以論藝。可參卷六第〇八四

卷五第二三八　書貴“入神”，(1) 而神有我神、他神之别。入他神者，我化為古也；入我神者，古化為我也。

補箋：(1)：《易繫辭下》：“精義入神，以致用也。”

卷六第〇一五　有題面與題意同者，有題面與題意異者。“實與而文不與”，(1) 實不與而文與，皆所謂異也。

補箋：(1)：《春秋公羊传》卷一〇《僖公二年》：“桓公城之。曷為不言桓公城之？不與諸侯專封也。曷為不與？實與而文不與。文曷為不與？諸侯之義不得專封也。”

卷六第〇八四　“立天之道曰陰與陽，立地之道曰柔與剛。”文，經緯天地者也，(1) 其道惟陰陽剛柔可以該之。

補箋：(1)：《左傳》昭公二十八年：“經緯天地曰文。”晉杜預注：“經緯相錯，故織成文。”

袁津琥（1971－），男，天津人。綿陽師範學院文學與新聞學院教授

Some supplementary annotation on *Yi－gai－zhu－gao*

YUAN Jin－hu

(School of Chinese Literature, Mianyang, Sichuan Prov. 621000)

Abstract: The Author annotates some supplementary contents about his book *Yi－gai－zhu－gao*（藝槩注稿）.

Key words: LIU Xi－zai; *Yi－gai*（藝槩）; theory of literature and art

立體地展現《牛郎織女》傳説與“七夕”風俗的發展演變

趙逵夫

（西北師範大學 文史學院，甘肅省 蘭州市 730070）

提要：民間文學是在遠離政治及受傳統文化影響較少的人群中流傳的，以廣大勞動人民中流傳的為主，與仕宦之家中老人、婦女、兒童中所流傳，共同形成了古代民間文學的洪流。而仕宦之家所流傳實為民間文學同文人之作的仲介。民間文學同文人之作一直在相互影響中發展，因而形成民間文學發展中的一些複雜現象。牽牛原型來自周人祖先，織女原型來自秦人祖先，《詩經·周南·漢廣》、《秦風·蒹葭》都是牽牛、織女傳説的早期反映。《牛郎織女》傳説的形成與主題的確定，從舜禹時代至東漢時代，大約經歷了三個階段。在魏晉南北朝時期經歷了被覆蓋與擠壓，在唐代則被一些文人歪曲。唐以後文獻中分化、沉潛，至明末由於資本主義思想的萌芽，人們婚姻觀念的變化，而逐漸浮出口傳文學的水面。從西漢時形成的各種“七夕”節俗也在長期封建禮教的規範下，曲折地表現著婦女與廣大勞動人民的思想願望。

關鍵詞：七夕　七夕詩　七夕節俗　乞巧　《牛郎織女》　枚乘雜詩　《董永》

民間傳説故事和民族的節慶風俗最真實地反映著一個民族的生存環境與生產、生活狀況，反映著民族的歷史、文化傳統、道德觀念以至思維方式，也反映著該民族長時間中所抱有的生活願望。就節慶風俗而言，直接與一個民族所處地理環境、氣候特點及該地的生產節奏、生活傳統相聯繫。文人的創作可能會因個人的特定地位、特殊身份、特殊遭遇而表現出某些不真實、不確切或者理想化的成分，歷朝官修的史書會因為前朝後代之間“你死我活”的鬬爭歷史，而存在偏見，存在誇大、虛構、隱瞞、歪曲的情況，但民間文學則因為出於衆人的創作、衆人的修改、衆人的訂正，又是在政治權力不及的地域和場合，由遠離政治行為的人群（老者、婦女、兒童）及受傳統文化教育較少的人群（農民、手工藝人、小商販等）傳播和接受的，所以，較真實地表現著人的感情和願望，尤其真實地表現著廣大勞動人民的情感與願望。文人官宦之家，其閨房、燈下，孩童聚於膝下之時，祖母、祖父、母親也會講述一些小時聽來的故事，唱一些小時聽來的歌曲。如果我們以下層社會没有文化的人群中傳播的故事、歌謡等為民間文學的主流，那麽在其他階層的婦女、老者等不識字、半識字的人中所流傳，應是屬於民間文學長河的邊緣或支流，雖然在思想上、細節描述上可能同勞動人民中流傳的會有些不同，但與民間文學的主流共同形成了一個廣大無邊的文學潛流，存在於文人作品的層面之下，在其發展中又主要通過上述的邊緣或支流與文人的創作互滲。民間文學常常成為文人作家創造的源泉，這是所有研究文學史與文學理論的學者都肯定的事實。而另一方面，文人作家的作品也對民間文學産生影響，使民間文學有時向原始文獻靠近，有時則産生影響下的變異。這一點卻是學者們忽視了的。所以説，考察民間文學的發展歷史，是一件十分複雜的事。而過去學者們關於《牛郎織女》傳説的論述，存在很大分歧，原因是都存在簡單化的傾向。

古代節俗既同一個民族的歷史有關，也同該民族的生存環境、生産方式、生活節奏有關，而個别的又同某些傳説有關。我國的七夕節，便是同以上三個方面都有密切關係的一個傳統節日。

下面就《牛郎織女》傳説與七夕節的孕育、形成、傳播、演變及七夕節俗的主要内容等加以考察，並對有關研究中存在的問題談一點看法。

一、《牛郎織女》傳説的孕育、形成與發展

《牛郎織女》是我國孕育最久、形成最早，概括反映了中華民族歷史進程的一個民間傳説。

《牛郎織女》、《孟姜女》、《梁山伯與祝英臺》、《白蛇傳》是我國的四大民間傳説，而其中《牛郎織女》傳説孕育時間最久，形成時間最早。《孟姜女》次之，《梁山伯與祝英臺》又次之。有的論著將《牛郎織女》的形成時間列在《孟姜女》傳説之後，是不但未能弄清《牛郎織女》的孕育與形成過程，也未能弄清《孟姜女》的孕育與形成過程。顧頡剛先生和段寶林先生都認為是在隋唐之間孟姜女的故事才同秦始皇築長城聯繫起來，段寶林先生文明確認為“是隋代修運河征遼東等繁重勞役之苦在文學上的反映。”[1]

但《牛郎織女》傳説的悲劇，至戰國末年已形成。1975年12月在湖北省雲夢縣西部睡虎地發掘出一批秦代墓葬，在第11號墓中出土了1155支竹簡，其中《日書》竹簡423支，分為甲、乙兩種。其成書年代大約在公元前三世紀中葉，具體為秦國設立南郡（前278）到秦王嬴政元年（246）的三十來年中。其中第155簡上文字為：

戊申、己丑，牽牛以取織女，不果。三棄。

其第三簡簡背文字為：

戊申、己丑，牽牛以取織女，而不果。不出三歲，棄若亡。

看來，在戰國末年不但牽牛、織女已由星名演變為故事中的人物，而且已以他們為主要人物形成了故事，並已得到廣泛流傳。在戰國末期，此故事已經被用為占卜的依據或曰典故。簡文中所謂“不果”、“而不果”，指其有始無終，離異而去。從《日書》的意義説，即“不吉”，此乃是就娶妻之家言之。那麽，這是説的織女棄牽牛而去，就牽牛言，如同無妻子一般。戰國之時，自耕農數量大大增加，形成男耕女織的自給自足的農村經濟形態。於是，人們借天上的“牽牛”和“織女”兩個星名反映當時的社會現實。在故事中，天帝（後來的傳説中變為王母）即是神權和王權的象徵，也是族權或曰家長的象徵。在漢

〔1〕顧頡剛《孟姜女故事研究集》第4册，上海古籍出版社，1984年；段寶林：《中國民間文學概要》，北京大學出版社，2002年版，第67頁。

末，烏鵲架橋的情節也已經形成了[1]。

《牛郎織女》傳説見之文獻反映，時間還要早得多。《詩經·小雅·大東》中説：

維天有漢，鑒亦有光[2]。跂彼織女，終日七襄[3]，不成報章[4]睆彼牽牛，不以服箱[5]。

其中出現的天漢（又稱"雲漢"、"銀漢"，漢代以後又稱為"天河"、"銀河"）、織女、牽牛（晚唐詩中已稱為"牛郎"。"牛郎"之稱應産生於民間傳説），是《牛郎織女》傳説中最重要的三個要素。當然，這首詩中牽牛、織女都是指天上的星：牽牛星與織女星。關於《大東》一詩的背景，《毛詩序》説："刺亂也。東國困於役而傷於財，譚大夫作是詩以告病焉。"鄭玄《箋》説："譚國在東，故其大夫尤苦征役之事也。魯莊公十年，齊師滅譚。"魯莊公十年為公元前 684 年。此詩作於周厲王之世。或以為《大東》在《詩經·小雅》中次於幽王之世，因而以為産生於周幽王朝（前 781—前 771）。其實《詩經》中每類作品編排並未以作時為序，幽王之説無據。據《毛詩序》，此詩為譚大夫所作。《漢書·古今人表》以譚大夫列於厲王之世，則詩成於周厲王（前 877—前 841）之時。由之可以看出，在公元前九世紀中葉，人們已經將牽牛、織女二星同它們名稱所顯示的人的行為聯繫在一起，而且同天漢聯繫言之，已顯示出由星名而現實化、人物化、情節化的跡象。

這裏應該注意的是：

（一）詩中用"終日七襄"來寫織女。"襄"字從"衣"，又有"成"義[6]，應是指織布中計算長度的術語，其計算是同織機操作聯繫在一起的。"七襄"指一定長度的七段[7]。不管怎樣，這裏已由"織女"而聯想及具體的織布活動，已有了將織女星轉變為"織布之婦女"的跡象。

（二）詩中説牽牛"不以服箱"，也由牽牛星而聯想及從事相關勞動的人，同樣反映出賦予了新的意義的跡象。

（三）由上文考證可知，從西周末年開始，《牛郎織女》的故事已開始孕育。

然而，我們進而追尋"織女"、"牽牛"二星的産生，從而弄清這兩個成為中國幾千年農民代號或曰名稱的形成過程，發現其開始時間則更在史前時代。

---

〔1〕 參拙文《連接神話與現實的橋樑——論牛郎織女故事中烏鵲架橋情節的形成及其美學意義》，《北京社會科學》1990 年第 1 期。

〔2〕 漢：天漢，即今所謂天河、銀河，古代也叫雲漢、銀漢。這是由地上的漢水而來。漢水發源於今甘肅南部，漢代以前是東流到沔陽合沔水，東流入長江。西漢時漢水流到今略陽因地震原因中終端，折而耳南流為嘉陵江，始形成西漢水、東漢水兩條水。秦人居於漢水上游，周秦早期活動之地也接近漢水，因而以漢水為天上似水一樣白色星帶之名。監："鑒"本字。古人用盆子盛水以照面影，名曰"監"（鑒）。

〔3〕 跂："歧"字之借。《説文》："歧，頃也。《詩》曰：'歧彼織女。'"段玉裁注："頃者，頭不正也。"是言織女星身子前傾，如操織機狀。段玉裁言"織女三星呈三角，言不正也"，與《詩》下文"終日七襄"云云不合，恐非是。襄：其字從"衣"，又上連"七"，用為量詞，應是指織布的一種行為，即卷起已織好的一段布帛。《毛傳》："襄，反也。"也應是從這一行為反復進行言之。

〔4〕 報章：連續的圖案。報：反復。章：文章，圖案，花紋。

〔5〕 睆（wǎn）：《廣韻》："睆，明星。"原作"睆"（huǎn），據《十三經注疏》阮元校説改。服箱：駕車。服，負，指駕車。箱，車廂。

〔6〕《書·皋陶謨》："贊贊襄哉"，蔡忱《集傳》："襄，成也。"《左傳·定公十五年》"不克襄事"，杜預注同。

〔7〕 高亨《詩經今注·大東》以為"襄"可能是織布機的古名。由"七襄"連稱看，恐非是。

遠古之用來命為星名的人物，都是在部落、部族、國家中作出了傑出貢獻的人物，如柱[1]、軒轅[2]、奚仲[3]、造父[4]、傅説[5]等。織女、牽牛也不例外。在記載史事、大型祭祀、星象命名等方面毫無發言權、參與權、不掌握文化的廣大庶民、奴隸，是不可能將自己的勞動身份為星名並得到部族、史官等的認可的。命為星名的只能是某部族的首領、祖先或傑出人物。

“織女”、“牽牛”，由其名稱看，其人應是在紡織和用牛、馴養牛的方面作出了貢獻的人物。《商君書·畫策》中説：“神農之世，男耕而食，女織而衣。”應該説“牽牛”、“織女”的原型也是史前社會農耕文化和原始紡織文化的象徵。

《史記·秦本紀》：“秦之先，帝顓頊之苗裔孫曰女修。女修織，玄鳥隕卵，女修吞之，生子大業。”女修以“織”出名而長期在秦人中流傳，故秦人將天上最亮的一星（織女星為零等星）名之曰“織女”，而以星旁的星群白色一帶，名之曰“漢”。因為秦人早期生活於漢水上游（今西漢水上游）。西漢水、東漢水本為一水，在漢代大約因地震的原因中斷，其上游部分在陝西略陽以西向南流入嘉陵江的，以後稱為“西漢水”；其發源於陝西甯强縣的，本為漢水支流，自此獨立沿舊道入長江，以後稱為“東漢水”。近二十年中在甘肅禮縣發現的秦先公先王陵墓出土的大量青銅禮器等證明，秦人興起於以禮縣東部紅河為中心的一片地方，包括天水西南與西和縣北部之地。“玄鳥隕卵，女修吞之，生子大業”，表明了女修是秦人由母系氏族社會向父系氏族社會過渡的人物，大業是秦人歷史上建立父系氏族社會的第一人，是秦人始祖，女修則是“祖之所自出”，是“聖母”，在其歷史傳説中，同始祖一樣神聖。《禮記·喪服小記》中説：“王者祀其祖之所自出，以其祖配之。”秦人之祀女修，並以其命為天上最亮的一顆星名，即是這樣。

女修所生子、秦人之祖大業究竟生活在什麽時代，也有線索可尋。據《列女傳》，大業即臯陶。《史記正義》引《列女傳》：“陶子生五歲而佐禹也。”曹大家注云：“陶子者，臯陶之子伯益也。”《史記·秦本紀》言：“大業取少典之子曰女華。女華生大費，與禹平水土。”因而受到舜的褒獎。“大費拜受，佐舜調馴鳥獸，鳥獸多馴服，是為柏翳。舜賜姓嬴氏。”按柏翳即伯益。那麽，大業的時代，即舜禹的時代。秦人很早由今山東之地遷於西北，其進入父系氏族社會較東部和中原一些氏族為遲。

當然，大業的時代，秦人是否生活在今甘肅南部禮縣一帶，是另外一個問題，但秦人將其“祖之所自出”命為星名，則應在居於漢水上游之時。

《詩經·秦風·蒹葭》一詩，其詩旨究竟講什麽，各家看法莫衷一是。陳子展先生

---

[1]《國語·魯語》：“昔烈山氏之有天下也，其子曰柱，能植百穀百蔬。”

[2]《史記·五帝本紀》：“黄帝者，少典之子，姓公孫，名曰軒轅。”

[3]《世本·作篇》：“奚仲作車。”《管子》：“奚仲之作車也，方圜曲直，皆中規矩準繩，故機旋相得，用之牢利，成器堅固。”據《山海經·海内經》載，奚仲為帝俊四世孫。明陳耀文《中天記》卷二引《觀象賦》：“奚仲托精於陽。”注云：“奚仲四星在天津北，近河傍。太古時造輿者，死而精上為星。”

[4]《史記·秦本紀》：“衡父生造父，造父以善御幸於周繆王。……徐偃王作亂，造父為繆王御，長驅歸周，一日千里以救亂。繆王以趙城封造父，造父族由此為趙氏。”則造父為秦人之先祖命為星名者。

[5]《史記·殷本紀》：“武丁夜夢得聖人，名曰‘説’。……於是乃使百工營求之野，得説於傅險中。……得而與之語，果聖人，舉以為相，殷國大治。”則傅説為商之聖人而為星名者。

《詩三百解題》説：

我們不能確指其人其事，但覺《秦風》善言車馬田獵，粗獷直質，忽有此神韻縹緲、不可捉摸之作，好像帶有象徵的神秘的意味，不免使人驚異，耐人遐思。在《三百篇》中只有《漢廣》和這事相彷彿。

我以為《蒹葭》一詩正是牽牛織女早期傳説在秦代民歌中的反映。秦襄公（前777—前765）在譚大夫百年之後，秦地的有關傳説應較春秋時東方之國所傳更為完整。至西周末年，牽牛、織女星作為天漢兩側的星名已為位於今山東的譚大夫熟知，可知當時已成為西周各地所公認的星名。那麽，其“織女”、“牽牛”命為星名的時間應在西周中期以前。我以為《周南·漢廣》也是牛郎織女傳説的早期反映〔1〕。

在春秋戰國以後人的意識中，牽牛乃是農民的化身。我國黄河流域上古各民族，以周民族的農業發展最早，而且當時周人所居之地距秦人最近。周人的始祖棄，據《詩經·大雅·生民》所載，是姜嫄履大人跡而生，應是周人由母系氏族社會向父系氏族社會過渡的人物。因為他在農業上的卓越貢獻，被祀為農神〔2〕。而他的侄子（或曰孫子）名叔均者，發明了牛耕，大大地推動了農業生産力。《山海經·大荒西經》中説：

有西周之國，姬姓，食穀。有人方耕，名曰叔均。帝俊生后稷，稷降以百穀。稷之弟曰台璽，生叔均。叔均是始代其父及稷播百穀，始作耕。

《山海經·海内經》中也説：

后稷是播百穀。稷之孫曰叔均，是始作牛耕。

則叔均是發明了牛耕的人物。馬克思在《資本論》中説：

畜力的使用是人類最古老的發明之一〔3〕

因為在當時，以畜力代人力而耕地播種，不僅節省了人力，增加了動力强度，提高了生産速度，還帶動了農具的改革。當時生活在中華大地上的大部分氏族、部落、部落聯盟由狩獵或採集農業進入種植農業、以農業生産為主要經濟形態的情況下，叔均的這個創舉是有重大意義的。因而，周人也將叔均作為神靈，以“牽牛”的稱號命為天漢東側一顆亮星（牽牛星為一等星）的星名〔4〕。織女星在天漢以西，牽牛星在天漢以東，這同秦人在漢水以西，周人在漢水以東的方位相合，反映了遠古傳説史上周秦兩個民族中兩位傑出人物的不朽業績。

《史記·周本紀》載：“后稷卒，子不窋立。不窋末年，夏後氏政衰，去稷不務，不窋失其官而奔戎狄之間。”據此，叔均與不窋大體同時，應隨不窋一起奔戎狄間。其具體地方，即今甘肅省東部慶陽一帶。在陝西同甘肅緊鄰的長武縣碾子坡發現的遺址約7000平方米，發掘出先周墓葬230多座，及陶窯、銅器、卜骨、陶文、生産工具、炭化穀物高粱

〔1〕 參拙文《〈秦風·蒹葭〉新探》，刊《文史知識》2010年第8期；《〈周南·漢廣〉探微》，刊《古典文學知識》2010年第3期。

〔2〕《尚書·吕刑》：“稷降播種，農殖嘉穀。”《國語·魯語上》：“稷勤百穀而山死。”《孟子·滕文公上》：“后稷教民稼穡，樹藝五穀，五穀熟而人民育。”《左傳·昭公二十九年》載晉史官蔡墨説：“有烈山氏之子曰柱為稷，自夏以上祀之。周棄亦為稷，自商以來祀之。”

〔3〕 馬克思：《資本論》第1卷，北京：人民出版社，2001年6月第2版，第429頁。

〔4〕 南北朝以後一些文人詩作以織女在東，牽牛在西，是以訛傳訛之誤。

等，其文化面貌與年代較晚的先周文化和西周文化有明顯的同一性和連續性[1]。李學勤先生主编《中國古代文明與國家的形成》一書中説：

自這一帶逆涇河向西北，再循其支流馬蓮河而上一百多公里，為甘肅慶陽地區，傳説周先公不窋"奔戎狄之間"即在此。《括地志》有云："不窋城在慶州弘化縣南三里，即不窋在戎狄所居之城也。"唐慶州弘化縣即今之慶陽縣，又王先謙合校《水經注》卷一九渭水下補涇水逸篇云："泥水南流經尉李城東北。尉李城亦曰不窋城，合馬嶺水，號白馬水，故泥水一名馬嶺水。"馬嶺水，今名馬蓮河。此條材料也説周先公不窋的居邑在甘肅馬蓮河流域的慶陽一帶[2]。

碾子坡遺址的時間為公元前十五世紀到公元前十三世紀。那麽，傳説中的叔均，大體生活在公元前十五世紀，相當於商代初年。至於他被命為星名的時間，大約在周人取得了天下，致力於制禮作樂的西周之時。

到西周末年，"織女"、"牽牛"、"雲漢"，《牛郎織女》傳説的這三個要素已被人們並提，並聯想到相關的人和相關的活動。春秋初年，周人東遷，秦據周人岐以西之地，收周之餘民有之，形成周秦文化的進一步融合。也就在這個時期，周王朝的地位逐漸下降，諸侯迭起，禮崩樂壞，奴隸社會走向崩潰，而自耕農不斷增加，"男耕女織"漸漸成為很多家庭的生產、生存方式，《牛郎織女》的傳説在孕育之中。

周秦兩個民族的交流由來已久。據《史記·秦本紀》記載，秦人先祖中有幾位曾供職於周王朝。"孟增幸於周成王"（約前1042—前1021），"造父為周繆王御"（約前976—前922)，非子為周孝王（約前891—前886）"主馬於汧渭之間"。周宣王時（前827—前782）以秦仲為大夫。其後宣王召秦仲之之子五人（長子即秦莊公）"與兵七千人，使伐西戎，破之。於是復予秦仲後，及其先大駱地犬丘並有之，為西垂大夫"。秦君及上層首領同周王朝有如此密切的關係，則使臣、士兵、商賈等接觸也必然比較頻繁，那麽周秦文化的交流也就成了必然之事。尤其秦文公（前765—前716）擊敗戎人之後，佔岐以西之地，"遂收周餘民有之"，秦人和周人的混雜居住，形成了秦文化與周文化的進一步融合。而這個時期，中國社會由奴隸社會逐漸走向封建社會，自耕農佔勞動人口的絶大多數。於是織女星的傳説同牽牛星的傳説轉變成反映著中國農民男耕女織的生活特徵與思想願望的《牛郎織女》傳説。所以説《牛郎織女》傳説的產生不僅是周秦兩個民族融合與文化交流的結果，也反映著我國歷史發展的進程。

從傳説原型的產生到《牛郎織女》故事情節的形成與主題的確定，大體經歷了三個階段：

第一個階段：從史前社會大約舜禹時代（約前2100年前後）起至西周中晚期的1000多年，是織女、牽牛兩個人物的原型活動並產生影響的時期，也即牛郎織女傳説原型的形成時期。這一時期又可以分為三段：第一段約從傳説的舜禹時代至商代初年，是作為織女

---

[1] 中國社會科學院考古研究所涇渭工作隊，《陝西長武碾子坡先周文化遺址發掘紀略》，《考古學集刊》第6集，1989年。

[2] 李學勤主编《中國古代文明與國家形成研究》下编，昆明：雲南人民出版社，1998年12月，第482頁。

原型的女修活動並産生影響的時期；第二段約為商代中葉至西周初年，是作為牽牛原型的叔均活動並産生影響和“織女”、“牽牛”被命為星名的時期；第三段約從西周中葉至西周末年，由星名聯想到現實生活中相應的行為和相關的人的時期。

第二個階段：約從春秋初期至戰國初期，隨著奴隸制的趨於崩潰，封建社會因素的擴大，自耕農的增加，人們聯想到普遍存在的男耕女織的家庭狀況，從而給“牽牛”、“織女”兩星所象徵的形象賦予了新的身份。這是《牛郎織女》傳説的基本人物與基本情節的形成期，也大體形成了悲劇的情調與忠貞愛情的主題。

第三個階段，約從戰國中期至東漢，由於封建禮教的逐漸加强，家長對男女雙方的婚姻進行干預、破壞，從而使得《牛郎織女》傳説中青年男女婚姻悲劇的主題得到突顯。也就是説，這是《牛郎織女》故事情節進一步完善與發展的階段，從傳説要素到情節、到主題都已形成同現在基本相同的形態。

《牛郎織女》傳説從第一個人物原型的産生到傳説故事的形成，經歷約 1800 年的時間。從故事的形成至今，也有 2400 多年的歷史。只其形成的時間，還比《孟姜女》的故事早近 1000 多年。

不但出土秦簡中反映了在秦代傳説中織女離牽牛而去的情節已形成，而且戰國時代已有了在天河上過橋相會的情節。《三輔黄圖》中説：

秦始皇窮極奢侈，築咸陽宫，因北陵、營殿、端門四達以則紫宫，象帝居，渭水貫都以象天漢，横橋南渡以法牽牛。

“法”即取法的意思。這是説，將渭水引進都城咸陽，象徵天河，在上面架了橋，象徵牽牛渡橋與織女相會。其中還特别説道在咸陽營造宫殿以天帝所居的紫宫、帝居為准。聯繫其引渭水以象徵天河的幾句，看來秦代的傳説中，織女便是天帝的女兒。

西漢末年産生的古詩中説：

迢迢牽牛星，皎皎河漢女。纖纖擢素手，札札弄機杼。終日不成章，泣涕零如雨。河漢清且淺，相去復幾許。盈盈一水間，脈脈不得語。

則牽牛、織女是被迫分在天河兩岸，一年中長時間不及相見，完全可以看出。《古詩十九首》中《迢迢牽牛星》一詩學者們多認為是東漢末年作品。此詩在《玉臺新詠》中被列入《枚乘雜詩》。其實，此詩與同樣列在《玉臺新詠·枚乘雜詩》中的《蘭若生春陽》，以及《古詩十九首》中篇幅較短、語言通俗、表現手法上民歌特色比較突出的四首，共六首詩，本是西漢晚期民間作品，被收入樂府，流傳於後代。後人因其為西漢所傳，故以為“枚乘雜詩”。隋代杜臺卿撰《玉燭寶典》卷七引《迢迢牽牛星》作“古樂府”，《文選·陸士衡擬古詩》李善注《擬蘭若生春陽》引《蘭若生春陽》二句作“枚乘樂府詩”，可證。

《蘭若生春陽》一詩，也是詠牽牛織女傳説的，只是這一首是以牽牛的口吻説的，詩曰：

蘭若生春陽，涉冬猶盛滋。願言追昔愛，情款感四時。美人在雲端，天路隔無期。夜光照玄陰，長歎戀所思。誰謂我無憂，積念發狂癡。

由詩中“美人在雲端”等句看，應是表現了牽牛對織女的思念之情。其中的“長歎戀所思”等，同《迢迢牽牛星》中的“泣涕零如雨”意思相近[1]。漢末蔡邕《青衣賦》中說：“悲彼牛女，隔於河維。”阮瑀《止欲賦》中說：“傷匏瓜之無偶，悲織女之獨勤。”也反映出在東漢時代的傳說中，織女與牽牛的分離是一個悲劇，織女長年織布，是勤苦的。這是具有民歌氣息的作品對《牛郎織女》故事的反映。在此後的傳播、擴散與演變時期，《牛郎織女》故事的被掩蓋、歪曲以及主題的恢復等，都同中國社會每一時期的狀況有關。可以說《牛郎織女》傳說的孕育、形成同中華民族的形成與發展歷史相始終。這是我國古代民間故事中文化蘊含最為豐富、深厚的一個。

二、《牛郎織女》傳說在魏晉南北朝時期的被覆蓋、擠壓與在唐朝的被歪曲

《牛郎織女》是克服各種歪曲、抹殺與覆蓋的“群體陰謀”而流傳下來最具生命力的傳說故事。之所以說是“群體陰謀”，因為它不是某一個人的行為，而是一個階級、階層的行為；不是在一個時代中，而是持續的幾百年、上千年中的一種持續行為。

《牛郎織女》傳說從東漢時在傳說要素、人物、情節和主題確定之後，又經過了曲折的流傳過程。大體說來，從魏晉至明初，是統治階級曲解、擠壓與覆蓋下在民間傳播擴散的時期。明代中葉以後是進入文人重述的時期。近代以來，隨著反帝反封建思潮的興起，由民間浮出口傳文學的水面，是被從各個方面進行解讀，反封建、反對舊禮教和反對門閥制度的主題不斷得到突顯的時期。

曹魏時期統治者特別强調“孝”，即魯迅先生說的“以孝治天下”。魯迅先生在《魏晉風度及文章與藥與酒之關係》中說：

> 魏晉是以孝治天下的，不孝，故不能不殺。為什麽要以孝治天下呢？因為天位從禪讓，即巧取豪奪而來，若主張以忠治天下，他們的立足點便不穩，辦事便棘手，立論也難。所以一定要以孝治天下。

但《牛郎織女》的傳說，卻恰恰是反對父母之命、反抗禮教、主張男女青年婚姻自主的。而且，在《牛郎織女》故事中，織女為天帝的女兒，天帝象徵人間帝王；牽牛只是一個與牛為友、辛勤於畎畝之中的農民。一在九天之上，一在九地之下。織女下嫁於一個農民，是門不當、户不對，有違禮法的。曹魏時代講“九品中正”，向朝廷推薦士人要先看門第。而到東晉、南朝，士族門閥制度更為森嚴，一般庶族即使為官宦也難以同士族高門通婚姻。士族高門如果同士族以外的人通婚姻，被視為“婚姻失類”，要受到士族中人的非難和鄙視。而皇親國戚同農民通婚成親，簡直是異想天開。

正由於以上兩個原因，《牛郎織女》的傳說雖然在民間得到廣泛傳播，而且也形成了與之相關的節慶風俗，但上層統治階級、士族階層甚至一般文人，一直對它採取排斥的態度。他們先後用過兩種方式企圖使它消失，或使它完全改變了反封建、追求自由生活的主題。一是在漢代或漢以後流傳的故事中挑選出一個情節上與之相近，也是天上仙女下凡同窮苦人成婚的傳說故事，以替代、排擠“牽牛織女”傳說，一方面混淆視聽，以此代彼，

[1] 參拙文《〈迢迢牽牛星〉〈蘭若生春陽〉二詩關係淺談》，《中國典籍與文化》2010年第2期。

另一方面削弱該傳説在廣大人民群衆中的影響。二是對它進行篡改。

從曹魏時代開始由王公貴族張揚、宣傳的一個故事，便是《董永》的故事。這個故事同《牛郎織女》的傳説在人物與基本情節的構思上完全一樣：（一）女主人公都是天帝的女兒，男主人公都是貧苦農民；（二）其情節都是仙女下嫁給農民；（三）都是偶然相遇而成婚；（四）後來仙女都離農民而去。但這兩個故事最大的不同之處在於：

（一）織女是違抗父母之命下嫁一個上無片瓦、下無立錐之地的農民，而《董永》故事中的仙女卻是受天帝之命去幫助一個貧困的孝子。所以，織女的選擇體現著對自由婚姻與幸福生活的追求，而下嫁董永的仙女（後來的小説、戲劇中稱作“七仙女”）卻只是執行天帝的命令，或者説是去完成一件任務，最多只能説是做一件“善事”。在這裏仙女本人對自己的婚姻並無選擇權與決定權，真可謂“父母之命”代替一切，突出地體現了封建社會中包辦婚姻的特徵：“嫁雞隨雞，嫁狗隨狗”。

（二）織女離開牽牛（牛郎）是因為天帝知道了她私離天庭與凡人為妻的事實，强迫她回到天上，而下嫁董永的仙女則是為了完成救助的任務（據託名劉向的《孝子傳》載，董永與人作工，父死無物葬送，遂從主人家典錢，貸錢十萬。神女遇其於葬父之後回主人家的路上，主動提出為妻，同到主人家勞作以償債。結果經一旬，女即織絹三百匹，主人遂放其夫妻還家。二人行至當時相見之處，仙女説：“我是天女，見君行孝，天遣我借君償債，今既償了，不能久住。”遂飛上天）。這當中不但没有一點違抗父命的意思，而且依父命返回交差。

（三）《牛郎織女》傳説中，牽牛、織女不願分離，因而牽牛追到天上去，卻被分在天漢兩側，由於他們對愛情的忠貞，如《迢迢牽牛星》一詩所寫，常常是隔著天河流淚，後來天帝允許他們每年相見一次。這既反映出青年男女反抗封建禮教與門閥制度的決心與氣魄，也表現出一定的樂觀主義精神：他們通過抗爭取得了一定的勝利。“董永”的故事則没有這個情節。

託名劉向的《孝子傳》末章節附註“前漢人也”，很靠不住。托劉向為其編者的目的不過是為了説明它産生的時代早而已。第一，這所謂“劉向《孝子傳》”，《漢書・藝文志》既不載，也不見漢代人有所引述。第二，《隋書・經籍志》載蕭廣濟《孝子傳》十五卷，卞韶之《孝子傳》三卷（《新唐書・藝文志》作十五卷、贊三卷），師覺授《孝子傳》八卷，宋躬（《舊唐書・經籍志》作宗躬）《孝子傳》二十卷，鄭緝子《孝子傳》十卷。兩《唐書》作《孝子傳贊》十卷。此外，還有不見史志記載的王欲《孝子傳》、周景式《孝子傳》、無名氏《孝子傳》，在敦煌遺書中還發現了《孝子傳》的兩種寫本。這些東西在初唐所修史書中多見記載，應皆成於魏晉南北朝時代。傳為劉向的《孝子傳》也産生於魏晉之時無疑。第三，《孝子傳》中關於董永的那段文字直為魏晉以後的白話文，從文字風格上看也絶非劉向文筆。第四，其中情節幼稚可笑，應是佛經傳入之後編成。從古以來，孝順父母而生無以贍養、死無以葬埋者何以千萬，如果天帝都打發自己的女兒去為之解難償債，那天帝得有多少女兒？而且天帝竟將自己的女兒打發下界臨時作凡人的妻子，似乎連最起碼的貞操觀念也不講究，非儒家思想統治瓦解、早期佛教産生了大的影響不能至此。關於董永的一條記録見於佛教經典唐釋道《法苑珠林》（卷之二），也説明了這一點。

尤可注意者，“董永”的故事是突出寫他孝順父親，而不是母親。這同一般寫孝子的故事有一點不太一樣，這也是魏晉時代最高統治階級用心之所在，非明眼人不能洞察之。因為篡逆取帝位者，總是秉承父志，而不是秉承母志。

《董永》故事最早見於曹植的《鞞舞歌·靈芝篇》：

董永遭家貧，父老財無遺。舉假以供養，傭作致甘肥。責家填門至，不知何用歸？天靈感至德，神女為秉機[1]。

趙幼文《曹植集校注》列這首詩於其後期，即曹丕繼位之後，顯然是體現著曹丕的思想，因曹丕對其弟曹植的忌恨，多所為難，而曹植則力爭改善關係，也希望在朝廷的典禮宴享中能顯其文才。曹植所作《鞞舞歌》，漢魏時用於宴享，舞人執鞞（同鼙，小鼓）舞於前（或兩旁）。曹植於這種歌舞詞中寫進這個內容，反映出魏王朝對這個故事的宣導。可以看出《董永》故事的最早宣導者就是曹丕、曹植，而不是別人。這也是以往的論者所未注意到的。

同《董永》故事一樣，起著覆蓋、頂替《牽牛織女》故事的作用的，在魏晉南北朝時代還有兩個作品：

一個是晉代郭璞《玄中記》中所載《姑獲鳥》（後一部分又見《搜神記》卷一四，作“豫章新喻縣男子”）：

姑獲鳥晝藏夜飛，蓋鬼神類。衣毛為飛鳥，脱衣為女人。一名天帝少女，一名夜行遊女，一名鉤星，一名隱飛……昔豫章新喻縣男子（《水經注》卷三五引作“新陽男子”），見田中有六七女，皆衣毛衣，不知是鳥。匍匐往，得其一女所解毛衣，取藏之，即往就諸鳥。諸鳥各飛去，一鳥獨不得去。男子取以為婦，生三女。其母后使女問父，知衣在積稻下，得之，衣而飛去。後復以迎三女，女亦得飛去。

其中説此女一名“天帝少女”，似也透露出由織女傳説改篡而來的痕跡。又其中説：“一名鉤星。”按魏何晏《景福殿賦》云：“烈若鉤星在漢，煥若雲梁承天。”《文選》張銑注：“鉤星，星名，在河漢中。”則由織女星附會而來，已十分明顯。其中男子身份未明言，但文中説藏女之毛衣於“積稻下”，則為農民也甚明顯，可以看出乃由牽牛（牛郎）轉化而來。

另一個是見於東晉末年陶潛編著《搜神後記》卷五的《白水素女》。白水素女不聲不響、不留名地幫助貧窮、未有妻室的農民謝瑞，當被發現之後，自言：“我天漢中白水素女也。天帝哀卿少孤，恭慎自守，故使我權為守舍炊烹。十年之中，使卿居富得婦，自當還去。”好像天底下只有這一個特困户，天帝便派了這個仙女做“好人好事”，當無名英雄，來幫助他脱貧致富。其情節的幼稚可笑，同《董永》故事一樣。且此仙女言：“我天漢中白水素女也”，也同“天漢”掛起鉤來，則由《牽牛織女》故事生發出來，其目的在於覆蓋和取代《牽牛織女》的傳説。便昭然若揭。按照當時篡改和取代的規律，有些情節

[1] 舉假：等於説“告貸”。傭作：賣力作工，即後世言作長工或打短工。此處應是作長工。致甘肥：以甘肥之食物供養父母，使能吃好。責家：猶債主。責借為債。填門：塞門，言其衆多。何用歸：用什麼償還。秉機：持機織布。

也來自《牽牛織女》。

所以，儘管《牛郎織女》故事在民間廣為流傳，在曹丕的《燕歌行》、曹植的《洛神賦》與《九詠注》中也有反映，但並不張揚，也不曾敘述其完整的情節。曹丕、曹植等也只是將其作為人人熟知的故事，用為典故而已。魏晉之時，最多在文人的作品中見到關於這個故事的一鱗半爪。如傅玄《擬天問》中說："七月七日，牽牛織女，時會天河。"又其《擬四愁詩》："牽牛織女期在秋，山高水深路無由。"傅玄為北地泥陽（今甘肅寧縣）人，其作品無形中反映了當時西北民間傳説的情況。陸機的《擬迢迢牽牛星》云：

> 昭昭清漢暉，粲粲光天步。牽牛西北回，織女東南顧。華容一何冶，揮手如振素。怨彼河無梁，悲此年歲暮。跂彼無良緣，睆焉不得度。引領望大川，雙涕如霑露。

也保持了漢代古詩中反映的悲劇主題。但因為牛郎織女的故事深入人心，其情節廣為人知，在魏晉時代的文獻中，尚未見到有篡改其情節、歪曲其主題的情況。

到南北朝時代，土地高度集中，廣大農民淪為雇農、長工。士族人家生活驕奢淫逸，搜刮勞動人民的血汗不遺餘力。"牽牛織女"的故事既有違於其門閥制度，又給一個農民以非分之想，所以對其進行了篡改，從而完全改變了故事的性質。齊梁時殷芸《小説》中說：

> 天河之東有織女，天帝之子也。年年機杼勞役，織成雲錦天衣，容貌不暇整，帝憐其獨處，許嫁河西牽牛郎，嫁後遂廢織紝。天帝怒，責令歸河東，但使一年一度會。

這裏將干預、破壞青年男女的婚姻變為了對懶惰的懲罰。

> 常見《道書》云：牽牛娶織女，取天帝錢二萬備禮，久而不還，被驅在營室是也。

則牽牛完全成了一個為娶妻借地主的錢，因無力還貸而被關押的貧困農民形象。好像他的貧困完全是自己的罪過，怪不得任何人，這個"天帝"同《董永》故事中的天帝相去何等之遠！

但要特別提出的是，在東晉時期的民間流傳和北朝的流傳中，仍保持著《牛郎織女》傳説的基本情節和中心主題。這由晉代《七月歌》和晉清商曲辭《七日夜女郎歌九首》及北朝邢邵的《七夕詩》可以看出。另外，針對統治階級對《牛郎織女》傳説的排擠與否定，南北朝時代民間也還以其他的方式保留著《牛郎織女》傳説的基本情節與精神。敦煌佚書中發現的句道興本《搜神記》中有一篇《田昆侖》的故事，寫田昆侖"其家甚貧，未娶妻室"。一日到田地裏去時，見自家地裏的池中"有三個美女洗浴"，田昆侖"匍匐而前，往來看之，其美女者乃是天女，其兩個大者抱得天衣乘空而去，小女遂於池内不敢出池"。天女向田昆侖索天衣，田昆侖不予，後來讓田昆侖脱下自己的衣衫，用以遮體，並答應與田昆侖結為夫妻，婚後生一子，後田昆侖西行不歸，子三歲，天女於阿婆處騙得天衣，"即騰空從屋窗而出"。

男主人公叫"田昆侖"，田與牛都是農民最重要的依靠，簡直就是農民的象徵。又故事中說到田昆侖去田裏的情節，則是一個青年農民可以肯定。他同仙女的結合是經過自己的努力，又得仙女的同意，這與《董永》、《白水素女》、《姑獲鳥》完全不同。其二人結合的方式，也與民間傳說中牛郎、織女結合的方式一樣。其中還説婚後生一子，而不是仙女在完成救助使命之後即離去，毫無感情可言。只是結尾受當時社會環境的影響，變天帝强為拆散為仙女自己離去。可以看出這個故事是由《牛郎織女》傳説演變而來，是“牽牛織女”傳説被封建統治階級及其文人封殺之後，在民間傳説中换了一個面目出現[1]。

到了唐代，士人宦遊之風日起，難免接觸青樓歌伎以至輕薄婦女，有文人竟將織女形象寫成偷情的貴婦。唐代張薦（744—804）撰志怪傳奇小説集《靈怪集》中所收《郭翰》即突出地反映了這一點[2]。這樣，織女對愛情忠貞不渝的形象特徵完全被改變了，但這只是個别文人的白日夢，他們以為織女這樣的仙女竟同一個農民結合，似乎太不可理解，而只有他們這種能夠舞文弄墨的人才配。這是完全忽略了愛情的價值。雖然脱離了魏晉以來門當户對的枷鎖，卻又掉進了郎才女貌的窠臼。這篇無聊的東西在明人輯《緑窗女史·神仙部》中改名《織女星傳》收入，並署名“宋張君房撰”。在清人輯的《香豔叢書》中又被改名《織女》《緑窗女史》，叢書，明代秦淮寓客輯，編輯者姓名不詳。十四卷，分為十部。《香豔叢書》，清蟲天子輯，現有清宣統元年至宣統三年國學扶輪社排印本。蟲天子為張廷華號，其人事跡不詳。李商隱的七絶《海客》也帶有這種情調。可見使用這種卑劣的手段對《牛郎織女》傳説進行歪曲篡改，從南北朝至清代並未中斷，就像董永的故事，到唐代有《董永》詞文[3]，宋代話本有《董永遇仙記》（見《清平山堂話本》），明代有梨園顧覺宇撰《織錦記》（或名《天仙記》、《槐蔭記》、《織絹記》）傳奇，清代有佚名的《賣身記》、評講《大孝記》及《小董永賣身寶卷》、彈詞《槐蔭記》等。上世紀五十年代又被改編為黄梅戲《天仙配》，上世紀八十年代臺灣有的學者的著作中竟將它看作“《牛郎織女》傳説的主流”。由此可以看出以往關於《牛郎織女》傳説研究的膚淺程度。

三、《牛郎織女》傳説在唐以後文獻中的分化、潛沉與浮出

在文人的詩詞作品中，則由於作者思想意識的不同，對《牛郎織女》傳説與七夕節俗的看法也不盡相同。下面看看在唐及唐以後文人詩、詞、賦作品的反映。

總體上説，唐代作家的思想較南朝文人要開闊一些，其作品也能反映一些民間的狀況與社會風俗。唐代詩人對於《牛郎織女》傳説的反映，突出表現在對其忠貞愛情的贊揚上。雖然只局限在這一個範圍之中，總也是在封建禮教允許的範圍中的一種肯定。唐代元稹《相和歌辭·決絶詞二首》之第一首前半云：

> 乍可為天上牽牛織女星，不願為庭前紅槿枝。七月七日一相見，故心終不移。那能朝開暮飛去，一任東西南北吹。

唐長安（今陝西省西安市）人李郢（一作趙璜）七律《七夕詩》前四句云：

〔1〕參拙文《牛女傳説在魏晉南北朝時期的傳播與分化》，《長江學術》2008年第1期。

〔2〕見《太平廣記》卷六八。

〔3〕見王重民等編《敦煌變文集》卷一，題作《董永變文》。然該篇中並無散文敘述，非講唱結合體，而同《季布駡陣詞文》一樣，應為詞文而非變文。

烏鵲橋頭雙扇開，年年一度過河來。莫嫌天上稀相見，猶勝人間去不回。

以織女、牽牛的深厚夫妻之情，為人間夫妻之情的榜樣或曰理想。大曆詩人清江《七夕》詩云：

七夕景迢迢，相逢只一宵。月為開帳燭，雲作渡河橋。映水金冠動，當風玉佩搖。惟愁更漏促，離別在明朝。

兩詩描寫牽牛、織女相會情節，細緻而動人，反映出民間傳説故事對文人詩作的影響。同時，由民間的乞巧活動也可以看出《牛郎織女》傳説在民間的廣泛流傳。因為七夕節是同《牛郎織女》傳説相輔相依而傳播的。又唐懿宗時詩人曹唐《織女懷牽牛》詩云：

北斗佳人雙淚流，眼穿腸斷為牽牛。封題錦字凝新恨，拋擲金梭織舊愁。桂樹三春煙漠漠，銀河一水夜悠悠。欲將心向仙郎説，借問榆花早晚秋。

則完全從織女方面，表現她的夫妻情深。只是多少帶有才子佳人的味道，實開明代小説《牛郎織女傳》一派之先河。晚唐詩人王建《七夕曲》云：

河邊獨自看星宿，夜織天絲難接續。拋梭振鑷動明璫，為有秋期眠不足。遥愁今夜河水隔，龍駕車轅鵲填石。流蘇翠帳星渚間，環珮無聲燈寂寂。兩情纏綿忽如故。復畏秋風生曉路。幸回郎意且斯須，一年中别今始初。明星未出少停車。

以上在唐代詠牛女的詩作中，算是有各方面代表性的作品。我們讀這些作品，一方面是瞭解唐代文人的層面上是怎樣反映《牛郎織女》傳説的，另一方面藉以間接地瞭解這個傳説在民間流傳的情況以及民間的七夕風俗。由於文人們所受封建禮教的影響，在這些作品中看不到關於《牛郎織女》傳説細節的描寫，這是因為寫到織女違抗天帝之命而嫁牽牛，便會犯忌諱，而如按殷芸《小説》中的説法，又與贊揚牛女的主要思想不合，而《道書》中所謂“取天帝錢二萬備禮，久而不還”，因而被分隔的説法，在唐代一般文人看來又太荒唐。到了宋代，理學大盛，道學之士看《牛郎織女》的故事在情節上是違犯禮法、有汙神靈的，因而從史證的角度加以懷疑，或乾脆予以否認；在承認這個傳説的角度上，則對織女進行謾罵。宋初詩人梅堯臣五律《七夕》云：

古來傳織女，七夕渡明河。巧意世爭乞，神光誰見過。隔年期已拙，舊俗驗方訛。五色金盤果，蜘蛛浪作窠。

又其《七夕》：

織女無羞恥，年年嫁牽牛。牽牛苦娶婦，娶婦不解留。來往一夕光，奕奕河漢秋。輕傳人世巧，未知何時休。喜鵲頭無毛，截雲駕車輈。老鴉少斟酌，死欲同造舟。明月不到曉，是夜曲如鉤。天意與物理，注錯將何求。嘗聞阮家兒，犢鼻竹竿頭。人生自有分，豈愧曝衣樓。

第一首只是否認“牽牛織女”傳説。這一方面同他以理學家的眼光看“牽牛織女”傳説有關，另一方面，他將民間文學同史實混同為一，不知神話傳説與民間故事不過表現了人民的一種願望，未必實有其事。第二首則直採取謾罵的態度，而且不惜歪曲故事的情節。牽牛、織女本是夫妻，被迫分隔在天漢兩側，一年才見面，梅堯臣則歪曲為織女每年出嫁一次，這是宋代對《牛郎織女》傳説的一次明目張膽的篡改。為了否定《牛郎織女》傳説的思想意義，梅堯臣還寫了一篇《乞巧賦》：

孟秋七月，夕户未扃，余歸自外，見家人之在庭，列時花與美果，祈織女而丁寧，乞天巧之付與，惡心手之鈍冥。余既寢而弗顧，又烏辨乎列星？兒女前曰："故事所傳，餘千萬百齡，何獨守拙，迷猶未醒？"

於是他"遂起坐而歎"，講了一通大道理，認為人的"愚愚慧慧"天賦已定，乞巧之事，乃是人的"妄營"。並且説：

故慮之巧，不過多謀多智；使爾多智謀，則精騖而魄離。詞之巧，不過多辯言；使爾多言多辯，則鮮仁而行遺。技之巧，不過多能藝；使爾多能多藝，則藝成而跡卑。馳之巧，不過多履多歷，則速老而精疲。如是，則吾焉用而乞之？

照他這種説法，人巧則反有害，簡直是不成道理，强詞奪理。其文末説：

吾學聖人之仁義，尚恐没而無知，肯乞世間之輕巧，以汩吾道而奪吾之所持，吾決守此而已矣。爾勿吾疑！

表現了他理學家的主張。末尾幾句似乎反映出他持這種偏激觀點，是有言外之意。但聯繫前引兩首詩來看，他的這篇《乞巧賦》並不同於柳宗元《乞巧文》借乞巧之事抒發政治上受到打擊迫害後的不滿情緒的情形。蘇軾《洗兒詩》云："人皆養子望聰明，我被聰明誤一生，惟願孩兒愚且魯，無災無難到公卿。"這是他作於被放黄州之時，其情緒可知。這首詩並不能説明蘇軾是不願意自己的兒子有聰明才智的，其旨趣與柳宗元的《乞巧文》相同。但梅堯臣的這三篇詩賦之作卻看不出這一點。這不能不説是梅堯臣這位北宋傑出詩人思想的一種局限。

北宋李廌（1059—1109）《七夕》詩序説："某觀晉漢以來七夕詩數百篇，皆同俗説。某以為牛女之會不然，故作此詩。"詩為五古，四十四句，其末四句云："宣淫五雲上，此論乃吾欺。吾為牛女辨，欲判千古疑。"北宋末、南宋初年高登（？—1148）的五律《七夕》中説："天道遥難憑，人言殊不經。佳期傳七夕，歡事話雙星。女呆占蛛巧，兒癡托鵲靈。吾詩非好詆，聊與訂頑冥。"又南宋末包恢，嘗見朱熹於武夷，後尊崇陸九淵之學。他的五古《和吴伯成七夕韻》中云：

稍養浩然氣，終當凌斗牛。巧夕乞巧者，稚兒輩可羞。老拙眼尚明，卻笑群目幽。

宋末于石《七月七日》詩云："相傳織女星，今夕嫁牽牛。翩翩聯鵲橋，亭亭擁龍輈。……誰與倡邪説，誕謾不復收。淫褻轉相襲，寖使其辭浮。"于石與李廌、高登都是剛正方嚴之士，但對《牛郎織女》故事卻抱著不理解、不接受的態度，認為民間俗説玷污了二星神，而不認為是反映了青年男女和廣大勞動人民的生活願望。南宋末年的魏了翁在《七夕南定樓飲同官》一詩中甚至從天象的角度對《牛郎織女》的傳説加以否定。由此可知，宋代產生的這種現象不只是這幾位作者思想固執、偏狹和道學氣太重，而是反映了一種社會思潮。

由於社會發展緩慢，和封建禮教的根深蒂固，這種以道學家的眼光看待《牛郎織女》傳説、並企圖篡改它或抹煞它的思想一直存在。明代初年，瞿佑《剪燈新話》中的《鑒湖夜泛記》是明代這方面作品的代表，其中寫元處士成令言一日至天河，遇織女，織女言並無與牛郎結為夫妻之事，説："妾乃天帝之孫，靈星之女，夙秉貞性，離群索居。豈意下士無知，愚民好誕，妄使秋夕之期，指作牽牛之配，致令清潔之操，受此侮辱之名。”明末人據之改編的《靈光閣織女表誣詞》中寫成令言二至天河，見到織女、牽牛，言牽牛乃織女之弟。這些道學家的“擔心”和“良苦用心”只是反映了《牛郎織女》傳説流傳中受到的阻力和干擾之大。

然而，《牛郎織女》傳説同樣扛過了這股理學風氣的抵制和曲解，在民間，在一些開明知識份子中傳了下來。這裏首先要挑歐陽修。歐陽修（1007—1072）是宋代古文運動的最有力的宣導者，創作上諸體皆能，文學理論上高出同時諸文學家，在對社會一些問題的看法上也能打破當時思想上的某些框框或偏激之論，而提出合情合理的看法。他首創《鵲橋仙》之詞，寫牛女鵲橋相會情節，顯然是受民間傳説的影響。“鵲迎橋路接天津，映夾岸、星榆點綴”，寫天上牽牛、織女相會之景色如畫。“雲屏未卷，仙雞催曉，腸斷去年情味”，寫其情真意切，也含蓄而有情味。至於秦觀的《鵲橋仙》一詞，吟誦之廣，不用多説。“兩情若是久長時，又豈在朝朝暮暮”，這已成了以牽牛織女的深情比喻夫妻深情的名句。李復（1052—?）的七古《七夕和韻》十九韻則既寫了當時七夕節的習俗，又細緻地描繪了牛女相會的情節。

大體上從宋代到明代，上面所説表現著兩種思想意識的詠牽牛織女和詠七夕之作都一直存在。

到了明代末年，資本主義思想萌芽，人們的婚姻觀念也相應地有所變化，自由婚姻成為青年男女的理想，因而文人重述《牛郎織女》故事的作品産生，戲劇、小説在一定程度上繼承了民間傳説的精神。到明清時代，有關《牛郎織女》傳説的小説、戲劇、曲藝都出現，而且不止一種，如明代後期産生的小説《新刻全像牛郎織女傳》、雜劇《渡天河織女會牽牛》、傳奇《鵲橋記》等。有的作品雖然由於舊的思想勢力的排擠和抹殺，未能流傳下來，但從題目也可以看出它們大體上保持著一些基本要素和基本情節。清代産生的《雙星圖》、《雙星會》，傳奇雜劇《銀河曲》等，雖然有的也已經散佚，其存者或取材於反映著統治階級思想的傳世文獻，或受到傳世文人論著的影響，但總體上表現出對它基本情節的維護與對它中心主題的堅持。

近代以來，民主思想漸興，西方關於男女婚姻自由、自主的思想也漸漸擴大影響，所以，長時間中主要在民間流傳、在文人詩文詞賦中得到間接反映的《牛郎織女》傳説，開始浮出民間傳播的水面。除産生了一部章回體小説《牛郎織女》外，各個劇種大體都有《天河配》、《牛郎織女》、《鵲橋相會》、《牛女配》、《黄牛分家》之類的劇碼，而以名《天河配》者居多。據《春柳》1919 年第 8 期所刊署名露廠的《舊劇談話·説天河配》介紹，此前有京劇名家王瑶卿所編京劇《天河配》，有秦腔《天河配》，這些都應是在民間流傳各種地方戲基礎上所集中的演出本，情節有差異，甚至牛郎和他哥、嫂的姓名，一個劇和一個劇不同（京劇分別叫傻三、張有才、嘎氏，秦腔叫孫守義、孫守仁、王氏，紹興文戲叫王伯琴、王伯仁、胡氏等等）。但基本情節和基本内容相同。秦腔的影響較大，河南越調《天河配》、山東梆子《黄牛分家》等人物姓名與秦腔的相同。看來王瑶卿先生根據當時各種劇本統編京劇演出本時未取秦腔演出本為底本。“王”為大姓，較“孫”姓更為普遍，可能是他用了“王”為牛郎之姓的原因。1910 年前後出版的小説《牛郎織女》是一部有完整情節的長篇小説，共十二回，主要情節也同戲的相近，唯牛郎與其兄、嫂的姓名分别叫牛金童、牛金成、馬氏。這種姓氏和名字的嚴重分歧，反映了《牛郎織女》傳説長時間中在南北各地民間流傳，未被文字記載，因而一直缺少可以統一衆説的“中心版本”。因為缺乏“中心版本”，所以除了傳説的最基本的情節和人物的身份之外，人物名稱和一些細節也就難免歧説百出。但不論怎樣，《牛郎織女》傳説終於克服了重重的阻力，衝破了種種的束縛，在各種覆蓋、擠壓之下，頑强地流傳下來，直至二十世紀五十年代被選入中學課本，被收入各種民間文學故事集。

如果把文人創作的流傳狀況比作地面的河流，那麽民間文學就如地下水。地下水是只有打井或偶然地地面坍塌，人們才能看到它在某個地方的存在。一個時代的民間文學則只有被文人著之於文字才能被後人所知。然而地下水到了地面之後，可能被任意地派用場，或者蒸發；即使成流，也往往被改變了方向。《牛郎織女》傳説在文人筆下的反映，即是如此。然而，地下水被引出地面的部分，被改變了流向或匯入明流是一回事，它向我們顯示了地下確實存在著豐富的潛流又是一回事。所以我們一方面結合各個時代統治階級的主導思想、當時的社會思潮來考察一些關於《牛郎織女》傳説與七夕風俗之作所反映的思想意識，另一方面也藉以間接地瞭解下層人民中流傳的情況及節俗實際。

四、“七夕”節俗的異化與回歸

七夕節風俗，雖起於民間，但從西漢之時在宫廷中被確定為以“乞巧”為主題之後，實際上也成了淡化《牛郎織女》故事中爭取婚姻自主、反對封建禮教、反對“門當户對”觀念的手段之一，經過兩千多年的封建社會，七夕節被定型為“乞巧節”。由於歷代宫廷與貴族之家的重視、帶動，乞巧風俗到唐代更為時興，上至宫廷嬪妃，下至平民婦女，無不參與。隨著歷代政治中心的轉移、戰爭等原因形成的大規模的人的遷徙，和文人詩文的交往、東南西北間的文化交流等，七夕節傳到各地，各地在保留其穿針乞巧、浮針乞巧、青芽卜巧、蛛網卜巧、祭祀織女、陳設瓜果、歡聚賞月叙舊等傳統習俗中的某幾項之外，又結合當地的氣候、物産及生産、生活習俗，形成具有地域特色的七夕節俗，内容大大拓展，參與的範圍也擴大了許多。但是，可以看出，在長期封建社會中處於被壓迫地位的廣大婦女、廣大勞動人民在“乞巧”這個題目之下，仍然表現了對牛郎織女追求婚姻自由、反對封建禮教及忠於愛情的精神的嚮往與贊揚，表現了對勞動生産的熱愛與積極的生活態度。

今主要依據古代詩詞作品和《古今圖書集成·歲功典》中材料對全國各地從古到今的七夕節俗加以述説，以便更全面地瞭解它的文化内涵，及在這個節俗中所體現的不同階層、不同人群中所體現的不同情感與願望。

(一) 乞巧、卜巧。如穿針乞巧、浮針卜巧、浮青芽（麥芽、豆芽等）卜巧、蛛網卜巧等。前兩項文獻中多有記載，不必多説。關於浮青芽卜巧，宋孟元老《東京夢華録》卷八《七夕》條：“又以緑豆、小豆、小麥於磁器内，以水浸之，生芽數寸，以紅藍彩縷束之，謂之種生。”浮青芽乞巧，就是用這種青芽代替針，投入水中，看其投影以卜巧。《古今圖書集成·歲功典》引山西志書述臨晉風俗：“七夕，先期以麥豆浸瓦器内，生芽六七寸許，謂之巧芽。是夕兒女插麥豆置盂上曰‘漂針試巧’，針影作筆尖，鞋底之狀，以為得巧。”這不僅是以一種與鋼針、鐵針相似的東西代替了針的問題。麥芽、豆芽不但容易浮起來，而且形狀、大小不規則，投影的圖像變化豐富，給卜巧以更大的想像空間，而且由實物而變為一種象徵性的東西，則卜巧活動完全成為一種鍛煉形象思維、表現想像能力的遊藝活動。同時，種芽要在十多天前開始，這也就無形中拉長了乞巧活動的時間進程，對女孩子做事的細心等也是一種鍛煉。

關於蛛網卜巧，南朝梁宗懔《荊楚歲時記》載，當時七夕風俗“陳瓜果於庭以乞巧。有喜子網於瓜上，以為符應。”喜子即蟢子，也即蜘蛛。五代王仁裕《開元天寶遺事》中説唐代宮中，女於七月七日“各捉蜘蛛閉於小合（盒）中，至曉開，視蛛網稀密，以為得巧之候。密者言巧多，稀者言巧少。民間亦效之。”還有在織機上、花上尋蛛網，找見即以為得巧之驗的。為什麼要以蛛網卜巧呢？因為蜘蛛善織，而在農業社會的“男耕女織”分工中，婦女的工作主要是織。由此又形成民間以蜘蛛垂線而下為“喜從天降”之兆。秋天蚊蟲多。蛛網卜巧活動無形中也形成對蜘蛛網的保護。因而，從實際生活來説，也是有一定意義的。

（二）同牛女傳説相關的習俗。如陳瓜果祭織女，供祭織女像，看銀河，聽織女渡河聲，葡萄架下聽牛郎織女相會時私語，講牛郎織女故事等。北朝王褒《閨怨詩》中說：“幾年留織女，還應聽渡河。”南宋吴潛《鵲橋仙》中説：“癡兒妄想，夜看銀漢，要待銀車飛渡。”《古今圖書集成·歲功典》述直隸省宣府鎮乞巧風俗：“七月七日，人家設酒果殽醑在庭院中，談牛女銀河之會。”清代竇光鼎、朱筠《日下舊聞考》中説，當時都中人於七月“張掛七夕牽牛織女圖，盛陳瓜果、酒餅、蔬菜、肉脯，邀請女流作巧節令”。至今西漢水上游的西和縣和禮縣東部一帶乞巧仍貢織女的像（俗稱“巧娘娘”），從農曆六月三十日迎入坐巧之處，到七月七日淩晨，姑娘們又跳又唱。據先父子賢公編成於1936年的《西和乞巧歌》，其中有很多表現反封建的內容[1]。乞巧的供桌上除各種鮮果、乾果外，還有姑娘們自己製作的各種花樣的油炸面果和糕點。七月七日的晚上則集中舉行豆芽卜巧等活動。《日下舊聞考》中又説：“七夕，各宮供像生牛郎、織女、從人、麒麟、象、羚羊、海馬、獅子、獬豸、兔、海味、糖果，俱用白糖澆成。”今廣東東莞、廣州等地的“貢案”“擺巧”風俗即如此。

（三）製作各種花樣精巧的麵點。這當中自然包含有作供品祭織女神的意思，但主要是練習、提高或顯示廚藝。只是七夕時婦女重在麵食製作，不在菜肴的水準上，這反映著這種“賽巧”同農業生活關係密切，而與慶典待客以及商業範圍的烹飪手藝關係不大。近代以前一般人家説到婦女的能力，一是茶飯，二是針線，而茶飯主要是各種麵食的製作。當然，勞動婦女，主要工作是紡織，雖然也參加農業上的耕種、收割，但這些畢竟主要是男子的事。

此外，有的地方在七月七日清洗廚房。因為廚房是婦女長年工作之地，平時打掃刷洗，總是一些常接觸到的地方，常用的器具。而在七月七日的一天，作一次徹徹底底地衛

〔1〕參趙子賢搜集整理《西和乞巧歌》，香港：銀河出版社，2010年4月出版。

生清洗和掃除，體現了古代重視飲食衛生的優良傳統。

（四）同紡織刺繡相關的習俗。《古今圖書集成·歲功典》據湖廣志書，言“七夕俗，儉薄婦女務紡，無乞巧事。士人或舉酒”，這是民間清貧之家的情形。家計稍好的家庭，姑娘要學刺繡。又《新唐書·百官志》：“織染署七月七日祭杼。”織染署是專為宮廷織紡絲綢衣物用品的，多製刺繡之物，是織染刺繡之人集中之地。杼即織機的梭子。祭杼即祭織神，祭織女。

（五）曬衣物、皮革、書籍。因為衣物、皮革之類的保管，是婦女的事。所以也在七月七。這從風俗的起因上説，是紗織、針黹等女紅之事的延伸，同七月七清洗廚房、炊具、餐具時婦女飲食茶飯之事的延伸一樣。東晉戴逵《竹林七賢論》中説：“舊俗七月七日法當曬衣。”《太平御覽》卷三一引《韋氏目録》中説：“七月七日曬曝裘，無蟲。”則此俗開始很早。七月七當秋初，夏衣漸次收去，秋冬衣服取出備用，將收起者及取出將穿者俱曬一曬，收起者去潮使之乾燥，將穿者也去去貯存大半年産生的黴氣。這個風俗至今流行於南方一些省份。

文人在這一天也曬書籍。這是筆硯卜巧、詩文賽巧活動的延伸，既是作準備工作，也防潮防蛀，同時也有祈求神助的意思在內。東漢崔寔的《四民月令》中説：“七月七日作麴合藍丸及蜀漆丸，曝書及衣裳，習俗然也。”《晉書·高祖紀》中寫到司馬懿七月七日“曝書”之事。《古今圖書集成·歲功典》中引直隸省志書，言內丘縣“七月七日曝書”；引江南志書，言建平縣“七月七夕，日中曝書辟蠹”。

（六）七夕望雲卜豐歉或卜斗價高低。這些習俗是從牛郎（牽牛）的方面引發出來的。《古今圖書集成·歲功典》卷六五據江南志書，言高郵州“七月七夕前望潢河（按即天河）影出没，占蕎麥豐歉”，因為此時其他莊稼大體已收完，蕎麥成熟遲，故此時只能卜蕎麥豐歉。

到七月七日雖然大多數糧食已收完，豐歉已定，然而來年斗價（即糧價）如何卻難以預料。豐收自然是好事，但各處都豐收，商人便會儘量壓低糧價。“谷賤傷農”，是人人都知的道理，但奸商不管這些。在大面積豐收之時，農民等著用錢，他們卻遲遲不開盤，迫使農民一再降價，然後由他們以極低的價格囤積起來，或轉運他處。到糧缺之時，他們又一致不發售，迫使糧食漲價。因此，農民希望豐收，但豐收卻不等於就增加了收益。《古今圖書集成·歲功典》卷六五據江南志書，言太湖縣“七夕相傳是日銀河没，以其去口遠近，占穀價多寡。”據江西志書，鉛山縣“七夕以前占河影没三日而後見，則穀賤，七日而後見，則穀貴。”據湖廣志書，衡州府“七夕乞巧之會，……但以此後數夜天河隱現定來歲米價，歸早米貴，歸遲米賤。”表現了廣大農民在大半年的辛勤勞動之後希望改善生活狀況的良好願望。在社會的下層來説，七月七仍然是農民的節日，這同“七月七”這個節日形成的最早的根源是一致的。

（七）賀牛生日。因近代以前中國農業生産主要靠牛耕，而牽牛織女這一天相會，牽牛為農耕之神，在民間流傳中，將此日有關農事的慶典等解釋為慶牛生日。乾隆三十九年《永平府志》載，當地於七夕節在婦女兒童乞巧之外，“又以為牛生命日，掛花枝於角，可無災，以面餅賞牧童。”永平府屬北平行中書省，治所在今河北盧龍縣，轄境當今河北長城以南的陡河以東之地。上面所述節俗《古今圖書集成·歲功典》亦載之，並引山東志書，言禹城縣“七月七日牧童采野花插角，謂之賀牛生日”。隴東慶陽有的地方也有類似風俗，但無牛生日之説。

（八）祭田祖，報田公。這也是由北方的祭牽牛星習俗而來，可以追溯到先秦時周人的祭祖、祀田祖儀式。《古今圖書集成·歲功典》引山西志書，述廣靈縣風俗説：“七月七日折柳枝、掛楮錢（按即紙錢）插田中以報田公。”報即回報祭祀、祭享的意思。《詩經·小雅》的《甫田》、《大田》二詩，便是祀田祖的。《毛傳》説：“田祖，先嗇也。”“嗇”借為“穡”，先穡即先農，農神。《周禮·春官·籥章》鄭玄注：“田祖，始耕者，謂神農。”鄭玄説的田祖即始耕者是對的，説即“神農”，則在今天容易被誤解，因為今天我們説“神農”是指“神農氏”或后稷。實際上這個“始耕者”，據《山海經》載，叔均“始作耕”，“是始作牛耕”之語，乃是指周人的祖先之一叔均，即牽牛傳説的原型[1]。在甘肅省隴東，陝西省西部的寶雞一帶，也有祭田祖的風俗。隴東慶陽有周先祖廟，有關的祭典活動較多。

（九）學生、士人以筆硯卜巧、詩文賽巧。這是由婦女的乞巧活動擴散形成的風俗。七夕初秋，天氣不冷也不熱，一般人家多借此陳瓜果於庭院中全家歡聚，男女俱在，故姑娘們的乞巧、卜巧活動也帶動在學的男孩子以及文士們卜巧競志、比字賽文的活動。《古今圖書集成·歲功典》據福建志書載，長汀縣“七夕社學小生清晨歌詩，擊鼓，竹懸紙葫蘆，藏所習課紙焚校外，謂之乞巧。”

（十）治失明、健忘等病。明代高謙《遵生八箋》引《常氏日抄》説，七月時“七日采蒺藜子，陰乾，搗末，食後服，治眼失明。”為什麼七月七日采治眼病的藥呢？因為古人説的“聰明”的“明”，即眼睛亮。“眼明手快”也是指人巧、精明。這同“乞巧”之意相同。

《常氏日抄》又云：“七日取蜘蛛一枚，著領中，令人不忘。”“不忘”即增强記憶之意。這是男孩子的心願。古人讀書要背誦，即使不背，也得記住一些典故等等，所以記憶力很重要。但這恐怕是來於尋蛛網之俗。民俗的形成總是通過聯想、聯繫而拓展它的內容與表現形式的。又明代李時珍《本草綱目》：“七月七日收麻勃一升，人參二兩，為末，蒸之氣遍，每臨人服一刀圭，能盡知四方之事。此乃治健忘，服之能記四方事也。”比起上面説的帶有民俗性的行為，這裏同治眼病一樣，是用藥物醫治了，無論其功效如何，總體現著人的一種主動探索，但日子上仍離不開“七月七日”。因此，這實際上仍有依靠節令、習俗活動來健腦的成分。藥物方面的療效不説，就依靠七月七日這一天的因素而言，是毫無科學意義的，最多起著心理暗示的作用。但作為古代民俗，一可以看出七夕的“乞巧”擴展到了何等的地步，二可以看出人們對於提高觀察認識能力、增進知識的願望。

（十一）小孩子、婦女玩七巧板。七巧板因“七”和“巧”二字同七夕風俗相聯繫，成為七夕節中婦女和孩子們，特别是孩子們的活動之一。這個活動古代在閨房中較流行，在兒童平時的教育中，很多家長也指導孩子們玩，但七夕及七夕以前的幾天成了孩子們必

〔1〕 參拙文《先周歷史與〈牛郎織女〉傳説的起源》，《隴東學院學報》2008年第1期。

玩的智力活動。比起上面所說的幾種增明、增智的活動，這是真正有益於智力發展的遊戲。今存有清代嘉慶八年（1803）刻印的《七巧圖合璧》、嘉慶二十一年（1816）重刻的《七巧新譜》，可見在此前早有幾種七巧圖行世。七巧板在民間的流傳已很久，而且歐洲在1805年已出版《新編中國兒童謎解》，其中就有二十四幅七巧圖，並附有一套木製的七巧板。隨後，1810年在法國，1818年在德國和美國都出版了關於七巧板的書。在義大利出版的《中國謎解副刊》中還介紹了中國歷史。看來，西方最早具有現代科學思想的國家在對中國文化的吸收上十分敏銳地發現了那些具有實際價值的東西。此後，西方很多國家出版有研究七巧板的書。1978年荷蘭出版的有關七巧板的書搜羅了1600個圖形，被譯為多種文字出版。清代以來國内有關七巧板的書亦有多種。

（十二）婦女用鳳仙花染指甲及婦女和青年男子進行健美、美容活動。《古今圖書集成·歲功典》引江南志書，言武進縣“七月七日婦女采鳳仙花染指甲祀織女星乞巧”。因此又有在春夏之間女子栽種鳳仙花的風俗。這既是乞巧的準備，也是最早的美甲行為。甘肅省的隴南、天水一些縣，姑娘們在六月底迎巧之時都用鳳仙花將指甲或指甲尖染為紅色。因此，有女之家院中多種鳳仙花。

又《淮南萬畢術》中說：“七月七日午時，取生瓜葉七枚，直入北堂中，向南立以拭面黶，即當滅矣”（《太平御覽》卷三一引，作《淮南子》據其內容，當出於《淮南萬畢術》，該書已佚，清人有輯本）。又《太平御覽》卷三一《韋氏月録》：“七月七日取烏雞血和三月三日桃花末，塗面及全身，三二日肌白如玉。”《遵生八箋》中還載有七月七日生已脱眉毛、生黑髮、除鱉子的方法。這些方法未必都科學，但説明了古人對七月七日這一特殊日子的看法，以上所說也算是他們的一種解讀與參與的方法。因為七夕是青年男女、尤其是青年婦女，特别是姑娘們的節日，青年人追求美，無論從哪個方面來説，都是應該的，也是很自然的現象。

還有很多書中説到七月七日洗髮、沐浴的事，講了一些經驗，也都是從美容、美髮及不得皮膚病方面説的。

（十三）青年男子央人問字，男女青年訂婚。問字是過去在提親之後問雙方生辰八字的一個儀程，為聘定（訂婚）之前初步確定婚姻關係的儀式。因為生辰八字決定雙方是否能合。八字相合的有情人，便可以在七夕這天大體確定關係。《古今圖書集成·歲功典》引河南志書，言白水縣“七月七日男家饋女儀競豐，幾與聘等”，可見其重視的程度。

《古今圖書集成》又引湖廣志書，言新田縣於七月七日“多訂婚納彩”。這個風俗的形成，同牛郎織女在這一天相會有關。牛郎織女是幾千年農業社會中男耕女織、勤儉持家的農民的象徵。又忠貞於愛情，其情天長地久，所以人們視他們相會之日為吉日。

（十四）女子拜新月。因為近代以前男女婚事都是男方家請人向女方家提親，没有女方家主動提親的（過去這種情況叫“倒上媒”）。至於姑娘們自已提出來嫁誰的那便更少了。那麽姑娘們就只有在這天，就自己的婚姻大事獨個拜月表示心願。因為七月七日月亮半圓，所以古人稱之為“拜新月”，祈求花好月圓、婚姻滿意。拜新月和乞巧不同，乞巧是一種群體性活動，雖以姑娘們為主，但大部分地方已結婚的青年婦女及年幼小孩也參與。而拜月則完全是個人的事，是避開衆人單獨進行的。所以唐代羅隱《七夕》詩中説：

“金針穿罷拜嬋娟”，是先和大家一起乞巧歡樂，然後獨自拜月表心願。拜月帶有私密性，所以南宋胡銓《菩薩蠻》詞中説：“玉人偷拜月，苦恨匆匆别”，也只是已及笄女子尤其是近於婚齡的女子才有的事，目的是向月表白心事，祈求婚姻完滿。

拜新月從其主導思想來説與《牛郎織女》傳説及婦女乞巧的深層思想相一致，但由乞於牛女變為祈求新月，則在構成因數上發生了變化。從形式上説這是七夕風俗異化的表現，而從思想意識方面説則是向原始七夕風俗的回歸。

將同《牛郎織女》傳説有關的七夕風俗只確定為“乞巧”，是從西漢宫廷内開始的，由於歷代統治階級及其文人的鼓吹、强化，成為“七夕節”的主題。但廣大勞動人民、廣大婦女在這個題目下借題發揮，作盡了文章，仍然處處體現著它最初的精神。

當然，每個時代的主流思想都是統治階級的思想。七夕節俗在長期封建社會中也時時受到異化和扭曲的干擾。除上面論述中可以看出的之外，最突出的是佛教神摩訶羅的加入其中。南宋吴自牧《夢粱録·七夕》載：“七月七日，謂之七夕節……内廷與貴宅皆塑賣磨喝樂，又名摩睺羅孩兒，悉以土木雕塐，更以造彩裝襴座，用碧紗籠罩之，下以桌面架之，用青緑銷金桌衣圍護，或以金玉珠翠裝飾尤佳。”南宋末周密《武林舊事》卷三《乞巧》：“七夕節物，多尚果食、茜雞、及泥孩兒，號摩睺羅，有極精巧飾以金珠者，其直不貲。”貢摩訶羅起於佛教盛行的唐代，當時也只興於皇宫中“以為生子之祥”。南宋時朝廷南遷，很多七夕風俗變異，形成摩訶羅與七夕節相混的情形。其實無論從其來源上、從其所體現思想意識上，還是人們貢它的目的上，都與牛郎織女傳説及七夕風俗無關。有的學者提出保護七夕節俗，應恢復供摩訶羅，這是對傳統七夕文化的歷史缺乏瞭解的表現，是不妥當的。

可以看出，七夕節俗的差異的形成，不僅存在時間和空間方面的原因，也還有社會階層、群體方面的原因，對它的考察，也應分層次，作立體的關照。這樣，才能通過它正確認識歷史與文化，不致形成錯覺，在保護七夕文化上有一個正確的主導思想，而不作簡單的限定或肯定。

五、《牛郎織女》傳説在少數民族中和在亞洲一些國家中的傳播

説《牛郎織女》傳説影響最大，首先因為它形成了一年一度的七夕節，傳遍了全國，甚至也傳到我國周邊的國家。七夕節俗遍佈黄河上下、大江南北，根據其地理特徵，氣候，物産與生産、生活習俗，各有特色，但相互之間又有一定的聯繫。《牛郎織女》傳説由北方傳至南方之後，也發生了分化，尤其在少數民族地區與亞洲其他國家發生了較大的變異，但傳説的要素變化不大，往往有無互見，尚可以看出相互聯繫之跡。

《牛郎織女》傳説與七夕風俗的向南傳播，主要憑藉了兩種方式：一是政治中心的幾次南遷，一是客家人的幾次集中遷徙。因為群體性節俗，尤其是同婦女兒童相關的節俗，不是個體流動（商賈、宦遊等）能有效傳播的，只有整個家庭尤其是成批的家庭的遷徙才能形成。

我國古代政治中心的南移主要有兩次，一次為西晉滅亡，東晉王朝建都建康（今南

京），在北方一片混亂之中士族官宦紛紛南遷。第二次為北宋滅亡，金兵馳騁於大河兩岸之際，南宋王朝建都臨安（今杭州），又是大批豪族大姓南遷。毫無疑問，這兩次幾乎是豪族大姓、仕宦之家的整體搬遷，將中原的節令習俗及有關傳説帶到了長江流域，並在當地擴散開來。

古代客家人，除了上面説的兩次大事件之外，還有兩個時期發生了較大規模的遷徙，有的是從中原之地南遷，有的是在前一兩次遷徙後的定居之地再次南遷。一次是唐代末年因黄巢起義等由中原之地長途南遷，或在五胡亂華中遷至皖、豫、鄂、贛等長江流域之地後，又再次向皖南、贛東南、閩西南以至粵東北遷徙。再一次是明末清初，清兵入關之後如迅雷洪水，以猝不及防之勢橫掃黄河流域，飲馬長江，原居皖、贛、閩之地的客家人，又向南遷至粵中部及濱海地區。這是近代以前客家人的幾次主要的大規模遷徙活動。可以説，《牛郎織女》傳説及及七夕節俗一直傳到福建、廣東濱海以及臺灣，主要是客家人遷徙所帶去。

以上所説是漢語圈中的傳播。而事實上《牛郎織女》傳説在少數民族中也有傳播，並結合該民族的地理、社會環境有所變異；有的則只是對某些民族的傳説故事産生了影響，從中摻進了《牛郎織女》傳説的因數。

北方的少數民族中，生活在新疆的錫伯族，流傳有《放牛娃和仙女》的故事〔1〕。從故事名稱就可以看出主要人物的身份同“牛郎織女”的聯繫。故事中指點放牛娃將湖中洗澡的仙女中最賢慧、最美麗的七仙女的衣服藏起來的，不是黄牛，而是小鹿。這同錫伯族人以狩獵為主的生活方式有關。其中岳母拔出頭上的玉簪劃出一道大江將放牛娃與仙女隔開，以及喜鵲聚集起來要搭橋而未成功的情節，也來自漢族古代所傳，只是産生了一點變異。其中所增加岳母考驗女婿的情節，差不多見於所有少數民族中所流傳《牛郎織女》的故事。内蒙古所流傳《天牛郎配織女》同清末秦腔、京劇等戲曲所演極為相近〔2〕。達斡爾族中流傳的《孤兒與黑鹿》，雖故事名稱中没有出現女主人公，而是黑鹿，反映出同錫伯族中流傳的《放牛娃和仙女》之間的聯繫，而故事中的女主人公仍然是仙女，並且是玉帝的女兒，也同樣有藏羽衣、三年後生了兩個孩子，後來仙女上天、孤兒追去，玉帝在考驗女婿之後同意他們到人間生活的情節〔3〕。鄂温克族中流傳的叫《牛郎》，滿族中流傳的叫《三仙女》，朝鮮族中流傳的《牽牛橋》等〔4〕，同漢族中所流傳及北方其他少數民族中所流傳的互有異同，可以明顯看出其間的關係。

南方很多少數民族中，也流傳著關於《牛郎織女》的傳説或受其影響而産生的傳説故事。有的連故事名稱也大體相近。如貴州清水苗族中流傳的即稱作《牛郎織女的故事》〔5〕。大部分的稍有不同，而可以看出其同《牛郎織女》傳説的關係。如湘西苗族地區

〔1〕關寶學主編《錫伯族民間故事集》，沈陽：遼寧民族出版社，2002年版。

〔2〕秦地女講述，孫劍冰整理《天牛郎配織女》，《民間文學》1957年第9期。

〔3〕呼思樂、雪鷹編《達斡爾族民間故事集》，内蒙古人民出版社，1981年版。

〔4〕分别見杜梅搜集整理《鄂温克族民間故事》，呼和浩特：内蒙古人民出版社，1989年版；《白頭山傳説集》，延邊人民出版社，1989年。

〔5〕李貴廷搜集、整理，見《民間文學》1979年第4期。

流傳的《天女與農夫》，滇西傈僳族中流傳的《花牛牛與天鵝姑娘》，貴州黎平侗族中流傳的《牛郎都與七妹》，海南黎族中流傳的《阿生哥與七仙妹》〔1〕。還有一類只以其中一個主要人物為故事名，而情節上則大體一致，如貴州普定、郎岱地區苗族中流傳的《七姊妹》，雲南昭通地區苗族中流傳的《仙女的故事》，布依族中流傳的《天池仙女》等〔2〕。當然，還有不少從其名稱上看不出同《牛郎織女》傳說的關係，但從故事組成要素、情節上卻可以看出其間的演變之跡。如其中男主人公的名稱與中原地區“牛郎”的叫法多不相同。但這不是本質的問題，在口頭傳說中人們總是依自己的生活知識來稱說他。事實上載漢族中的傳說裏最早叫“牽牛”，後來叫“牽牛郎”、“牛郎”，而清代劇本《雙星圖》中作“牛九郎”，清末小說中作“牛金郎”。近代戲曲中，牛郎的姓名更不一致。所以，我們可以不計較人物叫什麽名，而應看重故事的基本情節與人物身份上的特徵。從這個方面說，《牛郎織女》傳說在大部分少數民族中有流傳或有影響。

與此相應，在一些少數民族中，也有七夕的節俗。曾經入主中原統治了黄河流域大片地方或統治了全國的遼、金、元、滿清都不用説，差不多同漢族一樣過七夕節，並且見之於一些詩詞曲作品；即長期居住於周邊地帶的一些少數民族中，也有七夕節，如北方的朝鮮族，南方的苗族、瑶族、壯族、納西族等。具體表現同漢族的有所異同，這同當地的氣候、地理狀況、居住特徵及當地習俗有關，而視其實質，與漢族某些地方的也相通。如湘西吉首一帶苗族的“七月七”鼓會，人們穿戴一新，歡聚群舞，同漢族一些地方乞巧中歌唱跳舞的情形一樣。瑶族的“七月香節”備佳餚美味及鹽茶等，也同漢族備瓜果以歡聚的情形相近。壯族不少地方將七月七作為“女兒節”或“乞美、乞巧節”，其活動形式同我們在前面介紹的漢族婦女歡聚、乞巧、比賽手藝、打掃廚房衛生及作一些美容活動的情形相近。

由以上這些可以看出，《牛郎織女》傳說不只是我國漢族的民間傳説，它是中華各民族共有的民間文學的瑰寶，是中國民間文化的瑰寶；七夕節也不只是漢族的節日，也是中華各民族的傳統節日。

但以上這些尚不能充分説明《牛郎織女》傳說與七夕節的影響。《牛郎織女》的傳説和七夕風俗還傳到了日本、韓國和東南亞一些國家。日本公元四世紀到八世紀的和歌總集《萬葉集》中，從第八卷到第二十七卷收録了一百三十多首七夕和歌，不少詩中有“銀河”這個詞，有的也出現“織女”，或“牛郎”與“織女”都出現，寫他們的相思之情，表現了一種純真的感情。

在朝鮮德興里出土的壁畫中，就有織女、牽牛分隔在天河兩岸的畫面，旁邊分别寫有“牽牛之像”、“織女之像”（“織女”二字殘破）。專家們考訂這個墓葬是高句麗永樂十八年（409）所下葬，時間相當於中國東晉末年。可見《牛郎織女》傳說很早就傳入朝鮮。日

〔1〕分别見於苗族文學史編寫組《民間文學資料》第21集，中國作協貴州分會印，貴州民研會翻印，1959年；怒江州《傈僳族民間故事選》編輯組《傈僳族民間故事》，雲南人民出版社1984年；楊通山《侗族民間愛情故事選》，南寧：廣西人民出版社1983年；《黎族民間故事集》，廣州：花城出版社，1982年。

〔2〕分别見《傈僳族民間故事》，昆明：雲南人民出版社，1984年；苗族文學史編寫組《民間文學資料》第22集；祖岱年編《布依族民間故事集》，貴州人民出版社，1982年。

本、朝鮮的《牛郎織女》傳説在有些方面更接近於中國早期傳説的情節。

越南的相關傳説叫《織女和牛郎》[1]，菲律賓的叫《七仙女》，也都具有中國《牛郎織女》傳説的基本情節。當然，也有變異，比較起來同中國古代的和後來中國南方流傳的比較接近。這些都為我們提供了考察其流傳與發展演變過程的痕跡。

關於七夕風俗，在日本、朝鮮、東南亞一些國家則變異更大。因為風俗總是同人們的生存方式、生活習慣聯繫在一起的。但無論怎樣，“七月七”成了一個共通的文化資訊，這一點已足以説明一切。

我們從對《牛郎織女》傳説與七夕節俗的全面考察中，看到了這二者流傳過程中產生的變化，看到了它作為民間文學與民俗文化在不同地方形成的地域特徵，從這些細微的變化中，也看到了它們之間的時間差；從共時性材料的考察中，發現了歷時性方面的現象。同時，傳世文獻和口頭流傳的交互影響，也在不同地域中有不同反映。

六、注意《牛郎織女》與七夕風俗傳播中社會階層上的差異

《牛郎織女》傳説和七夕文化反映的各種現象立體地展現在我們面前，而我們以往的研究卻多是平面的，有的還只是單淺的推導，有的甚至只據其一點，便下普遍性結論。所以，對以往的很多説法，不能不作認真的反省。

二十多年來，我一直在勾稽古代文獻中有關《牛郎織女》傳説的文獻資料，哪怕是一鱗半爪，也都十分珍惜地輯録起來，以時為序加以排列，考求其相互關係，推想有關時段上的整體狀況。不但不能輕易將不同時間平面上的材料拼接在一起，也不能將大體同時期、不同地域的材料拼為一個整體。甚至，在同一個時間範圍，同一地區中的材料，也不一定就能拼出一個完整的《牛郎織女》傳説來。除時間流程中的演變和不同地域的分化之外，不同階層的人對同一個傳説也有不同的述説。這裏有一個傳説人群的層次問題。

至遲在魏晉南北朝之時，《牛郎織女》的傳説已產生了由於傳播主體社會地位的不同而形成的不同層次。

從漢代的《迢迢牽牛星》、《蘭若生春陽》到晉代的《月節折楊柳歌》之《七月歌》、清商曲辭《七日夜女郎歌》九首和南朝劉宋時《華山畿》二十五首之第十一首，突出地表現了牽牛織女傳説的悲劇結局及兩個主要人物的忠貞品質，與青年男女爭取婚姻自由的主題。這些都反映著《牛郎織女》傳説當時在民間流傳的情況。而東晉與南朝貴族文人所吟詠，則著重渲染織女的裝束與軿車的華貴、侍從的盛奢，實際上是藉以寫宫廷和貴族之家婦女的豪華高貴，沖淡甚至抹殺了牽牛、織女相會所表現出的對愛情忠貞不渝的高尚品質；以極浮淺的外表描寫，甚至只以渲染裝束與侍從來代替對人物品質、內心的表現。當然，宫廷嬪妃、貴族的妾媵等，本説不上真正的感情，即夫人、公主之類，也主要是講“門當户對”，相當程度上只是“政治婚姻”或“門第婚姻”而已。故這些文人學士之作就只有寫裝束、侍從之盛。

---

〔1〕見張玉安主編《東方神話傳説》第六卷，北京大學出版社，1999年。

唐代、宋代道教興盛，宋代以後相當長時間中思想領域以理學佔統治地位，形成文人對民間《牛郎織女》傳説的漠視，甚至對其採取抹殺的態度。見之於文字記載的，基本上是遵循了南朝梁殷芸《小説》中的記述：織女“嫁後廢織紝。天帝怒，責令歸河東，但使一年一相會”。北宋張商英（1043—1121）的《七夕歌》即用詩的形式表現了這樣的內容。直至清代末年的白話小説《牛郎織女》，仍主要據此加以演繹。這個白話小説本是淺學文人據浙江一帶説書人的講説整理而成[1]。江南的《牛郎織女》傳説主要是客家人幾次南遷傳播而去，代表了東晉、唐末、宋末南遷士族官宦之家的意識，因而與古代貴族文人的説法一致。而西北、北方、東北一帶及少數民族地區的傳播，則雖然聯繫當地自然條件及風俗較多，地域特色突出，但基本上保持著爭取婚姻自由、忠於男女愛情的主題。這一事例説明，流傳中的地域分化，也同流傳群體的層次有聯繫，不僅僅是時間的因素及地域的因素。

由上面的事例也可以看出，《牛郎織女》的傳説由西北、中原向周圍的擴散，不完全如水的圓形波紋一樣均勻地推向四周，而表現出兩種特徵：一是定向的傳播，大體説來是由西北、中原向周圍傳播，持續較久的是向南方傳播。二是不同的傳播方向帶有不同的人群層次特徵。

以往的研究者未能注意到這些問題，因而產生了不少錯誤的結論。如范寧先生 1955 年發表的《牛郎織女故事的演變》一文，依據張華《博物志》所記有人浮槎至天河見到牽牛的傳説，認為晉代的傳説中牛郎、織女的生活還是富裕的、美滿的，到南北朝時才形成悲劇的情節[2]。這就是將文人層面的敘説看作了當時唯一的傳説，從而也抹殺了漢代民歌中對於牽牛、織女悲劇情節的反映。而二十世紀六十年代至七十年代《辭源》的“織女”條就取了范先生之説。1990 年我發表《牛郎織女故事的產生與主題》對此説進行過辯駁[3]。還有些學者將《董永》故事看作是“《牛郎織女》傳説主流”[4]，而未看到它並非《牛郎織女》傳説流傳中的自然分化，而是統治階級拿來抵禦《牛郎織女》傳播、用來覆蓋《牛郎織女》傳説的東西，與《牛郎織女》在主題上完全對立。更有甚者，拿無聊文人之作《郭翰》來説明《牛郎織女》傳説在唐代的流傳，大大歪曲了織女的形象，得出了十分荒唐的結論。

所以説，《牛郎織女》傳説的傳播是立體的，對它的分析、研究也應是立體地進行，不能只作單線的推導，也不能對同一個時代的材料作同一平面碎片的拼接。

事實上，即據今日各地《牛郎織女》傳説的情節，也可以看出它在歷史上傳播的大體線索與順序。因此，我們可以將近代以來的採錄本分為幾類。比如南方漢族中的傳説中多稱織女為“七仙女”，將織女同《董永》故事中的七仙女相混，而北方傳説則多只稱“織女”；南方漢族傳説中多為織女取得仙衣（羽衣）後主動離去，而北方傳説中則多為王母

〔1〕 參拙文《有關小説〈牛郎織女〉及其校訂的幾個問題——〈牛郎織女〉閱定本後記》，《甘肅高師學報》2011 年第 1 期。

〔2〕 范寧《牛郎織女故事的演變》，《文學遺產增刊》第 1 輯，北京：作家出版社，1955 年 9 月。

〔3〕 參拙文《牛郎織女故事的產生與主題》，《西北師大學報》1990 年第 4 期。

〔4〕 洪淑苓《牛郎織女研究》第三章，臺北：學生書局，1988 年 10 月。

或玉帝令天兵天將其捉回天宮；南方漢族傳説中天河多為織女所劃，而北方傳説中則為王母所劃等。這只是舉例言之，全面細緻分析起來，各地的都有一些情節或細節上的差異，同時又有某些聯繫。我們可以據此畫出《牛郎織女》傳説流傳的地圖來。

關於《牛郎織女》傳説的研究不僅要用科學的方法、科學的手段，還應有科學的觀念。不然，儘管運用了各種理論，也引入了現代西方先進的理論，但也難以得出正確的結論。

由於《牛郎織女》傳説産生的時間很早，流傳很廣泛，而在清代以前又一直受統治階級的擠壓、覆蓋、歪曲、篡改，所以見之文人記載很少；有之，也多據封建地主階級思想有所篡改。它在民間的流傳，偶然在民歌、文人記述的民間故事中有所反映，在一些文人作品中零星地透露出一鱗半爪，有如地下水，只在地表有塌陷的地方，或洞穴之中露出水流，或人們有意地打井，看到有它的存在。要瞭解它的全貌，就要對有關材料作全面的搜集、研究、整理。以往有的學者，認為織女星本是由水神而來，認為地名同“黄姑”有關者即織女傳説的起源地，把表現文人嫖妓或勾引貴婦心理的《郭翰》也作為《牛郎織女》傳説的材料等，都是由於對這個課題未能作全面探討，研究方法欠科學，認識上極端片面化之故。

事實上，以往學術界也没有人弄清為什麽從魏晉到明清没有完整的關於《牛郎織女》傳説的記叙或小説，看到的多是文人的曲解和篡改，因而也只有把這些看作《牛郎織女》傳説的正流。

趙逵夫（1942—），男，甘肅省西和縣人。西北師範大學文史學院教授，中國古代文學、中國古典文獻學學科帶頭人

The Legend of the Cowherd and the Weaving Maid, the Custom of the Seventh Night of July

ZHAO Kui—fu

(College of literature and history, Northwest Normal University, Lanzhou, Gansu Prov. 730070)

Abstract: Folklore and literati literature interact all along, and form some complicated phenomena in Sinaean Literature. So is the legend about the Cowherd and the Weaving Maid far from the Zhou Dynasty, and the custom of the Seventh Night of July since the Western Han Dynasty.

Key words: the Seventh Night of July（七夕）; custom（風俗）; the Cowherd and the Weaving Maid（牛郎織女）; DONG Yong（董永）

“左衽”與孔子的民族觀

錢　寅

（四川大學 文學與新聞學院，四川省 成都市 610064）

提要：“左衽”與“右衽”雖然是古代中國華夏與一些民族之間不同的習俗，但是並不能作為判定異族的標準。文章從春秋戰國時代的民族形勢入手，通過對古代文獻和考古資料的分析，認為孔子並非以“左衽”代稱夷狄，而是重在表達一種禮樂崩壞的政治社會局面。孔子的民族觀是一種重實質輕表相的民族觀。

關鍵詞：左衽　民族　風俗　儒家　服飾

《論語·憲問》載，孔子有言：“管仲相桓公，霸諸侯，一匡天下，民到於今受其賜，微管仲，吾其披髮左衽矣。”邢昺疏：“衽謂衣衿，衣衿向左謂之左衽，夷狄之人披髮左衽。言無管仲，則君不君，臣不臣，中國皆為夷狄。”[1] 是謂，第一，夷狄的習俗是被髮左衽的，所謂左衽就是右邊的衣襟向左邊掩去。而披髮則指不帶冠。按古時不帶冠的人凡四種：小孩、罪犯、異族和平民[2]，此並不足以説明披髮者就是夷狄。第二，夷狄的倫理是混亂的，即君不君、臣不臣。顯然，區分諸夏與夷狄也就有了兩個方法：通過服飾等習俗，通過倫理秩序。其實，前者乃文、乃表相，後者才是質、内核。而後世常常以生活習俗來作為評判是否為夷狄的標準，如每當漢族政權被北方少數民族逼得南渡時，總有“不免披髮左衽”的喟歎。實際上，服飾習俗有著不確定性，特别是愈到後來民族之間的差異愈小，比如我們現在所能看到的少數民族服飾很多都是“右衽”的，故而唯有倫理秩序才能作為區分諸夏和夷狄的真正標準。這也符合孔子一貫“重質不重文”的思想。本文即試圖從夷狄左衽的習俗入手，討論以孔子為代表的儒家的民族觀。

一、先秦時期的民族形勢

《春秋·僖公四年》曰：“公會齊侯、宋公、陳侯、衛侯、鄭伯、許男、曹伯侵蔡，蔡潰，遂伐楚。楚屈完來盟於師，盟於召陵。”公羊傳曰：“其言盟於師，盟於召陵，何？師在召陵也。喜服楚也。何言乎喜服楚？楚有王者則後服，無王者則先叛。夷狄也，而亟病

〔1〕（魏）何晏注，（宋）邢昺疏《論語注疏》，《十三經注疏》本，北京：中華書局，1980年9月第1版，下册，第2511頁。

〔2〕許嘉璐《中國古代衣食住行》，北京：北京出版社，1988年8月第1版，第3頁。

中國，南夷與北狄交，中國不絶若線。桓公救中國而攘夷狄，卒怗荊以此為王者之事。"[1] 這講的是管仲助桓公霸諸侯、匡天下之功。南夷謂楚國，楚國屬於周王室的附屬國，故不屬於諸夏。《史記・楚世家》記載，楚武王"三十五年，楚伐隨。隨曰：我無罪。楚曰：我蠻夷也。今諸侯皆為叛相侵，或相殺。我有敝甲，欲以觀中國之政，請王室尊吾號。"[2] 推算楚武王三十五年當為公元前 706 年，而齊桓公元年為前 685 年。可見當時楚國確有僭中國之跡，而中國亦確有南夷之患。

南方除楚國外，吴國亦是蠻夷之國。《史記・吴太伯世家》："自太伯作吴，五世而武王克殷，封其後為二：其一虞，在中國；其二吴，在夷蠻。十二世而晉滅中國之虞。中國之虞滅二世，而夷蠻之吴興。"[3] 按《吴太伯世家》所述，吴太伯及弟仲雍皆為周太王之子，王季歷之兄。因為季歷賢而有聖子昌，故太伯、仲雍讓國而奔荊蠻，紋身斷髮，示不可用。由此可見吴國雖是蠻夷，但實與周王室同源。而斷髮紋身之俗，也並不一定就是蠻夷之俗。與吴國相似的還有越國。《莊子・逍遥遊》云"宋人資章甫適諸越，越人短髮文身，無所用之。"[4] 按《史記・越王勾踐世家》所述，越王勾踐之祖先為禹之苗裔，封於會稽，奉守禹之祀。"文身斷髮，披草萊而邑焉"[5]。禹湯文武周公皆為古之聖人，故越國之淵源去諸夏亦不應太遠。

夷、蠻、戎、狄，其初是按方位而言的，因此夷、蠻居南，戎、狄處北。這雖然不是絶對的劃分，但是為了便於論述，暫取舊時説法。南方有勢力的蠻夷（楚、吴、越）都形成了政治氣候，建立了國家。而北方的戎狄卻由於各種自然原因，逐水草而居，很難形成一個國家。

北方民族與諸夏最早發生關係的當屬匈奴。《史記・匈奴列传》称匈奴祖先为夏后氏苗裔。此不大可信。而云"唐虞以上有山戎、獫狁、葷粥，居於北蠻"，则可推知匈奴由来已久。其見於《春秋》者，或稱戎，或稱狄。蓋以所居方位名之，無關種族。而稱狄者後又分為赤狄、白狄；稱戎者，《管子》以山戎、令支、孤竹並舉，杜預又以山戎、北戎、無終三者為一。《左氏》載北戎侵鄭，北戎侵齊；又《春秋》所載，魯與戎之交涉甚多。[6] 可見匈奴與中國關係之密切。

北方遊牧之族，繼匈奴而起者，時曰鮮卑。鮮卑，古稱東胡。《史記・匈奴列傳》所謂"燕北有東胡，山戎"是也。又曰："燕將秦開，為質與胡。胡甚信之。胡甚信之。歸而襲破東胡。"[7] 秦始皇時，東胡亦强，後為匈奴冒頓所襲破。可見鮮卑族亦對中國構成了一定的威脅。

匈奴、鮮卑都是勢力强大的遊牧民族。而居於隴、蜀之間的的羌，亦是一大民族勢

---

〔1〕（漢）公羊壽傳，何休解詁，（唐）徐彦疏《春秋公羊傳注疏》，《十三經注疏》本，北京：中華書局，1980 年 9 月第 1 版，下册，第 2249 頁。

〔2〕（漢）司馬遷《史記》，北京：中華書局，1959 年 9 月第 1 版，第 5 册，第 1695 頁。

〔3〕（漢）司馬遷《史記》，北京：中華書局，1959 年 9 月第 1 版，第 5 册，第 1448 頁。

〔4〕[戰國] 莊周著，（清）王先謙集解《莊子集解》，北京：中華書局，1987 年 10 月第 1 版，第 6 頁。

〔5〕（漢）司馬遷《史記》，北京：中華書局，1959 年 9 月第 1 版，第 5 册，第 1739 頁。

〔6〕吕思勉《中國民族史》，上海：東方出版中心，1987 年 11 月第 1 版，第 30 頁，第 33 頁。

〔7〕（漢）司馬遷《史記》，北京：中華書局，1959 年 9 月第 1 版，第 9 册，第 2879 頁。

力。羌，又稱氐羌。《後漢書·西羌傳》：“武丁征西戎鬼方，三年乃克。故其詩曰：‘自彼氐羌，莫敢不來王。’”此以武丁所伐之鬼方，即為氐羌。[1]《易》亦有“高宗伐鬼方”[2]之語，可見羌、鬼方與中國交涉之早。

除了以上幾個民族外，是時還有苗、貉、肅慎等少數民族，然而尚不足侵犯諸夏，故略而不述。以上楚、吳、越三國雖地處蠻夷，而實源於諸夏之同祖。但先秦時人一概視為蠻夷之國。《漢書·玄成傳》曰：“及至幽王，犬戎來伐，殺幽王，取宗器。自是以後，南夷與北夷交侵，中國不絕如線。《春秋》紀齊桓南伐楚，北伐山戎。孔子曰：‘微管仲，吾其被髮左衽矣。’”[3] 當時民族形勢可見一斑。

二、先秦時期的左、右衽

先秦典籍中最早出現左衽記載的應該是《書·畢命》中的“四夷左衽”[4]。《畢命》篇與《論語》之外，先秦儒家著作中就幾乎没有把左衽當作夷狄風俗的説法了。相反在楚國卻有著右衽的習俗，《楚辭·哀時命》云“右衽拂於不周兮，六合不足以肆行”[5]。雖然劉向以為《哀時命》是嚴忌為屈原代言，但是楚人右衽的習俗恐怕是早就出現了的。

從考古資料來看，廣漢三星堆遺址出土的大型傳龍衣青銅立人，應該就是一個左衽的造型。

圖 3：三星堆青銅立人（左衽）

圖 4：殷墟出土的商代玉人（右衽）

三星堆文明大致相當於商代晚期。而在河南安陽侯家莊西北崗商墓出土的商代貴族石雕殘

〔1〕 吕思勉《中國民族史》，上海：東方出版中心，1987 年 11 月第 1 版，第 208 頁。

〔2〕（魏）王弼、（晉）韓康伯注，（唐）孔穎達疏《周易正義》，《十三經注疏》本，北京：中華書局，1980 年 9 月第 1 版，上册，第 72 頁。

〔3〕（漢）班固《漢書》，北京：中華書局，1962 年 6 月第 1 版，第 10 册，第 3125 頁。

〔4〕（漢）孔安國傳，（唐）孔穎達疏《尚書注疏》，《十三經注疏》本，北京：中華書局，1980 年 9 月第 1 版，上册，第 245 頁。

〔5〕（宋）洪興祖撰《楚辭補注》，北京：中華書局，1983 年 3 月第 1 版，第 261 頁。

像以及河南安陽殷墟出土的商代頭戴高巾帽的玉人卻都是右衽造型。商人的右衽可能與其“尚右”的習俗有關。可以考見，殷商時期左衽習俗在巴蜀地區很早就出現了，並且在巴蜀地區流傳下來，所以《華陽國志》會引楊雄《蜀本紀》云“蜀椎髻左衽”〔1〕。

圖 5：四川成都出土東漢宴舞畫像磚，上面人物皆為左衽

圖 6：曾侯乙墓銅人（右衽）

到了周王朝，左衽的風俗依舊存在，並且出現在諸夏。山西侯馬出土的東周戴牛角冠的人物陶范和戴平頂冠的人物陶范，都是左衽的裝扮。這至少能夠證明在晉國一代出現了左衽的裝扮。而湖北隨縣曾侯乙墓出土的編鐘虡中層的銅人，卻是左前襟掩向右的造型，可以證明《楚辭》中的右衽確曾出現在荊楚大地。

圖 7：曾侯乙墓出土侍衛服飾（右衽）

圖 8：中山王墓玉人（右衽）

〔1〕（晉）常璩撰，任乃强校注《華陽國志校補圖注》，上海：上海古籍出版社，1987 年 10 月，第 1 版，第 727 頁。

另外河北平山三汲戰國中山王墓出土的玉人亦是右衽造型，但其服飾卻是古代鮮虞族的服飾。這些文物大多是春秋戰國時期的，離孔子時代不會太遥遠。如果認為孔子以左衽代表夷狄，這就必然不太嚴謹了。

那麼先秦儒家文獻中的左衽和右衽又是什麼狀況呢？先不論《尚書》，現在可以考見的左衽應該在儒家的喪禮中。儒家所謂的深衣確是右衽的。深衣是儒家平時所著的衣服，應該相當於便裝。

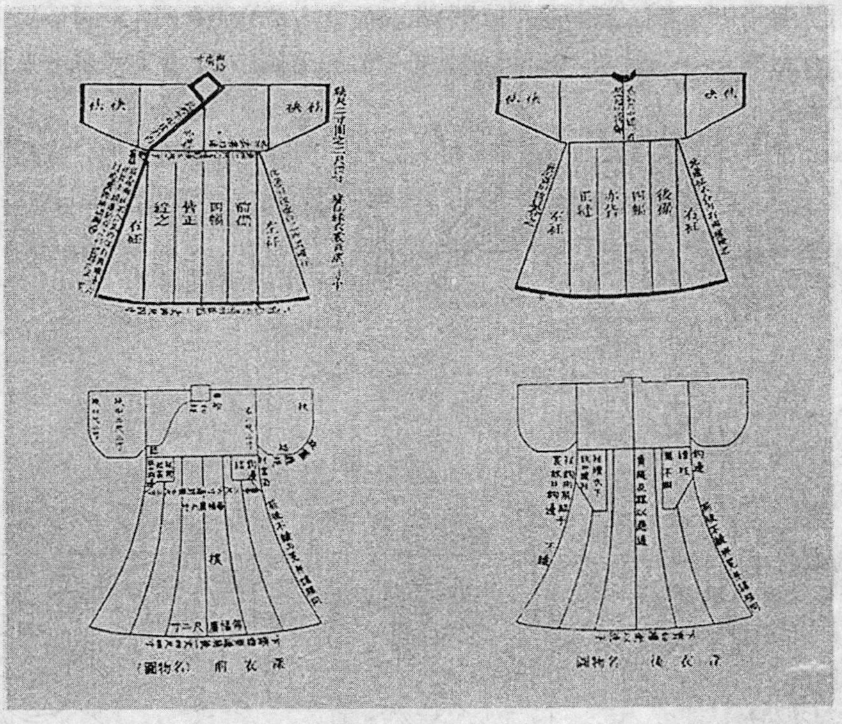

圖 9：深衣

而《禮記·喪大記》：“小斂、大斂祭服不倒、皆左衽，結絞不紐。”鄭注：“左衽，衽向左，反生時也。”孔疏曰：“衽，衣襟也，生向右，左手解抽帶便也，死則襟向左示不復解也。”[1] 周秦儒家要求唯有死人才能左衽，以寄託其反生的願望；而活著的人是斷不能左衽的。這一觀點延續了很久，直到清代的禮制依舊是這樣規定的。至於《尚書》，首先《畢命》很有可能是晚出的僞書，今文學家通常置之不論；那麼其中的“四夷左衽”則有可能是後人根據對孔夫子的話所寫出來的。

比較出土文物和儒家典籍，我們可以下一個判斷：周秦的儒家認為生人左衽是不合禮儀的，而儒家之外的人可以在自己的習慣上左衽或者右衽。如此，我們可以認為孔子所説的“披髮左衽”應該是禮制、倫理徹底顛覆的狀態，而不是膚淺的從諸夏變成夷狄。這正是本文開篇就提到的“質”，它的改變決定了一個民族是走向開化文明，還是退回野蠻。

[1]（漢）鄭玄注，（唐）孔穎達正義《禮記正義》，《十三經注疏》本，北京：中華書局，1980 年 9 月第 1 版，下册，第 1580 頁。

三、少數民族的左、右衽

除了一些記載禮制的典籍中所出現有關喪禮的左衽，史籍中的左衽一般還是用來描述少數民族的服飾。南北朝史料中猗盧、芮芮虜等族皆有左衽風俗的記載。《遼史》中的記載最詳細："田獵服：皇帝幅金擐甲戎裝，以貂尾或鵝項鴨頭為扞腰，番漢諸司使以上並戎裝，衣皆左衽，黑綠色。"〔1〕在遼代，契丹貴族一般還是要穿左衽衣服的，而契丹底層人民和漢族人是可以穿右衽衣服的。中國歷來民族衆多，然而有關左衽習俗的記載卻相對較少。這自然跟我國史書長期以來不重視社會生活的記載有關，更有可能的是很多少數民族並非以左衽為俗。

考古顯示北方的少數民族不僅左衽，亦有右衽。同樣是北朝的造像，就既有左衽又有右衽。

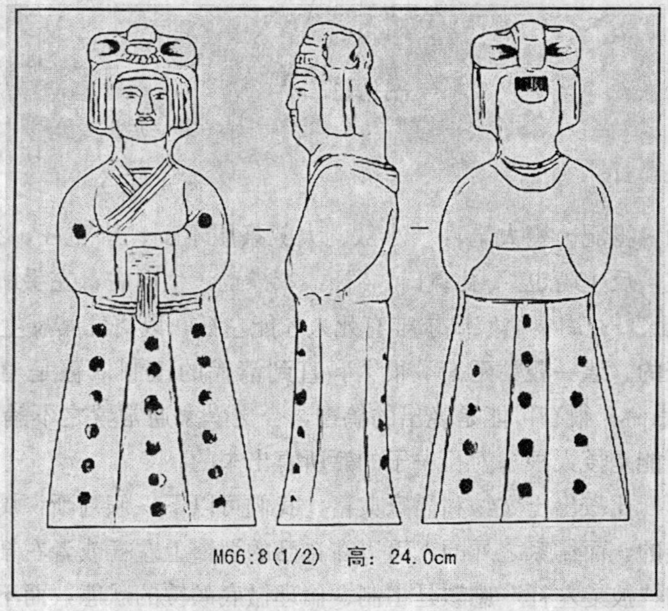

圖 10：邯鄲磁縣北朝元祜墓陶俑（左衽）　圖 11：西安附近出土的前後趙時期的陶俑（右衽）

而河南焦作西馮封村金墓前室出土的陶俑有很多都是左衽的造型，安西榆林窟壁畫上的西夏貴族供養人卻身著右衽長袍。元世祖忽必烈像亦是穿著右衽袍，而且臺北故宮博物院所

〔1〕（元）脱脱《遼史》，北京：中華書局，1974 年 10 月第 1 版，第 2 册，第 907 頁。

藏《元世祖出獵圖》上的人物也多是身著右衽服裝。

圖 11：忽必烈（右衽）

現在傳世的元代文物中人物的造像一般都是男子右衽、女子左衽，可見在元代右衽應該是一種很普遍的現象。

從史料和文物的考察中，我們不難發現中國歷史上北方少數民族往往是左衽和右衽並存的，只是在某段時期或某個地方左衽比較流行或是右衽比較流行罷了。因此亦可以證明左衽右衽並不是漢族和其他民族的分別標準。有人認為北方民族由於遊牧騎射的關係才會左衽，這樣可以避免右衽給右手帶來的束縛。其實不然，關於左衽的記載不僅在有關北方民族的史料中，在南方民族的記載中亦有出現。比如柳宗元說過“風俗瀟湘，參百越之俗”、〔1〕“左衽居椎髻之半”〔2〕等等。這些史料除了可以證明所謂的南夷和北方民族一樣左衽右衽並行，還可以說明左衽的設計並非是僅僅由於遊牧騎射，更可能是一種沿承的習慣。

另外歷史長河中的民族融合，也逐漸消融了民族服裝之間的差異。比如趙武靈王的胡服騎射、北魏孝文帝的改革等等皆如是。

四、結語

子曰：“夷狄之有君，不如諸夏之亡也。”〔3〕《論語》中的這句話最能體現孔子的民族觀，然而歷來解釋紛紜不一。楊樹達先生認為“有君謂有賢君也，邲之戰，楚莊王動合乎

〔1〕（唐）柳宗元《謝李吉甫相公示手札啟》，《柳河東全集》，北京：中國書店，1991年8月第1版，第377頁。

〔2〕（唐）柳宗元《代韋永州謝上表》，《柳河東全集》，北京：中國書店，1991年8月第1版，第407頁。

〔3〕楊樹達《論語疏證》，上海：上海古籍出版社，2006年12月第1版，第64頁。

禮，晉變而為夷狄，楚變而為君子。鷄父之戰，中國為新夷狄，而吴少進。柏莒之戰，吴王闔閭憂中國而攘夷狄。黄池之會，吴王夫差藉成周以尊天王。楚與吴，皆春秋向所目為夷狄者也。孔子生當昭、定、哀之世，楚莊之事，所聞也。闔閭夫差之事，所親見也。安得不有夷狄有君諸夏無君之歎哉！春秋之義，夷狄進於中國，則中國之。中國而為夷狄，則夷狄之。蓋孔子於夷夏之界，不以血統種族及地理與其他條件為準，而以行為為準。”〔1〕故孔子的意思是，如果倫理禮樂崩壞，即便有君的諸夏亦是退為夷狄；如果夷狄能夠明倫理修禮樂，那麽就算是無君，亦可進為諸夏。因此夷狄和諸夏的區别不是單靠地理和服飾裝扮來區别的，更是要靠禮樂和倫理道德來區别的。是故雖然春秋以攘夷為大義，但是如果其行事進於中國則進之，而中國行乎夷狄則亦夷狄之。可見孔子的夷狄觀不是絶對的，而是相對的。所以左衽和右衽並不是漢族與其他民族的服飾明顯差異，更不能被視為民族之間的差異。“披髮左衽”實際是形容一種倫理顛覆禮樂崩壞的文化狀態。

錢寅（1986－），**男，天津市人。四川大學文學與新聞學院古典文獻學專業** 2010 **級碩士**

" Left Ren"（左衽）and the National Viewpoint of Confucius

QIAN Yin

（College of Literature and Journalism，Sichuan University，Chengdu，Sichuan 610064）

Abstract：" Left ren"（左衽）and " Right ren" （左衽）are the different customs of Huaxia and other nationals in Chinese ancient times，but they can not be the rule of differentiate nationals. From the national situation of the Pre－Qin Period，through the ancient literature and archaeological data analysis，author think that Confucius didn′t call national minorities by " lfte ren"（左衽）. He wanted to express a situation that Li and Yue were been destroyed. So the national viewpoint of Confucius is an national viewpoint of attention to the essence.

Key words：Left ren（左衽）；National；custom；Confucianism；clothing

〔1〕楊樹達《論語疏證》，上海：上海古籍出版社，2006 年 12 月第 1 版，第 67 頁。

趙孟頫書《圓覺經》考論

左　　鵬

（四川大學 文學與新聞學院，四川省 成都市 610064）

提要：趙孟頫研究中一直對其晚年書寫《圓覺經》的情況不甚明確。本文通過對文獻記載和現存文物的綜合辨析，指出趙孟頫至少四次書寫過《圓覺經》。其目的既是為超薦逝去的管道昇，也是應中峰和尚的請求，將手跡刻板印刷。該經真跡與刻本在元明時很受稱道，流傳較廣。而現存完好的元刻本，書法精美，可視為趙孟頫晚年代表作，具有較高的研究價值。

關鍵詞：趙孟頫　《圓覺經》　元刻本　中峰明本　小楷

抄寫佛教經典是趙孟頫書法創作的重要組成部分。在晚年，趙孟頫曾數次書寫過《圓覺經》。其時，趙書已臻純熟精妙之境，故《圓覺經》當是研究其晚年書法的重要材料。但遺憾的是，其真跡已難覓蹤影，今所見者，唯元至正十三年（1353）據真跡刻板印本，藏故宮博物院。李國强曾有《趙書元版〈圓覺經〉刊刻經過》一文對該印本作簡要介紹[1]。各種書法史、書畫目録、趙孟頫研究專著只偶爾提及，對《圓覺經》詳細情況均不甚明確，如徐邦達《歷代流傳書畫作品編年表》只據《秘殿珠林》於延祐七年（1320）下繫趙書《圓覺經》兩卷[2]。本文意在考察趙孟頫書寫《圓覺經》的具體時間，並對相關問題作一探討，以期對趙孟頫研究及創作繫年有所裨補。

一

趙孟頫書寫《圓覺經》，今可考者共有四次。

1、延祐六年（1319）七月廿三日前後

趙孟頫致中峰和尚信札“還山帖”云：

> 《圓覺經》尚有三章未畢，一得斷手，便當寄上。[3]

款末署“廿三日”。單國强《趙孟頫信札繫年初編》過録此帖時於署款誤增入“七月”二字，遂徑將此帖繫於延祐六年（1319）七月廿三日[4]。按，帖中言“先妻願心”云云，而未言及安厝之事。管道昇以延祐六年五月十日卒於臨清舟中，九月四日始得安厝，則此

〔1〕 李國强《趙書元版〈圓覺經〉刊刻經過》，載《文物》1992 年第 4 期，第 82—第 83 頁。

〔2〕 徐邦達《歷代流傳書畫作品編年表》，上海：上海人民美術出版社，1963 年，第 15 頁，第 248 頁。

〔3〕 原帖收入《趙孟頫致中峰和尚十一札册》，今藏臺北故宮博物院。

〔4〕 單國强《趙孟頫信札繫年初編》，載《故宮博物院院刊》1995 年第 2 期，第 13 頁，第 23 頁。

札當書於這期間。又帖中云“秋暑不欲久滯”，稱“秋暑”者，一般在七、八月。若是八月廿三日，則書於署款為“八月廿二日”的“丹藥帖”第二日。然“丹藥帖”言請求中峰為管氏起靈掩土事，與“還山帖”敘登山之願不相銜接，八月之設不能成立。是知“還山帖”當書於時值秋暑中的延祐六年七月廿三日，趙孟頫此時書《圓覺》已過大半。單文雖繫年正確，但録文有誤，理據不足。

這是趙孟頫第一次書寫《圓覺經》的情況，起筆於延祐六年七月二十三日前，二十三日後不久即當寫就，其時管道昇逝世兩月餘，趙孟頫六十六歲。但此次所寫未見流傳。

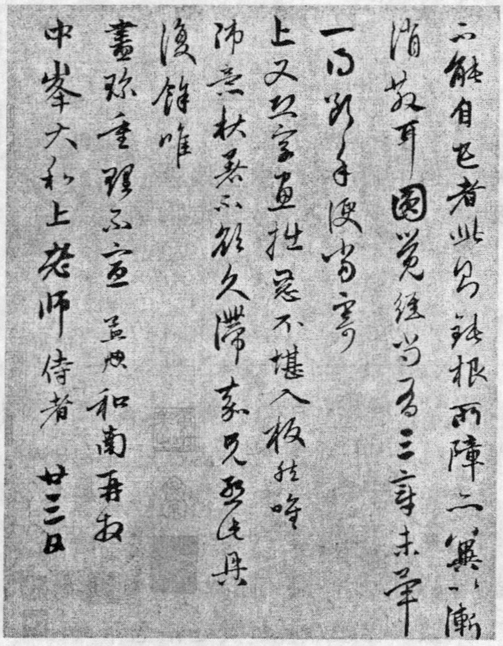

圖一　趙孟頫“還山帖”臺北故宫博物院藏

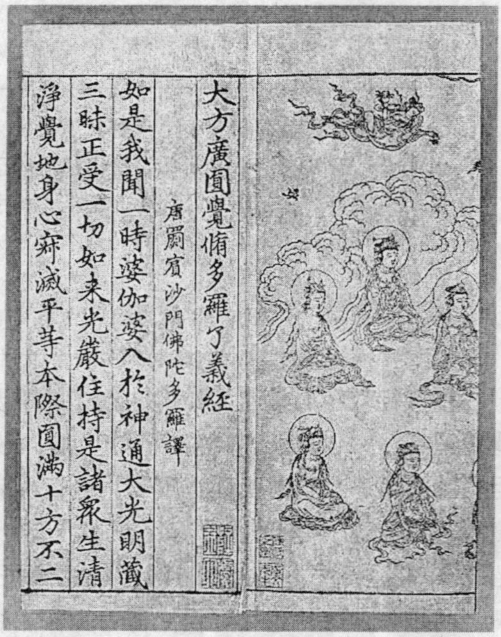

圖二　元刻本趙孟頫書《圓覺經》故宫博物院藏

2. 延祐七年（1320）正月廿四日

趙孟頫致中峰明本“兩書帖”末尾云：

《圓覺》俟再寫納，並乞清照。[1]。

款識未署日月。考帖中稱管道昇“先棄而去”，“今既將半載，痛猶未定”，則此帖當書於道昇辭世近半年的延祐六年十一月初左右。此時趙孟頫告知中峰和尚，將再次書寫《圓覺經》送上。

乾隆九年（1744）修《秘殿珠林》，將清宫內府所藏書畫關於佛道者編録彙集。卷六“名人書”中收有《元趙孟頫書圓覺經》一卷，列上等，宇三號（下稱“宇三本”）。宋箋本，楷書。題款為：

三寶弟子趙孟頫謹手書《大方廣圓覺修多羅了義經》一部，奉本師中峰大和尚尊者披閱，所願聞此經者、見此經者、誦此經者、持此經者，悉圓三觀，頓除二障，不墮邪見，得清淨覺出，生殊勝功德。奉為妻魏國夫人管氏道昇懺除業障，早證菩提，

〔1〕 原帖收入《趙孟頫致中峰和尚十一札册》，今藏臺北故宫博物院。

與法界有情，同成圓覺。延祐柒年正月廿四日，三寶弟子、翰林學士承旨、榮禄大夫、知制誥兼修國史吴興趙孟頫志。[1]

自“兩書帖”至此本期間未見書寫他本的材料，則宇三本很有可能就是“兩書帖”中答應中峰而再次書寫《圓覺經》的作品。

此本曾經多人鑑藏。全卷共鈐鑑藏印凡六十方，其中如“快雪堂圖書記”，此是明馮夢禎印。夢禎字開之，號真實居士，萬曆五年（1577）進士，累遷國子監祭酒，著有《快雪堂集》。馮氏是晚明著名的書畫鑑藏家，他除見過此《圓覺經》外，還曾鑑賞過趙孟頫《中峰懷淨土詩》、《二羊卷》等[2]。“石麒私印”、“徐子寶摩”，此為明徐石麒印。石麒初名文治，字寶摩，號虞求，天啟二年（1622）進士，官至吏部尚書，著有《可經堂集》等，《明史》卷二七五有傳。“畫水草堂圖書記”，此為明徐爾穀印。爾穀字似之，石麒之子，有《畫水草堂詩稿》。則此卷曾經明末徐氏父子之眼。又有“孫承澤印”，孫承澤字耳伯，號北海、退谷，崇禎四年（1631）進士。考孫氏《庚子銷夏記》，卷二“趙子昂書陶詩小楷”條敘及孟頫《秋林散步圖》時謂：

惟所書《圓覺經》數萬字，後題“奉為妻魏國夫人管氏道昇懺除業障，早證菩提，與法界有情，同成圓覺”。字法精工，可與畫上小楷敵。然數萬字長卷尤希世珍也。[3]

可知孫承澤所見真跡即是此本。《庚子銷夏記》成書於清順治十七年（1660），則孫氏鑑賞此卷當在是年以前。合以徐爾穀等人印鑑，亦可知此卷《圓覺經》在清初順治時尚未封藏秘府。

可惜此本今亦不傳。而《秘殿珠林》列為“上等”者均是“的係真跡而筆墨至佳者”[4]，再加上衆人的鑑賞和孫承澤的贊歎，我們只能據此想見此卷法書的風采了。

3、延祐七年（1320）正月廿七日

《秘殿珠林》卷一四“名人書刻本”收《元趙孟頫書圓覺經》一套一册，列為上等，天二號。此本即藏於故宫博物院的“趙書元版《圓覺經》”（圖二，下稱“元刻本”）[5]。落款時間題“延祐柒年正月廿七日”，結銜後無“吴興”二字，款識其他文字與宇三本全同。該元刻本為經折裝，版框高24．6厘米，寬10．2厘米，共160開，每開5行，行17字。據經後題跋，元至正十二年（1352）十月，海雲寺大延和尚集資，將趙孟頫《圓覺經》真跡摹刻上版。至正十三年（1353）三月，信士顧德懋等人捐資印造一百部，此刻本始得散施流通。

《秘殿珠林》卷三“名人書”又收有《元趙孟頫書圓覺經》二册，列次等，元二號（下稱“元二本”）。素箋本，行書。“經前有白描佛像，上册計八十三幅，下册計八十九

---

〔1〕《秘殿珠林》卷六，影印文淵閣《四庫全書》本，臺北：臺灣商務印書館，1983年，第823册，第557頁上。

〔2〕參見（明）馮夢禎《快雪堂日記》，南京：鳳凰出版社，2010年，第41頁，第50頁，第131頁。

〔3〕（清）孫承澤《庚子銷夏記》卷二，影印文淵閣《四庫全書》本，第826册，第16頁下。

〔4〕《秘殿珠林》凡例，第444頁上。

〔5〕此本裝潢、版面、印鑑等具體特徵可參看李國强《趙書元版〈圓覺經〉刊刻經過》一文。

幅”[1]。款識與元刻本全同。今已不傳。

比較元刻本與元二本，發現：第一，兩本署款為同日，趙孟頫似不會在一日之中將長達萬字的《圓覺經》書寫兩遍。第二，元刻本為小楷，元二本為行書。第三，《秘殿珠林》列“次等”者為“雖係真跡而神韻稍遜及筆墨頗佳而未能確辨真贋”[2] 的作品。可見，元二本是否為趙孟頫真跡，很可懷疑。又根據元二本形制與元刻本相似（同有白描佛像，上下册相加為 172 幅，與元刻本 160 開相近），初步推測可能是元刻本印行後不久，某善書趙體之人模擬印本形式，將經文用趙體小行書書之，再將印本款識題跋照抄於後，分裝二册，以充趙書别本。進入内府後，因模擬逼真，又紙質形制相近，清宫官員亦將信將疑，故而編入《秘殿珠林》次等之中。

關於元刻本的流傳，此册末有“皇明崇禎十五年歲次壬午，陽月初度前五日裝寶法藏，焚香沐手稽首敬識，八十虛載薛益”的題跋，並有薛益印三方。“載”，同“耋”，即八十歲。李國强文卻轉録為“八十虛度薛益”[3]，未加詳察。其實，此《圓覺經》刻本不只經薛益之手，明代王世貞也曾獲觀。《弇州山人續稿》卷一五六《元趙孟頫書圓覺經後》：

> 曾見此跋於吴興木本，蓋書於行書《圓覺》之後，為管夫人營福於中峰禪師，而中峰為梓之，仍手跋法語於後。偶遇張仲玉道其事，仲玉色沮，謂一飛鳧偶得吴興與中峰一札，言送經事，蓋真跡也。[4]

“吴興木本”即是指元刻本。木本題跋書於行書《圓覺》之後云云亦可佐證前述移植跋文的設想。“吴興與中峰一札”當指“還山帖”或“兩書帖”。今所見的元刻本在趙孟頫題跋後確也有幾行中峰明本跋語，字體與其傳世墨跡一致。凡此均與王世貞的描述相吻合。只是，當初元刻本印造了一百部，至明後期即使有所散亡，也難免尚存别本傳世。王世貞所見是否即是故宫所藏的這一部，則很難確證了。

4、延祐七年（1320）三月十六日

《秘殿珠林》卷六又收有《元趙孟頫書圓覺經》一卷，上等，宇二號（下稱“宇二本”）。宋箋本，楷書。款識云：

> 延祐柒年三月十六日，弟子翰林學士承旨、榮禄大夫、知制誥兼修國史趙孟頫志。[5]

此卷拖尾處接有一紙尺牘，為子昂致中峰和尚信札，其中言：“昨作書以《圓覺經》拜納，當已得達。”札尾署“十七日”[6]。《秘殿珠林》在前述宇三本後有修書官員的一段附記，稱宇二本的這個尺牘乃“雙鉤本”[7]。蓋後人在别處見到信札真跡後因其與此宇二本的落款時間正相符合，所以將其雙鉤一份，接裱於經末，方便後人考索。可惜此卷今亦

---

〔1〕《秘殿珠林》卷三，第 518 頁下。
〔2〕《秘殿珠林》凡例，第 444 頁上。
〔3〕李國强《趙書元版〈圓覺經〉刊刻經過》，第 83 頁。
〔4〕（明）王世貞《弇州山人續稿》，臺北：文海出版社，1970 年，第 7164 頁。
〔5〕《秘殿珠林》卷六，第 556 頁上。
〔6〕《秘殿珠林》卷六，第 556 頁上。
〔7〕《秘殿珠林》卷六，第 558 頁上。

下落不明，無緣得見。

此卷末又有一段明王穉登題跋，其中贊歎此卷道：

今觀梁溪吴諫議長君所藏《圓覺略疏》，結體純熟，波晝秀發，多逾《洞玉》十七，《道德》十九，紙墨焕然，完美無匹，乃知朝采夜光，固無盡藏，惟登之捲握可誇敵國耳。後讀魏公尺一，蓋書遺中峰大師者。精誠所積，形之筆端，宜其頓入三昧乎。〔1〕

王穉登將此卷《圓覺經》與趙書《洞玉經》、《道德經》相比較，認為《圓覺經》可視為趙孟頫小楷"完美無匹"者。所謂"魏公尺"，可能也是指"還山帖"或"兩書帖"。但王氏此處有一失誤，即將此經稱為《圓覺略疏》。《圓覺經》全稱《大方廣圓覺修多羅了義經》，唐佛陀多羅譯。而《圓覺略疏》乃是《大方廣圓覺修多羅了義經略疏》的省稱，是唐後期禪宗大師宗密為《圓覺經》所作的注解。《略疏》的篇幅多於經文數倍，是此宋箋本的尺寸所容納不下的。況且抄寫講經注疏的功德價值遠比不上抄寫原經，趙孟頫恐不會花大力氣去抄《圓覺略疏》。故王穉登所稱《略疏》當為他誤記。

經前有"介谿"、"鈐山堂圖書印"兩印，又王世貞《弇州山人續稿》卷一五六《元趙孟頫小楷圓覺了義經》謂：

趙文敏為中鋒和尚書之，以資管夫人冥福……此卷舊屬於鈐山氏，今落梁谿吴子，可謂得所。〔2〕

"介谿"、"鈐山"皆是明代權臣嚴嵩之號。"梁谿吴子"即王穉登跋中之吴長君，惜事跡暫無可考。諸人所記及印鑑若合符契，是知此卷曾經嚴嵩之手，後歸吴長君，王世貞、王穉登先後獲觀。如此，趙孟頫《圓覺經》刻本及手跡王世貞均得寓目，可謂眼福。

以上就今可知見的趙書《圓覺經》作了考述，可見趙孟頫在延祐六年七月至七年三月的大半年中，至少四度書寫過《圓覺經》。但在此期間及至逝世的最後幾年中，趙孟頫是否還曾書寫，也是大有可能的。一則因為時間充裕，延祐六年後趙孟頫便一直在家閒居。二則主要是由於趙氏書寫小楷輕鬆而迅速。元陶宗儀《南村輟耕録》卷一五"日書三萬字"條："客曰：'聞趙學士言，一日可寫萬字。'"〔3〕明田汝成《西湖遊覽志餘》卷一八亦有同樣記載〔4〕，恐是襲《輟耕録》而來。可見在元時，趙孟頫日能書萬字即已在士夫中廣泛流傳。我們在趙氏的信札中也能找到旁證，其致德輔教諭"近來吴門帖"中説：

昨令弟求書《老子》，今已書畢，帶在此，可疾忙報令弟來取。〔5〕

《老子》五千餘言，一日便可書之。《圓覺經》約為 11800 字〔6〕，以此速度書寫一過最多也只需一兩日。小楷最考書家功力，普通書家連寫數千字便會神疲筆倦。趙孟頫精於小楷，速度快而法度嚴，這正是他在書法史上的成就之一。所以，並不排除趙孟頫在人生的

〔1〕《秘殿珠林》卷六，第 556 頁上。
〔2〕（明）王世貞《弇州山人續稿》，第 7163 頁。
〔3〕（元）陶宗儀《南村輟耕録》，北京：中華書局，1959 年，第 185 頁。
〔4〕（明）田汝成《西湖遊覽志餘》，上海古籍出版社，1980 年，第 339 頁。
〔5〕原帖收入《趙孟頫集册》，今藏故宫博物院。
〔6〕筆者據《大正藏》本統計。《圓覺經》見《大正藏》第 17 卷，第 913 至 922 頁。

最後幾年裏還寫有其他的《圓覺經》。

二

趙孟頫書寫《圓覺經》，其動因主要有兩個層面。

一般首先注意到是為逝去的管道昇祈福。趙管二人一生篤信佛法，並以抄經為務。明顧起元謂："松雪居士平生善以筆硯作佛事，所書經當不下數十百本。"[1] 管道昇亦好抄經，以為修行，趙孟頫為之所撰墓志銘中即說："心信佛法，手書《金剛經》至數十卷，以施名山名僧。"[2] 而在至大四年（1311），長子趙由亮早卒，皇慶二年（1313）幼女亦卒，趙孟頫均曾於悲痛中抄寫《金剛經》，並請中峰為之超度。這是他作為一個佛教徒在寄託人生悲痛時所能作的努力。他自己在《圓覺經》的題識中説明是"奉為妻魏國夫人管氏道昇懺除業障，早證菩提"，故而以往的評論者多注意到這點，如前引孫承澤、王世貞之語，重在其"以資管夫人冥福"。再如元末明初釋妙聲的《東皋録》卷下《跋中峰和尚帖》中亦稱："近世趙文敏公子昂，亦書《般若》、《圓覺》薦其室魏國夫人及子由亮。"[3] 所側重的都是這一明顯的動因。

而與之相輔的，趙孟頫數次書寫這部大乘經典實還有一潛在的因素，即應中峰和尚之囑，書寫後刻板印行。中峰明本是元代臨濟宗高僧，仁宗時賜號"佛慈圓照廣慧禪師"，世譽為江南古佛，有《中峰和尚廣録》行世。趙、管中年後與之交往甚篤，尊為師者，叩問佛法。大德五年（1301）趙孟頫曾書寫中峰《懷淨土詩》一百八首。《松雪齋文集》中還有一篇《中峰和尚真贊》，充滿對中峰的頌揚。在日常的交往中，二人時時互贈茶葉、藥品，題跋書畫，這些都可見出他們關係的密切。而往還之中所留下的尺牘則為我們提供了重要的信息。子昂"還山帖"言《圓覺》尚未寫畢後又說：

> 又恐字畫拙惡，不堪入板，然唯師意。[4]（圖一）

"入板"是指根據手跡摹勒雕版，"唯師意"便是"聽從師父意見"，表明這是中峰的囑托。前引王世貞《弇州山人續稿》提到"中峰為梓之，仍手跋法語於後"，"梓之"也是指刊刻。元僧智及《愚庵智及禪師語録》卷一〇"趙魏公書楞嚴長偈"題跋亦載：

> 公非獨書是偈，至若《金剛》、《般若》、《圓覺》諸大乘經，皆勵精書寫，鋟梓流佈。[5]

"鋟梓"即謂刻板印刷。抄寫佛經，是佛教徒常規的修行方式，其目的不僅在於淨化自己的心地，還在於向他人弘佈法音。如果能將佛經印刷散施，化身千百，以使更多的衆生修習，則將是一種更大的功德。而弘揚《圓覺經》的功德較一般修行遠為無量，經中說：

> 善男子，假使有人純以七寶積滿三千大千世界以用佈施，不如有人聞此經名及一句

---

〔1〕《佩文齋書畫譜》卷七九引顧起元《懶真草堂集》。影印文淵閣《四庫全書》本，第822册，第420頁下。

〔2〕（元）趙孟頫《松雪齋集》外集，《四部叢刊》初編本，上海：上海書店，1989年。

〔3〕（明）釋妙聲《東皋録》卷下，影印文淵閣《四庫全書》本，第1227册，第636頁上。

〔4〕原帖收入《趙孟頫致中峰和尚十一札册》，今藏臺北故宫博物院。

〔5〕（元）智及《愚庵智及禪師語録》卷一〇，《卍新纂續藏經》本，第71册，第698頁上。

義。善男子，假使有人教百千恒河沙衆生得阿羅漢果，不如有人宣説此經分別半偈。〔1〕這是因為《圓覺經》的本義就是要使修習之人達到圓滿覺性的境地，獲得圓滿才是修行之人的最終目標。趙孟頫恐正是從這點考慮而選擇為管氏抄寫《圓覺經》，如他款識所説，希望“同成圓覺”。因此，中峰的“意見”便是將手跡印刷，以廣流佈，發揮更大的作用。這樣，抄寫《圓覺經》必須更加慎重。而以“字畫拙惡”之語推之，可能趙孟頫就是為追求效果，總感不甚滿意，或有瑕疵，才不避勞煩地多次書寫，以利刻板。

由此，《圓覺經》的書寫情形應是：管道昇病卒後，趙孟頫傷悼痛切，發願為之抄寫《圓覺經》以資冥福、證成圓覺。中峰聞後，建議其善加書寫，可選擇其中一本刻板印刷，使佛經廣為流傳，以便增進功德修為，營造福田。所以在大半年内，趙孟頫虔誠地將此經書寫數遍，並最終選定延祐七年（1320）正月廿七日所書的一本，交中峰刊印。兩年後，經未印而子昂亦魂歸道山。直至至正十三年（1353），《圓覺經》終於梓行，這便是我們在故宫所能見到的元刻本了。

三

細察元刻本，頗可發現它在趙氏晚年書法中有一些獨特之處。與趙孟頫書於延祐三年（1316）的《道德經》、《膽巴碑》相比，元刻本《圓覺經》雖只相隔四年，但它們之間卻多有同異。我們試舉三帖中“滅”、“衆”、“是”三字為例（圖三、圖四、圖五）。“滅”字代表了諸帖相承續之處，它們點畫結構幾乎全同，中部“火”的向背及戈鈎的挑出等細微處都非常一致。“衆”、“是”二字則表現了趙孟頫前後創作的變化。《道德》、《膽巴》中“衆”的末筆均採用長點反捺的寫法，整個字顯得含蓄内藴。《圓覺》保持外形基本不變，而將末筆改為一捺，頓時變為一種縱展舒放的效果。“是”字在諸帖中更是各具特色。結體上，“日”部《圓覺》、《膽巴》取縱勢，《道德》取横勢。下部《圓覺》、《膽巴》採用完整寫法，《道德》則取簡式，以兩點直接帶出末筆的平捺。而在最後的撇捺兩筆，《圓覺》較《膽巴》更顯舒展挺拔，方正合理，使字形有一種矯健之力，避免了《膽巴》下半部的局促之感。筆法上，《圓覺》同《膽巴》較為匀淨，不似《道德》有明顯的提按。如“日”部横折轉筆處，《圓覺》、《膽巴》均是圓轉用筆，而《道德》則顯見頓筆下壓的過程，輕

圖三《道德經》

〔1〕《大正藏》本，第921頁下。

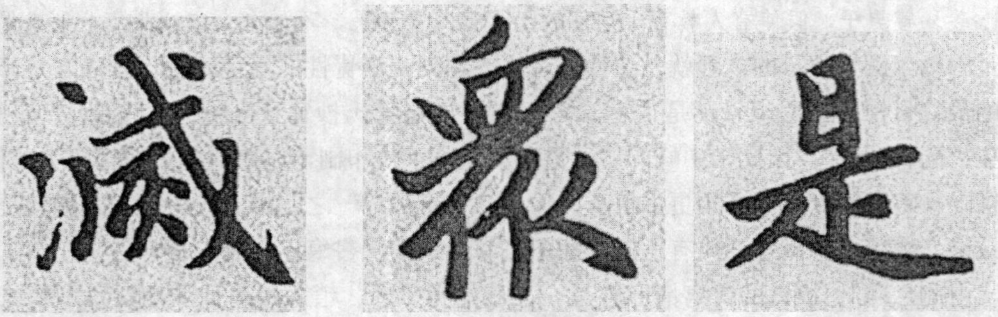

圖四　《膽巴碑》

圖五　元刻本《圓覺經》

重對比較强。總的説來，小楷《圓覺經》通篇章法規整，字形結體謹嚴，具有圓潤温婉、遒麗靈動的情態。與同時期的《道德經》、《膽巴碑》相比，它既有沿襲相因的一面，又有變化豐富的一面，這表明趙孟頫晚年書風的成熟穩固與技法多樣相融合。且元刻本保存完好，刻印精美，筆墨毫髮畢現，觀之如睹真跡，對進一步研究趙孟頫晚年書法很有價值。

綜上考論，《圓覺經》是趙孟頫晚年一項重要的書法創作，該本小楷代表了後期趙書的較高水準。且從各本收藏印鑑、文獻記載可以看出，趙孟頫《圓覺經》在元明文人中很受稱道，流傳也較廣泛。而從妙聲、智及等的記述來看，其在佛教界中亦頗具影響。因此，趙孟頫書寫《圓覺經》的情況及今存的元刻本應納入對其書法研究及創作繫年的視野之中。

左鵬（1987—），男，重慶市人。四川大學文學與新聞學院中國古典文獻學 2009 級碩士研究生

The Textual Research on Zhao Mengfu's Transcription of *YUANJUEJING*

ZUO Peng

(College of Literature and Journalism, Sichuan University, Chengdu, Sichuan 610064)

Abstract: In spite of considerable researches on Zhao Mengfu's calligraphy, his transcription of *YUANJUEJING* held lots of uncertainty. Based on comprehensive analysis of documentary records and cultural relics, in this paper, it is indicated that Zhao had at least transcribed *YUANJUEJING* four times in the later years of his life, in order to pray for the soul of his passed wife, Guan Daosheng. And Zhao's original handwriting was block printed at the request of the Chan abbot Zhongfeng Mingben. The transcripts enjoyed a great deal of appreciation and popularity in the dynasties of Yuan and Ming. Nowadays the well preserved Yuan Dynasty block-printed edition, which is renowned as Zhao's masterpiece in his old age for its exquisite calligraphy, is of high research values.

Key words: Zhao Mengfu; *YUANJUEJING*; Block printing of the Yuan dynasty; Zhongfeng Mingben; Regular script in small characters

孤本《萬曲合選》初考

肖　伊　緋

（成都市 犀浦鎮 今日花園 欣苑 611731）

提要：本文通過對新近發現的《新鐫南北時尚樂府雅調萬曲合選》的考察，對現存《萬家合錦》、《千家合錦》、《萬家錦》等一系列明末清初戲曲選本的整理、比較、辨析，釐清和修正《萬曲合選》版本源流、成書年代、刊本命名等相關問題，並以此為前提，初步考證《望雲記》、《英臺自歎》、《清風亭遇子》等戲曲劇本的著者、本事、聲腔衍變等。通過上述梳理與考證，為明末清初以昆腔為“雅調”的主流戲曲藝術向其他聲腔所謂“俗曲”的流變提供基本佐證。

關鍵詞：《萬曲合選》　《萬家合錦》　《萬家錦》　《千家合錦》　雅調　俗曲

近日，山西某藏家出示一册《萬曲合選》，國内外公立圖書館及私人藏書目録均未見著録，堪稱孤本。現將筆者瞭解到的基本情况，簡述如下：

葉長 22.3 厘米，寬 12.7 厘米；雙魚尾，白口單線，竹紙線裝；半葉 12 行，行 25 字，大小字通行，楷體寫刻；目録框分兩欄，上欄繡像。牌記葉缺損，僅留有“新鐫時尚樂府新聲”字樣；目録葉首行題名《新鐫樂府時曲千家錦》，第一出戲《英臺自歎》的正文葉首行題名《新鐫南北時尚樂府雅調萬曲合選》。

上卷目録

下卷目録頁（一）

下卷目録頁（二）

《英臺自歎》首頁

有關此種孤本《萬曲合選》，謎霧重重。現嘗試探討一二謎團。

一、命名考

關於此書的命名問題，由於牌記缺損，只能參照目録葉首行和正文葉首行題名來作辨析。由於目録葉首行題名為《新鐫樂府時尚千家錦》，很容易讓人聯想到《千家合錦》（以下簡稱《千家》）；正文葉首行題名為《新鐫南北時尚樂府雅調萬曲合選》，則很容易讓人聯想到《萬家合錦》（以下簡稱《萬家》）。

《千家》、《萬家》作為北圖館藏戲曲善本之一，早已為曲學界所熟知。上世紀八十年代，臺灣學生書局出版的《善本戲曲叢刊》曾將《千家》與《萬家》影印，合輯一册。通過比勘，筆者發現，《千家》與《萬家》無論從内容和版式上都與《萬曲合選》不同，在命名上只能依照正文首葉題名，簡稱為《萬曲合選》，方不易引起混淆與誤認。（曲學界有《萬家合錦》全稱即為《新鐫南北時尚樂府雅調萬曲合選》的説法，此書的出現，此種説法不再成立。）

從刊刻版式上看，《萬曲合選》與《千家》、《萬家》無論是在每葉行數、字數、字體上均有顯著區别，且目録葉分兩欄，上欄有版畫，這是《千家》、《萬家》都没有的。從輯選容量上看，《千家》、《萬家》各輯選十出傳奇戲文，而《萬曲合選》共輯選二十八出傳奇戲文，容量上大大超出二者。從輯選内容上看，《萬曲合選》内容更為豐富，並不局限於昆腔傳奇，而是廣涉青陽、弋陽，甚至秦腔、亂彈之祖本戲文皆有收録。

縱觀《萬曲合選》全本，其輯選思路當不同於文人雅集的那種案頭點綴，更重視也更傾向於搜集和整理當時代最為流行於舞臺表演的那部份戲曲。因而正如其題名《新鐫南北時尚樂府雅調萬曲合選》一樣，南北時尚流行的劇碼均大肆搜羅，並不僅僅局限於所謂的“雅調”昆腔一系，青陽腔、弋陽腔、甚至秦腔、皮黄皆有收録。如所輯的《英臺自歎》屬青陽腔、《敬德洗馬》屬秦腔、《楊妃醉酒》屬皮黄等等。從輯選内容整體風格上來看，更重“俗”樂而不重“雅”趣。大量輯選歷史英雄戲，如《雲長訓子》、《夜奔梁山》、《敬德洗馬》、《獨行千里》、《張飛祭馬》、《月下追賢》等，均聲腔雄烈，剛猛震撼。大量輯選風情世態戲，如《玉蓮投江》、《安安思母》、《慧娘鬼辯》、《磨房相會》、《逼妻賣釵》、《安安送米》、《楊妃醉酒》等，皆刻畫世相，令人警醒。所有這些大量輯選的戲文，無論從聲腔譜系，還是内容形式，都近於俗而背於雅，絶非案頭山水、筆下風流的純文人審美觀所能統轄。從這個角度上看，《萬曲合選》存留了大量貨真價實、晚明以來流行於坊間臺上的演出性質的各聲腔體系劇本的寶貴資料，稱之為《萬曲合選》較為妥洽。

二、成書年代考

從目前掌握的資料來看，《千家》和《萬家》無疑與《萬曲合選》有著千絲萬縷的聯繫。《千家》、《萬家》據考，均成書於清乾隆時期，《萬曲合選》是否成書於同一時期，亟待考證。

《千家》與《萬家》的牌記葉左下角均印有“姑蘇王君甫梓行”字樣，而右上角所印為“時尚小曲”；從《萬曲合選》的牌記殘葉來看，僅存有右上角“新編時尚樂府新聲”，卻與《萬家》的目録葉首行題名相一致。《萬曲合選》的目録葉首行題名為《新鐫樂府時尚千家錦》，卻與《千家》的目録首行題名基本相同，僅一字之差（《千家》目録首行題名為《新鐫時尚樂府千家合錦》）。似乎可以據此判定，要麼《萬曲合選》是二者的合編本，要麼二者為《萬曲合選》分拆而成。

可是，《萬曲合選》輯選戲文達二十八出，超過《千家》、《萬家》二十出之總和。是否可以據此認為，二者合編之後續有增補以成書？此説若成立，則需《萬曲合選》輯選内容與《千家》、《萬家》二者内容基本一致。現列舉三書目録如下，備考。

1、《萬曲合選》目録

卷上

英臺自歎　同窗記（原缺，據内文補）

紅娘寄柬　西廂記（原缺，據内文補）

伯皆思鄉　琵琶記（原缺，據内文補）

慧娘鬼辯　紅梅記（原缺，據内文補）

夜奔梁山　寶劍記（原缺，據内文補）

敬德洗馬　金鐧記（原缺，據内文補）

楊妃醉酒　磨塵鑒（原缺，據内文補）

雲長訓子　桃園記

玉蓮投江　荊釵記

負劍西游　金印記

雪擁藍關　升仙記

安安思母　躍鯉記

朝來獻策　紅拂記

卷下

平章游湖　紅梅記
宫花報喜　彩樓記
清風亭遇子　學書記
月下追賢　千金記
三思遇妖　望雲記
三思斬妖　望雲記
逼妻賣釵　金印記
日紅托夢　葵花記
執詩求合　玉簪記
安安送米　躍鯉記
獨行千里　古城記
張飛祭馬　連環記
伯皆賞荷　琵琶記
照捷新詞　玉合記

2.《千家》目録（不分卷）

百花點將　百花記
逼妻賣釵　金印記
敬德洗馬　金鐧記
十朋祭江　荊釵記
林沖上山　寶劍記
齋常鬧會　西廂記
高賞三軍　金貂記
妙常拜月　玉簪記
馮商歎銀　四德記
仗劍渡江　紅拂記

3、《萬家》目録（不分卷）

八仙慶壽　長生記
夫妻祭灶　彩樓記
繡房議親　荊釵記
伯皆思鄉　琵琶記
四喜四愛　紅葉記
敬德牧羊　金貂記
龍生解謎　蕉帕記
聖力降魔　曇花記
古城相會　三國記
朝來獻策　紅拂記

三個目録一對比，契合度不過十分之二三。因此，無論是合編説，還是分拆説，皆無法成立。據説還有一種清初奎壁齋刻本的《新鐫南北時尚樂府雅調萬曲合選》（一名《新鐫樂府時曲萬家錦》），於題名上頗接近，可能與此書出自同一母版，但由於筆者未見原書，未敢輕作即同此書之定論。不過，這倒是把《萬曲合選》的成書年代往前推了一步，即清初期。關於《新鐫樂府時曲萬家錦》，另據《福建省戲曲志》載，稱為明無名氏選，今存明萬曆間莆陽鄭氏圭璧齋刻本；並介紹説該書收《琴線記》、《百花記》、《拜月記》、《王十朋》等折戲 30 出。從其列舉的輯選劇碼來看，均為福建當地盛行的南戲選本，《萬曲合選》中無一相符，當非此書。

關於清初期成書説是否成立，還可以從刊刻字體上得到考證。《千家》與《萬家》均為典型的清代方體字，横細竪粗，形構端方。而《萬曲合選》為明末以來流行的軟體字寫刻，楷形柔媚，形構温軟。所謂清初與明末的時間間隔，其實只有短短二三十年區間，這麽短的時間區隔，對古籍成書年代的研判往往歸於模糊；然而通過對《萬曲合選》輯選内容的研判，清初成書説可以進一步推測為明末清初成書説，似更為妥洽。

《萬曲合選》輯選首出戲文為《英臺自歎》，此出為青陽腔增出戲文，尚見於晚明刊本《時調青昆》。又輯有青陽腔《葵花記・日紅托夢》，此出戲文尚見於明刊本《徽池雅調》及《時調青昆》。又輯有《學書記・清風亭遇子》，《清風亭遇子》雖於清乾隆之後以《認子》、《尋子》之名，以花部亂彈腔廣為傳演，但《學書記》之總名頗罕見，至今未見有全本傳世。描寫同一題材的傳奇，還有明魯懷德《藏珠記》，李宗泰《清風亭》，已佚。明秦鳴雷作有《合釵記》傳奇（已佚），一名《清風亭》，曾在弋陽腔中盛演。這些全本皆佚的明代傳奇原作，在明代皆以弋陽腔搬演，明代戲曲選集《詞林一枝》、《八能奏錦》、《堯天樂》中均收有零折。此外，前述的《望雲記》金懷玉原作之輯選，亦返證出《萬曲合選》成書年代的靠前。因為，以上種種輯選之内容，在明亡清興之後，要麽從流行的各類輯選本中消失，要麽改頭换面、改腔换調，衍作他用。譬如《英臺自歎》，後來發展為黄梅戲單出；《葵花記》後來發展為黄梅戲《葵花井》；《學書記》後來演變為京劇《天雷報》，其中的單出《清風亭認子》尚可窺風貌；《望雲記》則只在《綴白裘續集》中選録為皮黄零出《遇妖》。

綜上觀之，從《萬曲合選》所輯内容來看，其成書時間應為明末清初，已然確證。關於目録葉分雙欄，上欄鐫刻版畫的作法，應該可以追溯到元刊本《全相平話五種》前後。當然，這種作法，明清皆有承襲，尤以晚明及清初盛行。這又為其成書年代增一旁證罷（由於目録葉版框高與正文葉不一致，且目録葉題名與正文葉題名也不一致，不排除兩者刊刻年代不同或後世增刻目録葉之可能性）。

三、《英臺自歎》考

《萬曲合選》輯選的第一出戲文為《英臺自歎》，戲文本事源祝民間盛傳的“梁祝”故事，戲文原本乃《同窗記》。《同窗記》傳奇，又名《雙蝴蝶》，明代傳奇作品，作者不詳。演梁山伯、祝英臺愛情故事，未見傳本。然“梁祝”故事早在宋元時已被搬上戲曲舞臺，流傳廣泛，婦孺盡知。現存《同窗記》的散出分别輯選於胡文煥《群音類選》，收有兩出曲文，一為《山伯送别》，一為《又賽槐陰分别》；《秋夜月》收有《河梁分袂》、《山伯賽槐陰分別》,《英伯相別回家》;《纏頭百練》收有《訪友》;《徽池雅調》中有《英伯相約回家》、《山伯賽槐蔭分別》;《堯天樂》有《河梁分袂》;《摘錦奇音》有《山伯千里期約》;《時調青昆》有《山伯訪友》和《英臺自歎》。此劇在高腔、梆子等地方小戲中傳演甚盛,以越劇影響最大。

可以從這些以青陽腔劇種為主流輯選標準的晚明戲曲選本中看到,《同窗記》在青陽腔劇種中的盛演,使古本南戲《祝英臺記》在浙皖一帶脱胎換骨,重獲新生。從明代嘉靖年間的選本《風月錦囊》輯選《祝英臺記》之古本南戲到以上萬曆前後的各類選本輯選《同窗記》之青陽腔戲文,數十年間,"梁祝"故事風行大江南北,流衍多姿。而《萬曲合選》與《時調青昆》同輯《英臺自歎》,則更與後來勃興的黄梅戲頗有淵源。

據考,黄梅戲的小戲《英臺自歎》,很可能就源於青陽腔《英臺自歎》,只是歌唱方法上有別:青陽腔《英臺自歎》是以一支【泣顏回】曲牌,大量運用"曲中加滚"進行倒叙,從涼亭結拜,經攻書,分别到山伯來訪結束,以表達英臺對山伯的思念。而黄梅戲《英臺自歎》則是採用"十二月"的形式,懷念她和山伯的相戀經過。作為黄梅戲小戲《英臺自歎》的祖本,出自《同窗記》的《英臺自歎》散出,僅僅留存於《萬曲合選》與《時調青昆》之中,比之别的以"梁山伯"為戲劇主角、以"生"為主唱的散出而言,尚顯稀見。

可見,青陽腔的《英臺自歎》可能是個增出,且在其他劇種紛紛以"梁山伯""生"角為主唱的時期裏尚未流行,時間相對較晚。《時調青昆》全名《新選南北樂府時調青昆》,黄儒卿彙選,書林四梓館繡梓。内收《紅梅記》、《斷髮記》、《緑袍記》、《長生記》、《桃花記》等 11 本中的 13 出,青陽腔《英臺自歎》躋身其中,説明其已然流行。而《萬曲合選》將其輯為全書的首出戲文,更見其時青陽腔的《英臺自歎》已頗盛行,這或亦為此書成書於明末清初又拈出一旁證來。

四、《望雲記》考

《萬曲合選》中輯選有《望雲記·遇妖》與《望雲記·斬妖》兩出戲文,考察《望雲記》的出處與來歷,或許對最終釐清《萬曲合選》的真實淵源饒有所助益。關於《望雲記》,有明人金懷玉、程文修兩人的同名作;《望雲記》全本在北圖尚藏有署名為金懷玉、明代文林閣刊刻的《狄梁公反周望雲忠孝記》。《群音類選》選輯有《仁傑廷諍》、《望雲思親》兩出;《樂府菁華》選輯有《仁傑思親》、《申生赴約》(此當為《嬌紅記》戲文,原書誤收)兩出,但缺葉無存。很顯然,無論是尚存的全本,還是兩部選本,《望雲記》的主要内容應該是描寫狄仁傑相關軼事。似乎,程文修的《望雲記》已不復存世,只能存目待訪了。

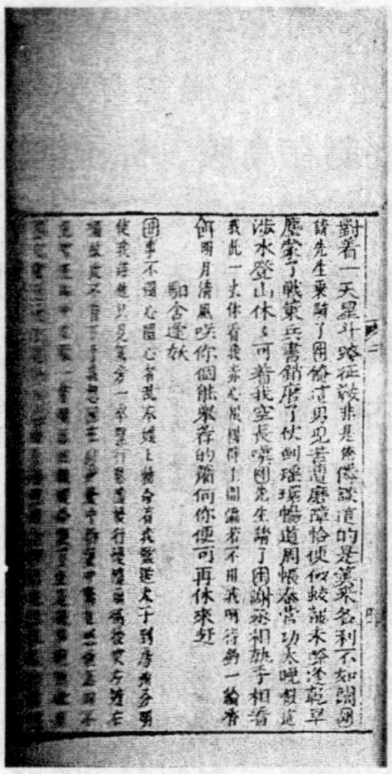

《望雲記·遇妖》

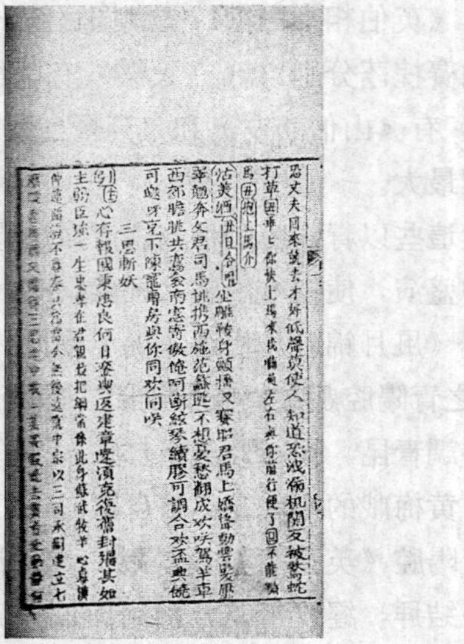

《望夫記·斬妖》

然而，明代曲家吕天成《曲品》中曾提到，程叔子所著傳奇二本，《望雲》載狄梁公事俱核，詞亦斐然。吾越金叟亦有《望雲》一記，詞雖不佳，而中有二張召幸，對博賭裘，懷義爭道，三思遇妖諸事，演之可觀。惜此記未曾博收之耳。

吕氏看到的《望雲記》正是程文修的作品，而這個作品所描述的内容卻與現存署名為“金懷玉”的那部《望雲記》相一致。可根據吕氏的記載，是可以揣測這部署名“金懷玉”的《望雲記》才是程文修的作品，而《群音類選》和《樂府菁華》中所選輯的也正是程氏的作品。那末，真正世無傳本的應是金懷玉所著的《望雲記》。

根據吕氏記載，金懷玉的《望雲記》中有《三思遇妖》的内容，而這本《萬曲合選》所輯《望雲記》正有《三思遇妖》、《三思斬妖》兩出。幾乎可以判定，這兩出輯選的《望雲記》正出自金懷玉所作的那部《望雲記》，也極可能就是金氏此作存世的惟一戲文。從吕氏記載來看，金氏此記描述之筆觸並非聚焦於狄仁傑一人，其筆觸雜散，廣涉武周稱帝以來諸多軼事，如《二張召幸》顯然是指涉張昌宗、張易之入宫作武則天男寵之事；如《懷義爭道》顯然也是指涉薛懷義作《大雲經》為武則天稱帝張目之事；而《三思遇妖》則是指涉武三思為唐中宗派遣的美豔宫女所迷惑之事，這些奇聞怪事或正是吕天成所謂“演之可觀”的原因所在。

返觀現存於北圖的全本《望雲記》，雖署名為“金懷玉”，其内容卻全然不涉吕氏所提及的這些内容。所有三十八出戲文中，均以狄仁傑為主角展開描述，其中《望雲思親》一出與《群音類選》中所輯選内容名目相同。這本《望雲記》與吕氏《曲品》中提到的，“程叔子所著傳奇二本，《望雲》載狄梁公事俱核，詞亦斐然”完全符合，故而現在署名為“金懷玉”的這部《望雲記》和《群音類選》中所選輯的《望雲記》似都應出自程文修之手，而非金懷玉之作。當然，詳勘全本與輯本，那出《望雲思親》的主題内容雖然相同，戲文卻頗不相同，也有研究者認為這正是出自不同的兩本劇本之明證，而我竊以為這或只是所依同一劇本的底本不同之故。衆所周知，一部傳奇劇本，當有稿本、抄本、刊本、演本、改本、輯本等多種底本，因各種原因出現異文是較為常見的現象。

在進一步梳理資料時，又發現明代戲曲選本《怡春錦》中亦輯有《望雲記・遇妖》戲文，與《萬曲合選》本所輯《望雲記・三思遇妖》基本相同；至清代《綴白裘續集》中亦選有此出《遇妖》。而《望雲記・斬妖》戲文，則僅見於《萬曲合選》所輯，可惜的是，此書正好在此出戲文處缺葉無存，此出戲文只保留了前半部份。從尚存的戲文來看，武三思以“丑”角登場，狄仁傑以“生”角登場，大致内容是狄仁傑到武三思府中打探内情，看武氏是否為唐中宗所派遣的妖豔宫女所迷惑。至於後來武三思為什麼要“斬妖”、怎麼斬的，則因缺葉而無從得知。但從“生”“丑”的角色分飾來看，這部《望雲記》的主角仍應當是狄仁傑，只不過金懷玉糅加進去許多“演之可觀”的俚俗之趣味——奇談怪論、香豔風月；否則也不會出現一出專以“丑”角與“小旦”所飾演的調情勾欲的“遇妖”之戲了。

藉《萬曲合選》釐清明代兩部《望雲記》之真實作者與内容，藉《萬曲合選》所輯選内容存留《三思斬妖》孤本戲文，皆是此書的重要文獻價值所在。

五、《清風亭遇子》考

明嘉靖刊本《風月錦囊》總目中曾載有卷四“薛榮《清風亭記》”條，惜卷四缺佚，此記無存。“薛榮”或為著者之名，而此著者名不見於各類曲籍所載。現存最早的關於《清風亭》著者的記載為，明吕天成《曲品》卷下，“新傳奇品”，著録有秦華峰作《清風亭》傳奇一本。《曲品》之謂“新傳奇”，概指明代隆慶、萬曆以來的傳奇作品。

秦華峰（1518—1593）名鳴雷，字子豫，號華峰，浙江臨海人。秦氏於萬曆年間乞休家居，其間著《清風亭》傳奇，又名《合釵記》。祁彪佳《遠山堂曲品・能品》亦曾著録，並評價説“弋優盛演之”，可見《清風亭》還是萬曆年間弋陽腔盛演的劇碼。由於嘉靖刊本《風月錦囊》中“薛榮《清風亭記》”的出現，説明在秦華峰之前，尚有更早的同題材劇作。而這個署名“薛榮”的早期劇本著者，可能是一位逸出以昆腔為主流的曲學家們視野的無名小卒，而之所以“逸出”可能正是因為其所作劇本乃古本南戲，非昆腔傳奇。

事實上，無論是秦華峰的弋陽腔劇本《清風亭》傳奇，還是薛榮的古本南戲《清風亭記》，最終都没有流傳下來。現在能看到的只有根據《清風亭》傳奇主體内容改編而成的京劇《天雷報》，其中的單出《清風亭認子》、《清風亭趕子》等尚能一窺風貌。

《萬曲合選》所輯《清風亭遇子》單出，冠署《學書記》之總名，尚未見於明清兩代任何戲曲選本、全本、曲評著述著録。無論是出自秦華峰《清風亭》傳奇或其改編本，還是出自薛榮《清風亭記》或其改編本，亦或別出一部劇作，皆是難得之文獻，其文獻價值難以估量。

肖伊緋（1975－），男，四川成都人。四川日報特約編輯、陝西師範大學出版社特約作家

A Preliminary Study on *Wan －qu －he －xuan*

XIAO Yi－fei

(Garden today, Chengdu, Sichuan Prov. 611731)

Abstract：This thesis reveals a ancient folk drama *Wan －qu －he －xuan*（萬曲合選）which has never been known in academia before, and compare it with other similar play anthologies such as *Wan－jia－he－ji*（萬家合錦）and *Qian－jia－he－jin*（千家合錦）.

Key words：*Wan －qu －he －xuan*（萬曲合選）；*Wan －jia －he －ji*（萬家合錦）；*Qian－jia－he－jin*（千家合錦）；traditional play；folk drama

《孟姜女》（劇本）*

俞天鵬　劉卜水　任雪蓮　韓磊　俞天喜整理

（1. 四川信息職業技術學院，四川省 廣元市 628000；

2. 四川省廣元市文化局，四川省 廣元市 628000）

按：上世紀二十年代，顧頡剛先生曾廣泛收集各地孟姜女故事，但“四川和貴州方面的材料全没有得到”[1]。筆者數年前發現的敷衍孟姜女故事的四川廣元市“射箭提陽戲”，適可彌補顧先生當年的遺憾[2]。故現將其整理公佈，以供學界進一步研究之用。爲保持原貌，原作中的少量粗俗不雅辭句，亦概行保留。

第一場　進花園

［孟姜女］（唱）青系打成片，兩耳墜金環，行動風擺柳，坐下賽天仙。六月炎天上彩樓，珍珠連環倒掛紫金鈎，水紅花開十様景，對對鴛鴦水上漂。

（獨白）六月天氣好不炎熱，下池塘洗澡無人作伴，叫家中丫鬟出來作伴。

（對丫鬟云）六月天氣好不暑熱，下池塘洗澡，願去不去？（猶豫一下）你先到後花園將矖萎的花苗灌活。

［丫鬟］你去下池塘洗澡，才叫奴家挑水灌花，那是不能夠的。

［孟姜女］怎么不能夠？

［丫鬟］十個八個都不夠！

［孟姜女］你實實不從，當真不肯？

［丫鬟］花灌後還要——手擀麵，脚攢火，兩個奶頭擂饃饃，溝子[3]帶個蒜鉢鉢。

［孟姜女］帶個蒜鉢鉢，怎么講？

［丫鬟］衆味難調和！

［孟姜女］你倒是個全才。

［丫鬟］奴家不才！

［孟姜女］六月天氣暑熱，下池塘洗澡願去不去？

［丫鬟］螃蟹爬牆壁——

* 本劇根據四川廣元射箭提陽戲《新集地戲全册》（民間手鈔本，玄真著，李國才鈔）整理。

〔1〕顧頡剛、鍾敬文等《孟姜女故事論文集》，北京：中國民間文藝出版社，1983年初版，第76頁。

〔2〕俞天鵬《論四川廣元射箭提陽戲〈孟姜女〉的獨創性》，載《中國俗文化研究》第5輯，成都：巴蜀書社，2009年3月，第214－219頁。

〔3〕本地方言，“溝子”指“屁股”。

［孟姜女］怎么講？

［丫鬟］巴能不得！[1]

［孟姜女］前面帶路，隨後就來！

（唱）六月天氣熱又熱，熱得我女挨不得。瞞了爹瞞了娘，一心想要下池塘。不覺得行程來的快，不覺得來到花園門。

（對丫鬟云）將花園門打開！

［丫鬟］掉了！

［孟姜女］什么掉了？

［丫鬟］鑰匙掉了。

［孟姜女］溝子上帶鑰匙所管那一門的！

［丫鬟］前門後門都鎖管不住。地上下撿個棍棍，給姑娘透一下子。

［孟姜女］透啥子的？

［丫鬟］透鎖子的。（開鎖科）偏了……開了！

［孟姜女］（唱）低頭設計進花園，手搬花樹淚漣漣。折一朵花來頭上戴，再折一朵獻菩薩。再折的一朵頭上别，一對鮮花供菩薩。滿園勺藥并牡丹，鳳棲枝頭喜上心。

（對丫鬟云）六月天氣好不暑熱，花苗盡行[2]曬死。將花苗灌活。

［丫鬟］你往那去？

［孟姜女］我去乘涼打坐。

［丫鬟］你去乘涼打坐，才叫奴家挑水灌花，那是不能夠的。

［孟姜女］怎么不能夠？（打丫鬟科）

［丫鬟］挑就是了，何必敲敲打打。

［孟姜女］你不挑，性命難逃。（退場）

［丫鬟］六月天氣好不暑熱，好不恨心的姑娘，她去乘涼打坐，才叫奴家挑水灌花，奴家犟一下，還在腦殼上敲敲打打。哎呀！好不苦殺人也！還是回去取個桶桶將花苗灌一下子。（退場）

第二場　澆花

［丑］紂王無道把香燒，妲妃興起把脚包。一要金蓮包得小，二要人才美妖嬈。隔壁子有個王二嫂，那雙脚兒甚蹊蹺，好比漁船没得尾，二面架起可推橈，一丈布裹脚包不了，花線折了幾十包。

街上婦女生得美，胭脂點一個紅嘴嘴，這（好）［號］婦女陪他睡，不枉在陽世走一回。鄉里婦女好像鬼，腦殼梳個望郎回，晚上鋪裏立棟鎮山牌；這號婦女陪他睡，不如去河邊溜沙堆。

〔1〕本地方言，“巴能不得”意為“求之不得”。“巴”與“爬”諧音；“能”與“塄”諧音，“塄”在當地方言中有“懸崖峭壁”之意，從而照應上文中的“牆壁”。

〔2〕本地方言，“盡行”意為“全部”。

(唱)出門人啊，倫常[1]在外，月兒正高，好不心慌，有誰知道！去時雪花飄，回頭來時楊柳又青梢，桃杏花開後梨花鬧。一想(走)[起]父母又年高，二想起兄弟又同胞，三想起妻子年小無人靠。

(獨白)要回鄉，路遠山高；不回鄉，父母又年高。寫封家書，正愁無人捎帶，幸好親朋走來，捎與爹媽早知道。

(唱)太陽出東，月兒正明，佔花張生捨不得小鶯鶯。太陽落西，月兒正黄，手輓手(而)[兒]想進繡花房。二人同進後花園，解了帶子，又脱衣裳。二人本是天配定，金玉落在姣姣上。

(在外面喊)開門，開門囉。

[丫鬟](在幕後)(唱)八月桂花香，九月菊花黄，好一個張生要跳粉壁牆。

[丑](唱)張生忙跪下，愛個小姑娘，我愛你兩股好眉毛，又愛你赤紅臉，又愛你憫嘴笑。念起我們張生立外鄉，你那裏不開門，我這裏只等東方亮。

[丫鬟](唱)今日把門騎，明日把門騎，騎來騎去，爹娘知道了，小哥哥刀剪死，小女子懸樑弔。

[丑](唱)太陽高照，太陽高照，露珠不見了，早知道露水夫妻，怎肯你懷中抱。

[丫鬟](唱)你説你要來你就來，你説你不來你就不來，把奴家直等到月兒朝西！

[丑](唱)丫鬟姐不必埋怨，起身之時已到三更天，早來又怕人撞見，怕人撞見！

[丫鬟](唱)雙手把門開，雙手把門開，開開門兒情哥哥請進來！你那裏深作揖，小女子禮下拜。

[丑](唱)丫鬟姐不必多言，言歸又正傳，二人同進後花園。

[丫鬟]後花園的花苗盡行曬死，我們將花苗兒灌活，願去不去?

[丑]當然願去！

[丫鬟]來到花園裏——

[丑]來到花園裏，我摘一個大瓜子鮮喝。丫鬟姐姐，教我認個花！

[丫鬟]我教你嗎?好嘛。

正月裏迎春花，二月裏木蘭花，三月裏桃杏花，四月裏老殘花，五月裏梔子花……

[丑]啥子哦！一個女娃子家，咋個説雞雞花……丫鬟姐，我在來得路上見著一件稀奇事，我看見樹上一個拐雀[2]，下面一個婦女在洗衣裳。那個女的在哭："我的夫啊，你在哪裏嘛，你也不回來看我一頭[3]……"這時樹上的拐雀叫著説："我在湖廣——"女的問："你在湖廣做啥子生意買賣，你也不回來看我一頭……"拐雀説："我在湖廣喫糧當兵"。女的又在哭："我的夫哇，你也該回來看我一頭——"拐雀説："那是黑球話。"[4]

[丫鬟]你講的這個也是黑球話！

[丑]丫鬟姐，我們收拾收拾，回頭去做莊稼——

---

[1] 本地方言，"倫常"意為"經常"。
[2] 本地方言，"拐雀"指"鳥"。
[3] 本地方言，"一頭"是"一回"的意思。
[4] 本地方言，"黑球話"意為"混賬話"。

（丫鬟與丑合唱）忙回鄉，忙回鄉，忙忙回鄉兒嘛哎喲喲，做著莊稼麥穗黃，做著莊稼心放下。

第三場　下池塘

［孟姜女］繡房針線無心看，一心想要下池塘。緊走三步蓮花現，慢走三步牡丹開。不覺來到池塘邊，手搬花樹淚漣漣。池裏魚兒成雙對，怎得奴家守空房。獨木橋兒難得過，再將一根配成雙。

（對丫鬟云）丫鬟，快來池塘探探水深淺如何！

［丫鬟］（來池塘探水科）不深不淺，剛好打齊[1]腿灣灣。

［孟姜女］再探！

［丫鬟］（再探水科）不深不淺，打齊腰腰桿，剛好合適。

（孟姜女與丫鬟下池塘洗澡科）

［孟姜女］（唱）脱了上身紅綾襖，又脱下身柳羅裙。脱了上身猶自可，脱了下身羞死人。上身下身都脱光，一步跳在水中央。左一澆來右一澆，姑娘渾身洗得白如硝。左一淋來右一淋，姑娘渾身洗得白如雲。低頭捧水來漱口，照見池塘柳藏人。

［丫鬟］姑娘洗得熱熱鬧鬧，為啥不洗了呢？

［孟姜女］二人洗澡，為何有三個影子？

［丫鬟］你一個我一個，水裏照一個，豈不是三個影子？

［孟姜女］你上去問他是哪裏人氏？為何大路不走，跑到我家柳樹藏身？

［丫鬟］且問過路君子？你是哪裏人氏？為何大路不走，跑到我家柳樹藏身？

［范杞郎］（獨白）來在屋簷下，怎敢不低頭。

（對丫鬟云）丫鬟姐，我本化州化陽縣人氏，姓范名杞郎，秦王脚下喫糧當兵，一十二載苦不過，逃回里州，去看我一雙父母爹娘。白日在柳樹藏身，晚間下樹背月而逃。我這就走。

［孟姜女］（對丫鬟云）拉我一把，幫我穿戴衣服。

［丫鬟］曉得。

［孟姜女］（孟姜女和丫鬟穿衣科）（唱）穿起上身紅綾襖，又穿下身柳羅裙。奴今失羞退回家，低頭設計問媽媽。

（孟姜女和丫鬟到幕後，繼而又出來科）小來身體何人知？大來身體何人知？小來身體娘得知，大來身體丈夫知。媽媽説話有行藏，想是同床共枕人。奴家偷身下池塘，再問樹上柳藏人。你是人來便説話，你是神鬼兩開身。好好下樹來説話，從頭一二説分明。

［范杞郎］不要慌，不要忙，等我下樹説行藏。我是逃災躲難人，誰個看你穿衣裳。扯把楊柳來遮臉，私自逃身轉回鄉。

［孟姜女］丫鬟，此人下樹了？

［丫鬟］下了樹了。

［1］本地方言，"打齊"以為"水淹没到"。

[孟姜女] 你上去問他是哪裏人氏？為何大路不走，跑到我家柳樹藏身？

[丫鬟] 我家姑娘問你是哪裏人氏？為何大路不走，跑到我家柳樹藏身？

[范杞郎] 小生先前已講明白——我本化州化陽縣人氏，姓范名杞郎，秦王脚下喫糧當兵，一十二載苦不過，逃回里州去看我一雙父母爹娘。白日在柳樹藏身，晚間下樹背月而逃。我這就要走的。

[孟姜女] 問他一雙父母高堂尚在？

[丫鬟] 且問過路君子，一雙父母高堂尚在？

[范杞郎] 高堂尚在。

[孟姜女] 問他兄弟幾人？

[丫鬟] 問你兄弟幾人？

[范杞郎] 兄弟三人。

[孟姜女] 問他排行第幾？

[丫鬟] 問你排行第幾？

[范杞郎] 排行就為長子。

[孟姜女] 問他家下有妻無妻？

[丫鬟] 問你家下有妻無妻？

[范杞郎] 有什么？

[丫鬟] 有紅苕、芋子没得？問你家下有妻無妻？

[范杞郎] 小姐管我有妻也罷，無妻也罷，重重叨叨、重重叨叨地問我何來？

[孟姜女] 未在奴家池塘便罷，既在池塘就要問個來根去路。

[范杞郎] 有妻未娶！

[孟姜女] 我的天，就是説没有妻。我看相公相貌斯文，必定是鴻門中秀士，儒門中的子弟。

（對丫鬟云）快回去沏杯茶來。

（對范杞郎白）相公年方十幾？

[范杞郎] 十八歲。

[孟姜女] 奴家十七歲。

[范杞郎] 誰個問你？

[孟姜女] 煩勞相公。

[范杞郎] 何必掛心。

[孟姜女] 相公十八，未曾娶妻。奴家十七歲，未曾出嫁。我勸父母招投門女婿罷了。

[范杞郎] 小姐，不行！

[孟姜女] 實實不從？

[范杞郎] 當真不肯！

[孟姜女]（唱）深深下拜拜相公，相公在上聽原因。我娘生我一女身，對天發願不出門；有人見奴身和體，方才與他結為婚。

[范杞郎]（唱）深深作揖謝孟家，小姐在上聽原因。我是逃災躲難人，怎能與你結

為婚。

［孟姜女］（唱）深深下拜拜相公，相公在上聽原因。我娘養我十七春，從未移步出房門。君今見奴身和體，只能與你結為婚。

［范杞郎］（唱）深深作揖謝孟家，小姐在上聽原因。我是喫糧軍一名，怎肯膽大結為婚。

［孟姜女］（唱）深深下拜拜相公，相公在上聽（耑）［端］詳。再放三聲言不肯，麻繩鐵鎖見秦王。

［范杞郎］（唱）手提亂麻理不順，又怕天合有緣人。待我稟領父母命，就與小姐結成婚。

第四場　兩路行

（范杞郎被差人押著上場，夫妻二人難捨難分。）

［孟姜女］（唱）一杯酒來奉夫君，你去當差要小心，行船過河要留神——

［范杞郎］（唱）兩路行程要小心。

［孟姜女］（唱）二杯酒來奉夫君，夫去當差要小心，早些睡來早些起——

［范杞郎］（唱）長差就在後面跟。

［孟姜女］（唱）十指尖尖奉三台，夫去當差早回來。路上的殘花不要採——

［范杞郎］（唱）家中的牡丹正盛開。

［范杞郎］（唱）一杯酒來奉妻身，妻在家中要小心。父母年高多孝順——

［孟姜女］（唱）家中門户我能撐。

［范杞郎］（唱）二杯酒來奉妻身，妻在家中要小心。牆内紅杏牆内香——

［孟姜女］（唱）少拉胭脂點口唇。

［范杞郎］（唱）十指尖尖奉三臺，我去當差早回來。路上殘花我不採——

［孟姜女］（唱）怎肯别下一支梅。

［孟姜女］（唱）再斟一杯奉差人，勞慰路上多看成。勞慰路上多看照，我們不是忘恩背義人。

［差人］（推范杞郎科）好了，好了！走，走！

（孟姜女拉范杞郎科）

［范杞郎］一邊是官差，一邊是妻子，拉來拉去的……

（官差一脚踢倒孟姜女，押范杞郎下）

第五場　送盤纏

（丑、丫鬟上場）

［丫鬟］安童哥，你看下面——

［丑］下面[1]我不喫。

[1]“下麵”意指“下麵條”。

[丫鬟] 看你當門。

[丑] 當門一坵大田。

[丫鬟] 你下細看一下——

[丑] 呵! 這是哪家打發[1]女子，一個紅櫃兒擺在這裏。

[丫鬟] 安童，你姑爹起身之時，官差把姑娘一脚踢暈了!

[丑] 我的姑娘呀，姑娘呀，你咋就這樣死了。讓那我來摸一下。

(摸孟姜女科) 牙齒都硬了，頭髮都涼了，溝子上爛了一個渠渠，都臭了。

[孟姜女] 安童，你咋個這陣才來?

[丑] 來的早，去的早，走在路上耽擱了——路上踫見一樹棗，撿個寶，就打棗，辔開[2]草，就尋棗，喫那棗，嚼那棗，還有些紅棗兒，叫那些娃兒們喫球了。

[孟姜女] 你姑爹上長城，你去送點盤纏。願去不願去?

[丑] 我有三兩銀子兩吊錢，一對金釵送盤纏。銀子留下用，金釵留下戴。哎，恩愛不過夫妻，我願意去送，等我把馬口背藍子背上就來。

(丑下，丫鬟扶孟姜女下)

(差人押范杞郎上)

[差人] (唱) 走了一里又一里，行了一程又一程。三十五里桃花店，四十五里杏花村。桃花店裏出美酒，杏花村裏出賢人。出的賢人會説話，出的美酒醉倒人。

[丑] 等著，等著——

[范杞郎] 安童，你不家務莊稼，在這裏來幹啥?

[丑] 姑爹你也待我好，你喫樓上的，我喫樓下的。姑娘起身給我三兩銀子——

[差人] 給我一兩!

[丑] 兩吊錢——

[差人] 給我一吊!

[丑] (對差人云) 簷溝後頭給你澈汎尿。

(唱) 三兩銀子兩吊錢，一對金釵送著盤纏。到京城歇在招客店，喫完飯來要開錢。到京城早把回書帶，免得奴家掛心懷。假若還念起夫妻義，三年兩載便著回來。吩咐的話兒牢牢記，莫聽閑言耳半邊。

[范杞郎] 安童，口信我記下了，你也早早回去!

[丑] 姑爹你也待我好，倒頭紙我也給你燒了。你也是犯法之人，把你拿在長安去，到了冬至前後，提將出來，給你喫賞飯，標子給你押上，拖在殺場上，大刀磨得明晃晃，小刀磨的溜溜光，拖拖扯扯見秦王，叫你一椿跪下，後頭宰把手咔嚓一刀，你朝我這馬口背藍子一仰，人頭落在背藍子裏頭，明年你早早回去喫豌豆角。

[范杞郎] 安童休要取笑，你的話我已記下，早早回去。

[丑] 要得! (丑下)

---

〔1〕 本地方言，"打發" 意為 "出嫁"。

〔2〕 本地方言，"辔開" 意為 "分開"。

第六場　秦王害范郎

[差人]（押著范杞郎唱）脚踏刀山如雷吼，馬走荒山草不生。遠看城牆三滴水，近看朵口賽衙門。東衙看見龍擺尾，西衙看見虎翻身。城内景緻無心看，撞見三重鐵果門。撞見鐵果一重門，一對金獅子把頭門。撞見鐵果二重門，吵吵嚷嚷人接人。撞見鐵果三重門。口念（乾）[千]千萬歲響沉沉。（差人押范杞郎下）

（差人押范杞郎見秦王）

[差人]稟報千千歲，萬萬歲，不忠不孝的范郎拿到了！

[秦王]好大膽的范杞郎！喫了孤家糧，拿了孤家的錢，卻逃回里州，你死罪難逃！

[范杞郎]我回去看一雙父母爹娘。

[秦王]父母是大事，君王也是大事……

[范杞郎]君王是大事，父母也是大事……

[秦王]君王是大事，父母也是大事……要給你死罪，孤家念你是鴻門中的秀士，儒門中的子弟，死罪可免，活罪難逃。孤給你旗一桿，鑼一面，白日擔土築牆，晚間乞靈叫號。

[范杞郎]再請本金駕威靈。

[秦王]喂！動不動金駕威靈，孤家不準金駕威靈。領旗下殿。

[范杞郎]（巡更打更云）一更巡城要小心，乞靈叫號到二更。二更巡城要小心，乞靈叫號到三更。三更巡城要小心，乞靈叫號到四更。四更巡城要小心，乞靈叫號到五更。五更巡城要小心，乞靈叫號到明天。

（唱）一更巡城要小心，可恨無道那昏君，白天擔土築長城，渾身磨得血淋淋。二更巡城要小心，可恨無道那昏君。兩個脚脚不停走，一股嗅氣鬧殺人。三更巡城要小心，可恨無道那昏君，渾身好似千層樹，不知去了幾層皮。四更巡城要小心，可恨無道那昏君，白日築城直到晚，晚間乞靈叫號到明天。五更巡城要小心，可恨無道那昏君，火燒文廟拆東牆，領兵揭瓦夫子墓，勸君莫報二重恩。

（独白）乞靈叫號到明天，渾身疼痛難以支撐，把這個鑼鑼拿來做個枕頭，旗旗拿來做個被單，在西牆角下偏一下子[1]。

[秦王]山水洞，海水潮，西牆角下報怨是哪一個？

[范杞郎]不忠不孝的范杞郎！

[秦王]好大膽的范杞郎！喫了孤家糧，拿了孤家的錢，卻逃回里州，本該判你死罪，孤家念你是鴻門中的秀士，儒門中的子弟，免了你的死罪，你反來抱怨孤家。朝中有九臣四相，有你也不多，無你也不少。來人，將那不忠不孝的范杞郎築進萬里長城。

（差人押范杞郎下，秦王隨下）

---

〔1〕本地方言，“偏一下子”意為“打盹兒”。

第七場　太白金星救范郎

[太白金星] 頭戴烏紗一字巾，八仙洞裹我為尊。凡間有難吾不救，住在天宮枉為神。今日在天宮打坐，突然覺得耳燒面熱，坐立不安。拔開雲門往下面看，原來是左金童右玉女在凡間有難。此時不救更待何時——

吩咐雷公閃電，將城牆劈開，范郎尸首提在寺中，等吾前去點化一番。

(范杞郎臥在地上，太白金星施法) 伸手一摸頭髮落地，伸手二摸面皮換過，伸手三摸賜你簽一筒卦一副，萬壽寺祈簽占卦過時春，再等姜女來尋到，還你相貌和衣巾。

[范杞郎] 哎呀，好瞌睡!

[太白金星] 巡臣非在瞌睡，無道秦王把你築在萬里長城，我是天上太白金星，時才把你點化為僧。風風風，來無影，去無蹤。翻身就到斗牛宮。

(太白金星飄下)

第八場　萬壽寺為僧

[范杞郎] 喫的就是佛前飯，享的就是佛前燈。南無阿彌陀佛! 這頭燒火那頭燃，和尚我臉上淚漣漣。南無阿彌陀佛! 我是里州范杞郎，今在萬壽寺裹藏，等候姜女來尋到，再還相貌和衣裳。南無阿彌陀佛!

第九場　上長城

[孟姜女] 我夫上長城一十二載，渺渺無信，想上長城尋我丈夫，無人同作伴。有了，叫家下丫鬟還出來做伴。

(對丫鬟云) 丫鬟，上長城尋你姑爹，願去不去?

[丫鬟] 願去!

[丑] 披上花搭子，磨上花片子，出門襖子布衫子，我也願去!

(孟姜女拜神科，唱) 跳轉身，面過身，參拜虛空過往神: 我與范郎結髮時，二人頭髮長齊眉。只説夫妻同到老，誰知今日兩分離。奴家要上長城去，保祐路上得太平。參拜神是參拜神，參拜家堂香火神，奴家要上長城去，要去長城城内尋，姑娘姐妹往前行。

(孟姜女、丫鬟、丑行路科，同唱) 一字下來説孟姜，二郎擔山趕太陽，三人哭活紫荊樹，四馬投唐小秦王，五子登科中狀元，鎮守三關楊六郎，七郎死在花標柱，八仙過海各逞强，九龍山前活埋母，十面埋伏楚霸王，十一鎮東花關鎖，十二鎮西楊滿堂，十三太保李存孝，十四鐵鞭王延章，十五夜打登洲府，十六馬上保黄娘，十七彈打張口燕，十八羅成去投唐，十九劉秀登龍位，二十八宿鬧昆陽。不覺行程來得快，潼關就在面前存。抬頭就把潼關看，潼關是一個殺人坑，埋著頭來往前行。

[丑] 姑娘們，快走! 快走!

第十場　過潼關

(孟姜女一行正欲過關，被一兵丁攔住)

［孟姜女］這是個做啥子的？

［兵丁］鎮守潼關的。

［孟姜女］放奴過關！

［兵丁］要五十兩買路銀子才得過關。

［孟姜女］奴家没有多帶銀子。

［兵丁］没得銀子就做槍下之鬼！

［丑］爹娘養我當珍寶，長大成人割包包。昨晚歇在神隍廟，小鬼與我打私交，判官與我把錢要，吴二老爺與我把酒消。今天早上頸子這兒癢，若非上前挨你娃娃一刀！

［兵丁］小子做事不用誇，手拿金槍一百八。你若還要把潼關過，把你殺成爛泥巴。

［將軍］何人在此吵鬧？

［兵丁］稟報將軍老爺，小小娘子要撞關而過！

［將軍］小娘子，這是要向哪裏去？

［孟姜女］回將軍老爺，奴家要向長城而去。

［將軍］到長城做什么？

［孟姜女］尋我丈夫。

［將軍］你丈夫是哪一個？

［孟姜女］范杞郎。

［將軍］（獨白）哎喲！無道秦王已把范杞郎築進萬里長城，哪裏還有個范杞郎！眼看小小娘子長得眉清目秀，我假做一個范杞郎，收她為妻，豈不正好？

（對孟姜女云）小小娘子！

［孟姜女］將軍老爺！

［將軍］起來當面講話。

［孟姜女］奴家不敢當面講話。

［將軍］赦你無罪。

［孟姜女］謝過將軍。

［將軍］“桃之夭夭，其葉蓁蓁。之子于歸，宜其家人。”小小娘子，睜眼看看，我就是你的你的范杞郎！

［孟姜女］我夫不像將軍老爺——

［將軍］怎么不像？

［孟姜女］我夫長得白白俊俊，俊俊白白。不像將軍老爺——

［將軍］怎么様？

［孟姜女］鬼頭鬼腦，黑疙瘩鑾。

［將軍］可恨這様婦人家，男女面前把嘴誇。（在）［再］放三聲言不肯，一拳打你赴黄泉。

［孟姜女］深深下拜拜將軍，將軍在上聽原因。我夫本是秀才漢，怎能膽大做將軍。

［將軍］我是秦朝大將軍，鎮守潼關鬼神敬。肥豬落在屠夫手，蒼蠅落在漂膠盆。

［孟姜女］深深下拜拜將軍，將軍在上聽原因。願在將軍刀下死，怎肯與你結婚姻。

［將軍］孟家女子孟家娘，千里尋你范杞郎。當面不認親丈夫，你還去哪裏認君王。

［孟姜女］深深下拜拜將軍，將軍在上聽原因。强與奴家為夫婦，也是觸律犯法人。

［將軍］小小娘子！

［孟姜女］將軍老爺！

［將軍］你知道里州幾洞景志？

［孟姜女］四洞景志。

［將軍］若講得一字不差，就放你過關。一進東門——

［孟姜女］駟馬橋。

［將軍］一進南門——

［孟姜女］昭覺寺。

［將軍］一進西門——

［孟姜女］廣鳳庭。

［將軍］一進北門——

［孟姜女］五塊石。

［將軍］我當是個假的，原來是個真的。小小娘子，實實要過關？

［孟姜女］實實要過關。

［將軍］這下過去黑松林，老虎豹子打成群，客螞子[1]跳起來三丈高，螞蟻子張口要喫人。百萬雄兵過不去，更不説你等黄毛丫頭女婦人。

［孟姜女］深深下拜拜將軍，將軍在上聽原因。山高還有人行路，水深自有渡人船。

［將軍］大小三軍——

（幕後衆人云）到！

［將軍］大路打開八尺，小路打開一丈，將令旗一桿，放小小娘子過關！

（幕後衆人云）是！

（將軍下，打一郎鑼）

第十一場　過揚子江

［孟姜女］（唱）將軍放奴過潼關，黄沙蓋面不負恩。一心只奔丈夫身，哭斷長城一齊奔。哭斷長城十萬里，不見丈夫那邊存。

（哭云）我的老天啊，奴家來在揚子江邊，不知來根去路，將這中指咬破，寫封血書又無人捎帶。大哭三聲，驚動南海岸上觀世音菩薩，與奴方便一二，不枉奴家一片真心。（孟姜女昏倒在地）

（韋陀、護法、觀音出）

［觀音］觀音菩薩身穿青，懷抱一本渡人經，不願榮華去修行，父王火焚白雀寺，普陀巖前抖精神。（打三環羅）

善善善，容顔自改變，諸佛常在寺，如針不引線。天上玉女星打下凡間受難，吾不來

［1］本地方言，“客螞子”指“青蛙”。

救更待何時。姜女生魂壓定，吾等前去指示一番。

（韋陀、護法、觀音載孟姜女過揚子江）

（衆人齊唱）南海岸上南海岸，南海岸上造法船。難木難柴做船身，珍珠瑪瑙墜船間。觀音菩薩為船主，八大金剛把橈搬，轉眼就到河對岸。

［觀音］姜女蘇醒蘇醒，若要見你丈夫，到萬壽寺祈簽占卦。風風風，來無影，去無蹤，返身就回到天宮。（觀音一行下）

第十二場　萬壽寺夫妻團聚

［孟姜女］（唱）謝天謝地謝神靈，又謝南海觀世音。多謝神靈指點我，急急忙忙奔寺門。説我丈夫就在此，一脚踏進山廟門。

（云）老師傅。奴家祈簽占卦。

［僧］趕牛下田？當門有一條大路。

（唱）觀音為船主，手拿篙竿順水流。水流千江歸大海，人到中年萬事休。男也修，女也修，不分男女一齊修。男人修來為和尚，女人修來為觀音。

［孟姜女］師傅，奴家要祈簽占卦！

［僧］請問你的姓氏？

［孟姜女］我姓姜氏。

［僧］我師傅没在家。

［孟姜女］哪去了？

［僧］我不過與菩薩玩耍的，與你叫出來。

（向内喊）師傅，外面有個女菩薩要祈簽占卦。

（師在幕後内云）你問她姓何氏？

［僧］姓姜氏。

（師在幕後内云）徒弟，你師娘來尋你來了。

［僧］和尚家哪來個師娘？

（獨白）哭臉把著笑臉，歡歡喜喜念經文。

［師］有心叫我徒弟來，徒弟睁眼認不得，頭又悶來眼又花，歡歡喜喜出門庭。南無阿彌陀佛南無！（師出）

［孟姜女］拜見老師傅。

［師］女世主脚上還帶著黄泥饃饃[1]。

［孟姜女］千里萬里來的。

［師］難怪的説話聲音澀澀的。我們出家之人半積陰功半參身，與菩薩把個脈來，將週身四體尋個藥喫就好了。

［孟姜女］勞慰師傅！

［師］你離了丈夫多少年了？

〔1〕本地方言，“腳上還帶著黃泥饃饃”意為“腳上沾著厚厚的黃泥”。

[孟姜女] 一十二載。

[師] 難怪的筋脈不調。為你尋個藥。

[孟姜女] 什么藥?

[師] 頭髮為青系,眼睛叫苡仁,鼻子就叫龍膽草,肚子叫杜仲,胸口就川芎。藥都尋齊了,還差幾樣引子。

[孟姜女] 幾樣什么引子?

[師] 半天雲裏熱老蛀[1]的屁,急流灘上鯉魚的尿,虼蚤子[2]的心,虱子的膽,癞肚子[3]的眉毛只要半碗。

[孟姜女] 這幾樣引子也難尋。

[師] 我不過與你玩要的,見你丈夫就好了!

[孟姜女] 老師傅,奴家要祈簽占卦!

[師] 你會祝告神靈?

[孟姜女] 女流之輩不會祝告神靈。

[師] 你可會占香禮拜?

[孟姜女] 我會占香禮拜。老師傅,奴家拜來了!

[師] 再拜,再拜!全靠路頂神,文王卦有靈,七星頭代將,切莫順人心。上有蒙雅逐土,下有火煙該生。隔山叫,隔水音,范郎就在此間存。

(范杞郎出)

[孟姜女](唱)忽見我夫眼前現,如喝涼水噢一驚。哪個是我親丈夫,一面假來一面真。我夫臉上有一痣,痣上鬍毛三吋深。衆位師傅休笑我,借個明燈認假真。

(辨認科)原來真是我夫君。

[范杞郎](哭科)妻啊——

(唱)我去邊關去當兵,一去就是十二春。有心回來看妻子,兵馬圍住難起身。

[孟姜女](哭科)夫啊——

(唱)我的夫!我和你成其婚配。有秦王無道君,提你當兵。自從奴離了你,憂心欠想,每日裏懸懸望,刀割心腸。望幾年不見得丈夫回來,祝虛空告上蒼,來尋夫身。到路頭被將軍把奴擋住,提大刀要殺奴,强迫為婚。奴再三深深拜,才肯放過。奔過河揚子江,抬頭觀看:千兵多,萬馬廣,軍中難尋。南海岸觀世音空中顯化,説與我萬壽寺,占卦有靈。到寺中見丈夫,丈夫為僧。如枯木又逢春,喜上眉心。

[范杞郎](唱)我的妻!我和你成妻婚配。有秦王無道君,提我當兵,白日去擔土,築城辛苦;到晚來又巡更,叫號天明。有一日到五更,巡更不過;我抱怨無道君,將我逐城。有虛空太白星空中顯化,將肉身提在寺,假作為僧。雖然間在寺中為僧度日,想父母欠妻子,血淚滿心。勞慰你孟姜女來尋夫身。普天下有夫妻,少有你我;多磨黑調飽筆,

---

〔1〕本地方言,“老蛀”指“烏鴉”。

〔2〕本地方言,“虼蚤子”指“跳蚤”。

〔3〕本地方言,“癞肚子”指“蛤蟆”。

句句寫下；流傳下在世間，萬古傳名。

［范杞郎］妻是貞潔妻——

［孟姜女］天下也難尋。

［范杞郎］杯杯酌美酒——

（二人齊云）二人團圓轉回程。

（二人齊唱）緣分本來天配就，攜手相連轉回程。（打一郎鑼）

——全劇終

俞天鵬（1965—），男，四川廣元人，四川信息職業技術學院教師
劉卜水（1970—），男，四川廣元人，四川信息職業技術學院教師
任雪蓮（1966—）女，四川廣元人，四川信息職業技術學院教師
韓磊（1989—）男，四川廣元人，四川信息職業技術學院教師
俞天喜（1969—），男，四川廣元人，四川省廣元市文化局市場管理科科長

MENG Jiang—nu（play）

Recorded by YU Tian—peng，et al
(Sichuan Information Technology College，Guangyuan city，Sichuan Prov. 628000)

Abstract：*MENG Jiang—nu*（孟姜女）is a folk play recorded by YU Tian—peng，REN Xue—lian，HAN Lei and YU Tian—xi. This play is called“earth play”（地戲），which exists in Guangyuan city，Sichuan province for more than one hundred years.

Key words：*Meng Jiangnu*；play；folklore

關中民間的智能類游戲

孫 立 新

（陝西省社會科學院 文學藝術研究所，陝西省 西安市 710065）

提要：本文對關中民間遊藝娛樂活動中的智能類遊戲予以記録描寫。關中民間的智能類遊戲可以劃分為佔方類遊戲和其他智能類遊戲，後者又包括織拙、抓蛋兒等。

關鍵字：關中　民間　智能類遊戲

我國民間的遊藝活動由來已久，這些遊藝活動是在長期自給自足經濟狀態下形成的，是落後的自然經濟條件下民衆訴求的主要形式，這些遊戲事項使得祖祖輩輩處於鄉村的廣大農民的個性得到一定張揚，情感得到一定釋放，心理得到一定慰藉。關中民間的智能類遊戲，有的具有全民性，如織拙等；有的適宜於大的地域，如關中的佔方跟南方的同類遊戲差異較大，而跟北方大部分地區相同或酷似。楊景震主編的《中國民俗大系·陝西民俗》[1]、孫立新等編著的《中國民俗知識叢書·陝西民俗》[2] 對關中民間的遊藝娛樂活動有一定介紹。本文對關中民間的智能類遊戲予以記録描寫；關中民間的智能類可以劃分為佔方類遊戲和其他智能類遊戲，其他智能類遊戲包括織拙、抓蛋兒等。跟智能類遊戲相關的是健身類遊戲，本文的姊妹篇《關中民間的健身類遊戲》另文發表。

大致看來，關中民間的智能類遊戲可分為佔方類遊戲和其他智能類遊戲兩種。另外，關中人把智能類遊戲“瞅眼（兩人對視，以誰先笑為失敗）”叫做“瞅蛋”或“鱉瞅蛋”；把智能兼健身類遊戲捉迷藏叫做“藏（讀如‘牆’）貓老虎”或“藏夢兒”，本文就不專門記寫了。

一、關中民間的佔方類遊戲

1、佔方

“佔方”是我國華北地區的叫法。這是陝西許多地方男子終生喜愛的遊戲。關中各地有“搭方、點方、擱方、丢方、節方、納方、填方”等叫法。“佔方”的“方”是“地方”的“方”字，跟“中央”相對；如户縣北鄉佔方時有“州、縣”的概念，這都是古代地方行政單位的名稱，“州”一級行政單位如今已不存在了，“縣”至今仍然是地方基層單位。

關中各地的佔方格局和規則不盡相同。主要是在地上畫縱橫的直線，四個點形成一個

〔1〕 楊景震主編《中國民俗大系·陝西民俗》，蘭州：甘肅人民出版社，2003 年，第 347—361 頁

〔2〕 孫立新等《中國民俗知識·陝西民俗》，蘭州：甘肅人民出版社，2008 年，第 159—165 頁。

“方”；以村裹或田間地頭的樹葉、樹枝、土塊等作為“馬”，雙方各執一種。先是“佔”的過程，最後佔了1馬的叫做“盡”，“盡上”了才能開始走。如7方、9方先盡後走，6方先盡先走。岐山的9方有“長腿（走時，無遮擋情況下可在1條線走若干格）”和“綹（其中1條線都是一方的馬）”，“綹上”以後吃對方9個馬。户縣城區人喜歡佔“7方”，有“長腿”，“籮櫃（可以連續‘方’的）”連續吃對方2個馬後須停一次。户縣北鄉的“7方”有“長腿”“籮櫃”“圍（類似圍棋吃子）”“州（1條線7個馬）”“縣（1條線接連著6個馬）”，大王鎮北宋村東堡“州上”吃對方3個馬，“縣上”吃兩個馬，西堡“州上”吃4個馬，“縣上”吃3個馬。户縣北鄉還有6方、5方、4方；户縣西南鄉蔣村鎮還有更複雜的“7圓方”等。

2. 搭四頂

這是縱橫各四條線的佔方類遊戲，西安叫做“頂四（西安‘頂四’2字都讀作陽平調；其他地方‘頂’字多讀陽平調）”，周至、户縣叫做“搭四頂”“納四頂”。雙方的“馬”跟上文佔方的“馬”一樣。以甲乙雙方的馬處在同一條線上可以互相吃（即所謂“頂”）馬為基本條件。搭的過程中，若甲方一個馬緊挨著乙方的一個馬並且甲方馬的同一線上還有空位，於是，甲方在空位上再搭一馬就可以吃掉（即所謂“頂了”）對方那個馬，稱作“單頂”；若甲方的馬對著乙方兩個馬並且甲方馬的同一線上還有空位，甲方佔了這個空位後就吃掉乙方兩個馬，稱作“雙頂”。若其中一方佔了一條線上的4個馬，就是“溜上了”，去掉對方兩個馬。“盡”（佔完）上以後，誰放最後一個馬（是為“盡家”），就把對方一個對自己不利的馬去掉，待對方也去掉自己一個馬後，由“盡家”先走，走的過程中互相吃馬跟佔的過程相同。

周至在有“單頂”“雙頂”和“溜”以外，還有“挑”，若此方一條線上兩個馬之間有一個空位且頂端再没有“馬”，彼方用一個馬佔了這個空位，就可以吃掉此方兩個馬，是為“挑”。

3、西安一帶的“狼吃娃”和隴縣一帶的“圍老虎”

其一，西安一帶的“狼吃娃”。在地上畫縱橫各5條線，3個“狼”分別放在最外邊一條線中間的3個交叉點上，15個“娃”放在“狼”對面隔著1行的其他3行的各點上。可以議定第一盤“狼”先走，第二盤“娃”先走。開始走以後，“狼”和“娃”都走直線，“娃”只能從第一點移向第二點；“狼”不吃“娃”時與“娃”的走法相同，吃“娃”時從第一點跨過第二點上的“娃”到達第三點，吃掉第二點上的“娃”後去掉這個“娃”。如果第二三點上都有“娃”，“狼”就不能沖過。當幾個“娃”把一個“狼”圍困得走不出來了，就要去掉這個“狼”。“娃”方輸是以被吃得剩三個為標志，“狼”方輸是以被全部圍掉為標志。

其二，隴縣一帶的“圍老虎”。隴縣農村的“圍老虎”跟西安一帶的“狼吃娃”相似。用石子、土塊或樹枝等作24個子，代表人；用兩塊大石子作“老虎”。先擺兩隻虎及8個人，對壘雙方一方為虎，一方代表人。開始交戰，虎和人都走直線，人只能從第一點移向第二點，虎不吃人時與人的走法相同。吃人時從第一點跨過第二點上的人到達第三點，吃掉第二點上的人。如果第二、第三點上都有人，虎就不能沖過。虎吃一人，對方補充一人。16 個人全部添完直到虎被圍住，不能動時，則代表人的一方勝。如果圍不住，則虎的一方勝。

4、媳婦跳井

這種遊戲在我國有的地方叫做“捉鱉”或“蛤蟆跳井”。從正方形四個角畫對角線，在一條邊的中間畫一圓圈（是為“井”），對弈雙方各在“井”的左右兩個角放一馬。走的過程中馬可以到達任意點上，以一方把另一方的一個馬逼到“井”裏為勝。

二、關中民間的其他智能類遊戲

1、織拙

又叫“翻交”或“翻交交”。把一條長線兩端結住，一個孩子雙手繃起來做成某種花樣，第二個孩子接住重新繃起來，順勢翻織成另一種花樣，再由第一個孩子接住繃，反復進行。花樣有牛槽、麵條、漁網等。這種遊戲也可以由一個大人與一個孩子來玩。

2. 抓蛋兒

有的地方把這種遊戲叫做“抓子兒”或“抓貓葫蘆”。禮泉叫做“抓拿兒”。隴縣叫做“抓洋兒”。“蛋兒”是用瓦渣、爛瓷缸等砸成像彈子大小的小塊，磨去棱角使之成為圓形，一般內徑 1 厘米。有一副 5 個的（五六歲的女孩子玩），也有一副 7 個的（七八歲以上的女孩子玩），許多地方沒有一副 4 個或 6 個的；這是長期以來對致使新生兒死亡率很高的“四六風”的忌諱使然。二十世紀六七十年代以前，農村六七歲至十二三歲的女孩子常玩這個遊戲。

西安人把這個遊戲叫做“抓貓老虎”，其中“虎”字在西安人口語裏讀如“胡”。過去西安城鄉的男女孩子都玩這個遊戲，城區的“抓貓老虎”遊戲是在二十世紀三四十年代漸次淡出的。舊時西安的女孩喜歡在棰布石（西安方言稱作“棰帛石”）上“抓貓老虎”。每當棰布的婦女停止了棰布，女孩子就三五成群地去“抓貓老虎”。西安的“貓老虎”一般是 4 個子，或有 5 個、6 個的，也抓 7 個子的；由於是相對開放的大城市，所以，沒有關中多數地方的“四六”忌諱。西安的規則是，先由每個人按順序抓子，優勝者領頭起花樣，然後順時針方向抓；誰率先完成誰就領頭。玩法很多，主要的名堂有“甜甜”“擰繩”“雙接”“倒倒”“過橋”“串子蓮”“背背娃娃”“鴨子彎蛋”“彎鐮勾豆角”等。有時花樣混合，要求技巧很高。“甜甜”指不帶花樣，如關中方言把未書寫的、不帶格子或花樣的紙叫做“甜紙”。“甜甜”的抓法是把 4 個子輕輕灑在棰布石上，先抓一個拋上去，趁著將落未落時迅速將另外一個抓起，然後急速翻手接住落下的子；再將手中的子拋到空中，又速向棰布石上抓起兩個到手中。抓的時候，如撒子時要考慮分佈情況，因為抓一個撞動其他的為犯規。“鴨子彎蛋”是把一個子拋向空中，趁未落時急忙向下抓取兩個，卻順勢溜下一個，又去抓落下的一個，再向上拋一個，隨後去抓三個，趁勢又溜下一兩個，再去接落下的一個。西安兒童“抓貓老虎”時唱的大多是《十月歌》或結尾部分的一到十歌，稱作“十層”。西安的《十月歌》云：“貓老虎呀，揬（抓也；讀如‘挖’）大把呀，揬了大把揬兩家喲。我下一喲，一月一喲，没米吃喲，借一斗喲，還斗半喲，一個一喲。我下兩喲，兩月兩喲，豆搭掌喲，豆搭皮子，二十兩喲，兩月兩喲。我下三喲，三月三喲，唧唧幹喲，薺薺菜喲，渥（浸漬）不酸喲，三月三喲……”這是主歌。接著唱《一到十歌》，一般為：“一繡苗喲，二繡花喲，三板杈喲，四齊插喲，五兒當喲，六手帕喲，七向前喲，八馬蓮喲，九鐲子喲，十個花喲（或者‘一百八喲’）。我的貓虎賽過他喲。”有的唱詞跟上述的不盡相同，如六月的：“六月六喲，曬絲綢喲，絲綢被（被子）喲，花擋頭喲，六個六喲。”或云：“六月六喲，不害羞喲，騎白馬喲，頂蓋頭喲。”

户縣北鄉女孩子在玩這個遊戲時，邊抓邊念三字格口歌道：“咱叫摩，引娃婆，引娃姐，倒銀河。咱叫兩，雞叫廣，廣圍城，雞叫明。咱叫三，來搬磚，搬不過，把手剁。咱叫四，拉咯吱，咯吱響，咱出場。咱叫五，敲金鼓，金鼓金，叫銀銀。咱叫六，一把摳，摳渠渠，種豌豆。咱叫大，賣倆娃，没賣過，要個饃。”其中，“摩”指一，“兩”指二，“大”指七；“咱”字又作“我”，“饃”讀去聲；“咱叫摩”一句又作“咱（或我）叫一，没米吃，借一斗，還石一（一石零一斗）。”主要規則是：抓“摩”是一個一個地抓，抓“兩”是兩個兩個地抓，依次類推，直至抓完。多抓或少抓算犯規，撞動其他蛋兒也算犯規。考慮到遊戲的同伴手都小，往往還採用一個叫做“透”的變通原則：若一隻手裏已經攥了較多的蛋兒，再抓幾個容易造成掉落或抓不完的情形時，可以把手上的蛋兒從指頭縫漏（即為“透”）到地上。

興平把這種遊戲叫做“掠卵”（按：“掠”是抓的意思；《集韻》平聲麻韻烏瓜切“掠，手捉物”，上聲馬韻烏瓦切“吴俗謂手把物曰掠”），興平的《掠卵歌》云：“七揚麥揚，麥子上場。二要二要，風吹雨潲。金三娃，要錢娃，石榴樹，抱娃娃。四月四，咯吱吱，麥瓶花（米瓦罐草），寫萬字。五月五，姑姑等，娘叫女子過十五。六豆六割，織布丢梭。大頭大賓，身穿花襖。挑，老。”興平孩子“掠卵”是七個子。

3、子彈子

“子”是指小玻璃球；户縣人把子叫做“彈球兒”，把這種遊戲叫做“抨（讀如‘崩’，‘彈’的意思）彈球兒”。這種遊戲兼有健身的性質。户縣五六歲以上的男孩子“抨彈球兒”，在地上挖一個比彈球兒大不了多少的坑（稱作“窯”），參加對壘的各方（最少兩人對壘，也可以三五人每人各自為一方；也可以一人與多人對壘，也可以分組對壘）通過“石頭剪子布”決定先後進行對壘。對壘開始，在離“窯”比較遠的地方畫一道線，各人把彈球兒從線内往“窯”處抨（彈），若一方直接把彈球兒抨進了“窯”（稱作“進窯”或“老虎”），就可以抨著擊打對方的子，擊中後就算贏了。若未進窯，還須從子的滚落點再往“窯”裏抨，直到進窯後（直到進窯後稱作“老虎了”）才有資格去擊打對方的彈球兒。若對壘各方均已進窯，就可以互相追逐著去擊打對方的彈球兒，以擊中為贏。當地也有一個稱作“撼（‘撼’字讀如‘希’；《廣韻》平聲支韻許羈切：“擊也。”）五拃”的遊戲規則，就是未進“窯”的一方，只要把已經進窯的對方的彈球兒碰出去五拃（五豁口）的距離也算贏。

4、點貓兒眼

常常在雨雪天，户縣一帶七八歲的一個孩子領著三五歲的若干個孩子圍一圈玩“點貓兒眼”遊戲；這種遊戲稍微兼有健身的性質。三五歲的孩子跟著七八歲的孩子玩這種遊戲，常常有被重視的感覺，對於他們的早熟有一定好處。小孩子把自己一隻食指放在大孩子的膝蓋上，大孩子邊順時針方向用食指點著小孩子的食指，邊念著口歌道："點，點，點貓兒眼。貓兒眼發，種芝麻，芝麻犁，火張皮。張三，李四，有錢，喝酒，没錢，趕走！"每當"趕走"二字出口，大孩子食指所點的那個小孩子的食指就得離開。一般的玩法是讓這個剛才被"趕走"的參加進來重新開局，也可以待未被"趕走"的孩子剩下兩個了再重新開局。

三 關於加强對民間遊戲活動研究的意見

1、關於全國各地民間的智能類遊戲

我們從廣西欽州市政協文史資料和學習委員會編著的《欽州文史·欽州民俗文化專輯》[1] 看到有當地民間遊戲的記述；甘肅省古籍文獻整理編譯中心主編的《中國民俗知識》叢書[2]共 28 分卷，多數省（市、區）的分卷没有對類似於本文所記録描寫的民間遊戲活動進行記述，個别省的分卷如廣西（第 206—210 頁）、甘肅（第 163—165 頁）、河南（第 163 頁）河北（第 139—144 頁）、吉林（第 182—187 頁）、黑龍江（第 120 頁）對這些内容有一定的記録描寫。

我們可以大致檢視一下外省的智能類遊戲及其特點：佔方類遊戲在許多地方志書或學者的著述中稱作"棋弈"。處於南方的欽州民間，其民間棋弈遊戲跟北方民間的佔方類遊戲的不同點比較多，當地的農人也是蹲在地上進行博弈的，如欽州靈山縣的"三棋"在形成三子以後可以吃掉對方一子，"鑊棋"是大圓套小圓，中間有十字線，"牛角棋"的"棋盤"酷似牛角，"凹耳棋"跟關中的"媳婦跳井"、甘肅的"跳枯井"是一回事。廣西還有所謂"炮棋""糞缸棋"，壯家還有一種妙趣横生的"虎棋"。而欽州靈山縣的"抛捉五粒石"跟關中的"抓蛋兒"遊戲大同小異，是用 5 粒石子來玩的。甘肅民間把佔方叫做"掐方"或"下方"，甘肅的"方"一般是五方和七方，也有八方；甘肅民間的"三子棋"跟廣西靈山的"三棋"有些類似，是一個大正方形套一個小正方形的遊戲，格局跟"三棋"不太一樣；靈山的"三棋"是大中小三個正方形。而甘肅東部天水一帶的"圍和尚"跟關中的"狼吃娃"格局相同，但玩法不同，關中的"狼"只能一步一步地走，天水的"和尚"只有"一人"，可以在直線上走幾步。河南民間的"下地棋"以及河北民間的"四棋、五棋"和"走九聯"指的就是佔方類遊戲，河南、河北民間也盛行"抓子兒"遊戲。吉林的"嘎拉哈"用羊、麅子等的髕骨做玩具，大致跟河南、河北、關中等地的"抓子兒"相類似。

2. 對相關問題的思考

因為囿於篇幅和調查的局限，本文並没有窮盡關中民間所有的智能類遊戲事項。大致看來，隨著社會政治經濟文化的全面進步，自給自足經濟條件下原生態（其特點是因地製宜，就地取材）的民俗事項有很多已經或早已淡出鄉村民衆的日常生活，本文記録描寫的

〔1〕 廣西欽州市政協文史資料和學習委員會編《欽州文史·欽州民俗文化專輯》，2005 年内部出版，第 414—421 頁。

〔2〕 甘肅省古籍文獻整理編譯中心主編《中國民俗知識（28 卷）》，蘭州：甘肅人民出版社，2008 年。

多數遊戲活動至今已經成為歷史。作為見證過這些歷史的學者，最少有保留資料、記載歷史的責任。但是，民間的智能類、健身類遊戲似乎不在"非物質文化遺産"範圍内，從而也似乎無多大必要予以保護。我們認為，對於曾經千百年流行於民間的智能類、健身類遊戲，不但要記録存史，而且要開發利用。如郭黯娜、孫立新《陝西農村人文資源的保護、開發和利用》[1]、孫立新《陝西當代文化建設與民俗文化保護問題》[2]等文章就建議在"農家樂"裏開展民間遊戲活動；要讓下棋、打麻將玩膩了的城裏人到農村，體驗民間千百年來流行的遊戲事項，從吃住玩等方面真正體驗鄉村生活。要像重視民間遊戲活動中的"非物質文化遺産"（包括社火等文藝性的遊戲活動）那樣，重視民間的智能類、健身類遊戲；建議在全國範圍内普查的基礎上加强研究，在研究的基礎上提出保護利用的方案。

孫立新（1956—），陝西省户縣人，陝西省社會科學院研究員，主要從事方言和民俗研究。

Folk Intelligent Games in Central Shanxi Plain

SUN Li－xin

(Institute for Literature and Art, Shanxi Academy of Social Science, xi' an 710065)

Abstract: This article records and describes the folk intelligent games in Central Shanxi Plain.

Key words: Central Shanxi Plain; folk; intelligent game

〔1〕郭黯娜、孫立新《陝西農村人文資源的保護、開發和利用》，載《成都2006文化産業博覽會論文集》，2006年，第161－167頁。

〔2〕孫立新《陝西當代文化建設與民俗文化保護問題》，載《三秦文化研究會年録》，2007年内部出版，第215－225頁。

“回到現場”：俗文學研究的民俗學趨向*

——以北京評書為參照對象

楊　旭　東

（河南省社會科學院 社會發展研究所，河南省 郑州市 450002）

提要：按照目前學界對俗文學的劃分，俗文學範疇内事實上只剩下了民間説唱。傳統上，對俗文學（民間説唱）的研究較少，以文本研究為主，雖然保存了大量文本，但本質上忽略了民間説唱的表演性特徵，扼殺了民間説唱文本的鮮活性，也造成了其不完整性。民間説唱文本的形成實際上是藝人和觀衆在現場共同完成。因此，“回到現場”，對俗文學（民間説唱）的表演性和民俗性進行研究日漸成為一種新的趨向。

關鍵詞：俗文學　民間説唱　現場　民俗學

一、俗文學定義、範疇的爭議與現實

“俗文學”一詞最早出現於二十世紀三十年代，由鄭振鐸先生提出這一名稱，並得到世人認同。它的提出是為了“破除舊的文學觀念，發掘被‘正統文學’所長期排斥的一大批文學瑰寶，更全面地研究文學史”〔1〕。從這裏我們可以發現，“俗文學”的提出是有其特殊的歷史背景的，主要是與封建文學所認同的“正統”觀念相抗衡，彌補“文學”在範疇上的嚴重不足。基於這一目的，鄭振鐸在其開創性的著作《中國俗文學史》中明確將俗文學定義為：“‘俗文學’就是通俗的文學，就是民間的文學，也就是大衆的文學。换一句話，所謂俗文學就是不登大雅之堂，不為學士大夫所重視，而流行於民間，成為大衆所嗜好，所喜悦的東西。”〔2〕具體分為五類：詩歌（包括民歌、民謡、初創的詞曲等）、小説（專指“話本”）、戲曲、講唱文學（“變文”、“諸宫調”、“寶卷”、“彈詞”、“鼓詞”）、遊戲文章。此後有關俗文學研究的著作皆以此書為原典型參考著作，但是對於俗文學的定義和範疇卻不斷發生變化。

有關俗文學定義，柯玲在《民俗學視野中的清代揚州俗文學》中已進行的系統梳理，自鄭氏起，先後有楊蔭深、吴曉玲、姜彬、段寶林、陳鈞等對俗文學進行過定義。無論怎樣定義，似乎都很難將“俗文學”與“民間文學”進行清晰地區分。對此陳泳超認為“這

* 本文係中央民族大學2010年“211工程”三期創新人才培養專案（研究生學術創新類編號：0212110309090219）階段成果。

〔1〕 鄭振鐸《中國俗文學史》，上海：上海世紀出版集團，2006年，導讀第6頁。

〔2〕 鄭振鐸《中國俗文學史》，導讀第15頁。

兩個概念在整個二十世紀裏一直難分軒輊”，而他則是“略具尊重歷史的一點心意”將兩個概念並置[1]。與陳泳超觀點類似的當屬姜彬對俗文學定義的認識，他認為：“俗文學的概念和它的解説是在一定的歷史條件下産生的，它和當時學科建立的情況，乃至當時的社會結構有著密切的聯繫。”[2] 二者共同强調的都是“俗文學”這一概念的歷史性，或者説，“俗文學”一詞只是一定歷史階段的産物。雖然在二十世紀八十年代成立了中國俗文學學會，出版了一些俗文學的研究成果，“俗文學”的歷史性似乎得到了延續。但不可否認的是，俗文學並沒有如民間文學那般成為一門比較公認和獨立的新學科，相反，俗文學更多的是在高校認定的“正統文學”的旗幟下作為其一個分支存活著，而且隨著學科劃分越來越細，研究方向不斷細化，更多的俗文學範疇内的對象被新獨立的學科所佔有。按照鄭氏劃分的五個類型，比如戲曲，理所當然地歸入戲曲學研究的範疇；小説，無論是金庸的武俠小説，還是當代人新創作的長中短篇小説，都公認為是文學專業的研究對象；“詩歌”成了新興學科民間文學的主要研究對象。除了遊戲文章的數量過少，略去不談，俗文學剩下的也僅“講唱文學”一類。這一點，從下文俗文學範疇的不斷變化中也可以得到印證。

在俗文學的範疇上，自鄭氏對俗文學五個類型的劃分之後，上述對“俗文學”定義過的人物也都曾對俗文學的範疇進行劃分。還包括之前一些學者，對名稱上不甚一致，但實質相同的這一類文學類型進行了劃分[3]。陳泳超曾經對從胡愈之起一直到祁連休、程薔的《中華民間文學史》（1999 年版）共 25 部民間文學、俗文學概論與發展史著作做了述評，從中很容易看出俗文學和民間文學在範疇上的“難分軒輊”和混雜交融，即使鄭振鐸的《中國俗文學史》問世之後，也依然如此，包括以“俗文學”命名的著作，如葉春生主編的《嶺南俗文學簡史》、吴同瑞、王文寶、段寶林主編的《中國俗文學概論》、關紀新主編，巴嫫曲布嫫、向雲駒參與編寫的《中國少數民族俗文學史》等，神話、傳説、故事、民間歌謡等佔了相當的篇幅。值得注意的是，由於民俗學者的參與，在《中國少數民族俗文學史》中對“俗文學”和“民間文學”的區分顯得比較清晰，即大量摒棄學科認同上屬於民間文學的内容，除第一章外基本上以説唱文學和民間小戲為主，在筆者所見到的著作中，他們首次將俗文學的範疇縮小到以講唱文學為主，也即是今天所説的曲藝。有趣的是，對於日漸成熟的民間文學來説，雖然它的研究對象是以神話、傳説、故事、民歌、民謡、史詩為主，但是似乎也不願放棄民間説唱和民間小戲，無一例外地將其列入自己的研究範疇中，這從很多民間文學教科書的最後兩章内容上得到印證。從篇幅上可以明顯看出，與神話、傳説、故事、史詩産生了一系列厚重的成果相比，它們二者是民間文學的薄弱環節；從内容上看，從二十世紀七十年代末八十年代初張紫晨的《民間文學知識講話》和鐘敬文主編的《民間文學概論》到最晚近出版的萬建中的《民間文學引論》、黄濤的《中國民間文學概論》，這兩個章節在各個不同版本的教科書中大同小異，包括所用的例證

[1] 陳泳超《中國民間文學研究的現代軌轍》，北京：北京大學出版社，2005 年，第 246 頁。
[2] 中國俗文學學會《俗文學論》，哈爾濱：黑龍江人民出版社，1987 年，第 25 頁。
[3] 如胡適的“國語文學”、曹聚仁的“平民文學”、更多人使用的“民間文學”。

都没有多少變化。這至少表明：在民間文學領域，民間説唱和民間小戲不受重視，導致數十年來對它們的研究没有太多進展。

正如范伯群、孔慶東主編的《通俗文學十五講》中反映出的那樣，作為文學母體下的俗文學分支，包含著四個支系：通俗文學支系（通俗小説、通俗戲劇）、民間文學支系、曲藝文學支系、現代音像傳媒和網路中大衆通俗文藝的文學文本。這種做法正是放棄了對“俗文學”定義的做法，而採用分類的方法，明確其外延。這樣一來，我們發現，“俗文學”目前面臨的現實是：對於俗文學定義的爭議似乎没有太大學術意義，“俗文學”作為一門獨立學科的説法也是站不住脚的，在它的範疇内剩下的僅有曲藝文學支系，也即民間説唱。“俗文學”這一概念在更多的時候起著一種工具性作用，將一些界限模糊的文學類型統轄在一起，如將尚未成型的“現代音像傳媒和網路大衆通俗文藝的文學文本”，尤其是網路上流傳的文學性話語放置在“俗文學”名義之下。

本文以下所要討論的“回歸現場”的俗文學，所指向的正是曲藝文學，或者更明確一點説就是民間説唱。

二、俗文學（民間説唱）的研究傳統及其利弊分析

承接上文所述，俗文學（民間説唱）在整個文學體系中屬於處在一個邊緣交叉地帶，俗文學本身又没有一定的理論支撑和研究方法，它的研究一直都是由研究者根據自身的學科視角來進行的。學界從一開始就是站在文學的視角來看待它，自然也將其視為文學家族的一員，因此，對俗文學的研究繼承了文學研究的某些傳統——文本為主的研究、發展史的研究、藝術特色（主要是曲藝）的研究傳統。從以曲藝為主的俗文學研究來看，基本上沿襲了這一傳統，崔蘊華《書齋與書坊之間——清代子弟書研究》，主體就是子弟書的文本研究，以歷史文獻為主要材料來源，其中有一個章節涉及子弟書的藝術活動研究，但是由於子弟書已經消亡，且作者將研究限定在清代，因此，關於這一章節的討論也只能從文獻資料中尋找證據。盛志梅的《清代彈詞研究》則是將研究分為兩部分，一部分是歷史發展軌跡，一部分是藝術散論，綜合了上述三個傳統的其中兩個。其中雖然關注了彈詞表演的書場，但是作者對歷史時期的限定，也決定了其對藝術特色的研究只能立足於彈詞的文本。

單就民間説唱中的重要門類之一評書而言，有三部代表性研究專著，它們充分代表並反映了俗文學的研究傳統。按照出版時間的先後，首推譚達先的《中國評書（評話）研究》，成書於二十世紀七十年代末，他的研究完全是對評書（評話）歷史、文本的結構特徵、藝術特色進行分析，完全是傳統研究的路子。其次是陳汝衡的《説書小史》和《宋代説書史》，是學術界唯一的，也是最早的對説書的歷史進行研究的著作。其中《説書史話》是按照唐、北宋、南宋、元明、清五個階段對説書的歷史進行考證。對唐以前藝術形態不甚清晰的時期做概括論述，其他時期論證材料相當扎實，對於各個時期的社會歷史背景、盛行原因都有分析，對於兩宋的説書書目、説話人、書會組織等方面都極盡搜集，而且對於和評書相關的曲藝形式也有所涉及和考證。這種研究方法將中國的學術研究中對具體事象的歷史進行考證的傳統進行了很好地繼承。最晚近的是汪景壽、王決等人的《中國評書

藝術論》，僅從書名上就可看出，他們的研究重心在於“藝術”，也即是對評書藝術特色的研究分析，仍然是立足於文本。從行文上看，基本上也涵蓋了三個傳統：第一部分是對評書歷史的溯源，第二部分是評書藝術特色的總結概括，第三部分是對評書的文本進行解構，總結評書文本的結構手段和表演手段，所有的分析都是圍繞文本展開，以具體的評書小段做例子。

除此之外，吴文科的《中國曲藝藝術概論》在“曲種形態論”一章專列“説書論”一節，對評書的形態特點、審美特質等方面進行闡述，依然遵循的是傳統研究路徑。倪鐘之的《中國民俗通志·演藝志》、《曲藝民俗與民俗曲藝》雖不是專門以評書為研究對象，但已經完全從民俗的角度來研究各種曲藝表演形式。尤其是《中國民俗通志·演藝志》，擺脱了傳統上對評書文本的研究，開闢了曲藝的民俗學研究之先河，堪稱是對曲藝進行民俗學視角研究的代表性著作。遺憾的是，限於書的編寫體例，他並没有提供對具體的曲藝種類如何進行民俗學研究的範本，而且他的研究對象也都是静態的。雖然此後柯玲在其《民俗學視野下的清代揚州俗文學》中，將俗文學置於民俗學的視野下，其中也談到了揚州評話，但是她更關注的是俗文學與地域民俗文化之間的關係，而不是對清代揚州俗文學運用民俗學的研究方法進行研究。

這就不得不説到俗文學（民間説唱）文本研究的利弊。實際上，除了上述的研究者之外，還有曲藝理論界的學者諸如戴宏森、常祥霖、倪鐘之等人，他們更熱衷於關注曲藝文本，對曲藝文本的搜集整理，對不同曲藝類别藝術特色的提煉總結。應該説，他們是有相當的歷史功績，僅評書一項，據不完全統計，大概有七百多部評書書目被整理出版。這對於保存俗文學（民間説唱）的資料，推廣曲藝藝術形式，提高其藝術水準都有一定的積極作用。但是俗文學（民間説唱）的最大特點在於它是藝人一種活態的表演實踐活動，文本原本都是用以在現場表演的，而且表演當中有相當的靈活性，並不拘泥於文本，評書行内有“十書九不同”的説法，就是説即使同一個人，對同一部書説十次，有九次都不相同，這還不包括藝人的現場評論，更是十次無一相同。因此，文本研究的最大弊端就在於對文本進行了一次性的固定化處理，讓很多次生文本、再生文本無端流失。還有一個不可忽視的因素是表演現場的觀衆，可以説任何一次現場文本的産生都不是藝人單獨完成的，而是由藝人和觀衆一起完成。這就必須關注評書表演的現場。據筆者在北京現有的評書茶館中觀察和訪談：在茶館現場説書的自由度非常之大，藝人在臺上隨時根據觀衆的反應、新來觀衆的年齡、職業增加新的内容。這些新增的内容是藝人的即興發揮，既有對傳統書目的繼承發揚，也包含有展示傳統書場魅力、迎合觀衆趣味的成分。而在下一場的演出時，藝人又會做出這樣的解釋：“因為昨天新觀衆比較多，所以多使了點包袱，今兒給您多説點正書。”〔1〕

三、俗文學（民間説唱）研究的民俗學趨向

針對上述俗文學（民間説唱）研究的弊端，必須首先改變以往對俗文學（民間説唱）

〔1〕北京評書藝人馬岐在書茶館現場多次對一些老觀衆作出這樣的解釋。

的固有觀念——整理出來的文本即為民間説唱本身，實際上成為印刷品的文本充其量只能算作是一個“風乾的標本”，它的真實而又完整的面目永遠是鮮活的、流動的、變化的。要看到它的“廬山真面目”，只有“回到現場”。

“回到現場”是在民俗學界青年學者主辦的民間文化青年論壇尚處在網路會議階段，由秦燕春在其《晚清以來彈詞研究的概況與得失——“書場”缺失與“案頭”的百年分流》中提出的，作者當時提出這一觀點遭到的最大質疑在於其可操作性，而且從字裏行間中也約略可以感受到作者自身的不自信，但是作者對於説書現場的認識卻是相當的精闢和有見地。尤其她已經充分認識到，“就想民俗學研究經常採用的，深入當下依然存在的‘田野’，以個中人的個中體驗作為參照，反觀已經湮滅無存的歷史本身，雖然非絶對的制勝法寶，卻是可以採用的一種研究手段。”[1] 選擇民俗學的研究方法作為其突破口，可算得上是恰到好處。與其他的人文科學不同的是，民俗學是一門現代的學問，更關注當下依然存活在民衆日常生活中的文化，而田野作業則是其進行研究的不二法寶。“回到書場”的本質上就是走進田野，將“書場”作為研究者的田野，進行實地的觀察、採訪，甚至實際參與進每一次現場文本的完成過程。正如秦燕春在文中指出的那樣，“作為庶民生活一個組成部分的‘書場’。娛樂，‘storytelling’的藝術個性註定是要在‘現場生成’。”而且，作品的完成是藝人和聽衆之間互動的結果，因此，“‘説書’研究（包括彈詞）由單純的‘文本閱讀’‘回到書場、現場’尤其顯得必要”[2]。筆者竊以為，對於俗文學（民間説唱），除了“現場”之外，作為其另外一個組成要素的就是藝人和觀衆的生活。藝人在現場的表現不僅和他個人的藝術訓練有關，而且和個人的生活閱歷、社會經驗、行業習俗都有密切的關係。觀衆則不同，並非每一個買票進入現場的人都是觀衆，在一些資深的曲藝觀衆看來，只有對某一曲藝類型極度愛好，肯於花錢捧自己喜愛的藝人才稱得上真正的觀衆，因為也只有這一類觀衆才對於現場文本的完成起一定的作用。僅以筆者所調查的康齡軒書茶館為例，它位於北京著名的歷史文化街區煙袋斜街旁邊，緊鄰後海，是北京目前僅存的為數不多的能夠稱得上書館的地方。之所以説其能夠稱得上是書館，是因為在書館評書消亡很長時間以後，觀衆對它的再次出現褒貶不一。但是一些比較資深的觀衆能夠常年堅持在此聽書，而不去環境舒適的劇場，是因為觀衆心目中那種場地豪華、擺滿軟座沙發、由政府免費提供的劇場並不是書館，他們所認定的書館不僅僅是可以聽書喝茶，而且要在現場能夠找到“感覺”，能夠和藝人自由而且良好地互動，可以隨意地叫好、“刨活”[3]，從而得到滿足，找到快感。

“現場”和“人”（包括藝人和觀衆）構成了田野調查中的“田野”和“調查對象”。這也正好與民俗學的研究方法相吻合。吴小如先生在談到“俗文學”的内涵時，曾經提到：“所謂‘俗’，首先讓人想到的是通俗，其次是民俗。”[4] 換句話説，民俗性質是俗文

〔1〕 秦燕春《晚清以來彈詞研究的概況與得失——“書場”缺失與“案頭”的百年分流》，載陳泳超主編《中國民間文化的學術史關照》，哈爾濱：黑龍江人民出版社，2004 年，第 348 頁。

〔2〕 同上。

〔3〕 評書行話，意為觀衆將藝人即將使用的表演手法、甚至慣用語言在現場提前説出。

〔4〕 吴同瑞、王文寶、段寶林《中國俗文學概論序言》，北京：北京大學出版社，第 1—2 頁。

學内涵的應有之義。從這個意義上説，對俗文學（民間説唱）採用民俗學的研究方法是適宜的。

至於“回到現場”的可能性問題，它本身不應該成為一個問題。任何一種的新的研究方法，都需要有一個嘗試和探索的過程。實際上，在秦燕春提出“回到現場”之前，西方學者已經在中國的“田野”中進行了很好的“試驗”。這不光是海外口頭詩學、表演理論的逐步滲透所致，而且與近代西方的學術傳統有關。社會學、人類學、民俗學等學科基本上都是由西方引入，正如我們對文獻考據樂此不疲地使用一樣，他們對自己的實地調查的學術研究方法已經非常嫻熟，對於民間説唱這樣現場性非常强的文化樣式，西方學者很容易捕捉到其動態性。因此，出現了瑞典人易波德的《揚州評話探討》、《中國説唱文學》、《中國説書：揚州評話的藝術和生命》等，美國人馬克·本德爾的《再生緣和孟麗君：表演、文本，彈詞的兩種基本形態》等一系列關注書場現場，關注藝人生活的代表新的研究趨向的著作。

幾乎在秦燕春論述發表的同時，日本學者井口淳子對北方的一個流行於農村的曲藝門類樂亭大鼓給予了同樣的關注，採用了類似的研究方法，並寫成了《中國北方農村的口傳文化—説唱的書、文本、表演》一書。

中國國内雖然尚沒有從民俗學的視角，對某一曲藝門類的表演性和民俗性進行個案研究的成熟案例，但是也有不少學者已經開始意識到傳統研究範式的不足和新的研究方法的合理性所在。張德明充分認識到現場説書的魅力：“主文本大多是講歷史的，……，説書人不能臨場隨意發揮。而次文本和次次文本則不然，它們沒有情節，只是一些從主文本生發出來，甚至與主文本無關的插話、閒話、碎話、笑話，説書人可以根據現場的氣氛、觀衆的反應、個人的情緒等隨時作出調整。這樣，每一場演出都是一次性的，不能重複的。説書的魅力正在此。”〔1〕因此，他認為，説書的過程就是一個社會文本，只有關注這樣實實在在的地方性知識、民間智慧和非主流意識形態，進行很好的研究闡發，才能和西方理論話語進行真正意義上的平等對話。他的這一觀念已經將對與民間説唱的現場研究上升到了事關東西方學術話語權的層面上來。另有人在談到話本小説時，也不吝筆墨地給予高度的評價：“研究説話藝人如何表演和交流，又如何影響話本小説的創作過程，無疑是一個新的研究課題”，“引入表演這個變數，勢必改變原有的研究重點和研究結構。話本小説研究的重點，不會再局限於流傳下來的案頭型的話本小説，而是話本小説面臨的文化生態以及文體化進程。”〔2〕雖然他的研究對象是作為文本的話本小説，卻充分意識到話本小説的原始形態——説書表演，對於話本小説的形成具有不可忽視的影響，只有重視它的表演性，才能從根本上推進文本化的話本小説研究。雖然這些研究者的學術視角不同，但是都注意到傳統研究方法的不足，開始轉向對活性文本關注。換言之，正是本文所强調的民間説唱的表演性。這種轉向，是對以往傳統研究範式的反思，糾正傳統研究範式的片面、固化的弊端，將推進民間説唱研究更加全面、完整。

〔1〕《半場説書的文化解讀》，出自《社會學家茶座》，2006年第16輯，第130頁。

〔2〕向志柱《表演性：話本小説研究的深化》，《中國社會科學報》，2010年4月20日。

四、小結

綜上所述，我們必須正視這樣一個事實，即俗文學範疇内可供獨立研究的對象只剩下民間説唱一個門類。而民間説唱有其自身的特點，它是一種表演性極强的口頭文學樣式。傳統上以文本為主的研究範式，不僅是對民間説唱藝人生存狀態的漠視，也是對俗文學（民間説唱）鮮活性的扼殺。這樣的研究範式既是對俗文學（民間説唱）文本的誤讀，也造成了無數再生文本的無端流失。值得慶倖的是，隨著西方學術理念的傳入，已經有越來越多的學者已經開始認識到了傳統研究的先天缺陷，並著手進行一些研究方法上的嘗試。我們有理由相信：回到表演現場，將表演場所作為田野，對俗文學的民俗學研究將成為未來俗文學研究的必然趨勢。

楊旭東（1980—），男，河南省新野縣人。河南省社會科學院社會發展研究所助理研究員

Return to Performance Context：The Study of Folk literature Tend to Folklore's Approach

——Basing on Beijing－Storytelling

YANG Xu－dong

（Henan Academy of social Science，Zhengzhou 450002）

Abstract：According to folklore scholars' classification of folk literature，now only the genre of popular entertainment consisting mainly of talking and singing belonged to folk literature. In the past，few scholars studied the folk literature（especially the genre of popular entertainment consisting mainly of talking and singing），their main work was to record those story texts. Although they had recorded lots of texts，they neglected its performance，and strangled its vitality，so those recorded texts were also incomplete. Actually，the text was finished by actors and audiences together in their shared context. Therefore，returning to performance context was tending to folklore's approach in the study of folk literature's performance and customs.

Key words：folk literature；a genre of popular entertainment consisting mainly of talking and singing；performance context；folklore

清代新疆關帝信仰與文化認同建構*

郭院林　張　燕

（石河子大學 中文系，新疆 832003）

提要：關帝信仰在清代盛極一時，受到了上至官方，下到民間的普遍接受。本文通過考述清代新疆關帝廟的地區分佈，分析清代新疆關帝信仰盛行的社會民衆基礎，探討作為象徵國家權威的關帝廟與關帝信仰所表現出來的國家對邊疆地區進行文化和精神認同建構的意圖。

關鍵詞：清代　新疆　關帝信仰　文化認同

一

關帝原型人物關羽（？一219），字雲長，河東解縣人，三國時蜀漢大將，《三國志》載其生平行事，頗為勇猛善戰，尤講忠義，然生前無論官職還是事業，皆無足誇耀之處。在歷代執政者的褒揚、儒釋道三教的推捧和文學的增飾下，關羽形象由人而聖，由聖而神，被奉為武聖，成為扶持正義的楷模，忠義神勇的化身，經過神化，形成關帝信仰。關帝信仰形成於南北朝至唐代，發展於宋代，盛行於明代，至清代而達到頂峰。後世的關帝信仰之所以廣為接受，主要在於"凝聚在關羽身上而為萬世共仰的忠、義、信、智、仁、勇，其中蘊涵著中國傳統文化的倫理道德理想，滲透著儒學的春秋精義與釋教、道教教義所趨同的人生價值觀念，實質上就是彪炳日月、大氣浩然的華夏魂。"〔1〕

滿族君臣在關外就接受了關帝崇拜，幾次定都後又分別在皇宮外修建了關帝廟。"在他們定都盛京後，就在皇宮後門地載門外為關羽建廟，並賜額聯'義高千古'。後入關定都北京後，仍在皇宮後門地安門外為之建廟。"〔2〕清朝出於政治需要，對關羽大力推崇，入關後，於順治元年（1644）封關羽為"大帝"，全名為"忠義神武關聖大帝"。順治十二年，又御製《重建忠義廟碑記》，進一步肯定關羽精神。康熙、雍正、嘉慶等也都在關羽的頭銜上不斷增加，到道光時，關羽的頭銜已加至"忠義神武靈佑仁勇威顯關聖大帝"。光緒年間，關羽的封號陸續加成"忠義神武靈佑仁勇威顯護國保民精誠綏靖翊贊宣德關聖

---

* 本文為國家社科基金項目《清代新疆國家認同研究》（10BZZ004）和石河子大學校級課題《以屯墾開發為背景的清代新疆移民文化研究》（RWSK08－Z07）的階段性成果。

〔1〕 皇甫中行《文化關羽》，北京：中國華僑出版社，2003年版，第157頁。

〔2〕 盧曉衡《關羽、關公和關聖》，北京：社會科學文獻出版社，2002年第1版，第86頁。

大帝”，比之歷代表彰尤著〔1〕。關羽被崇之為戰神，地位甚至超過“文聖”孔子，全國各地建廟，清政府還不斷提倡和鼓勵各地政府和民間修建關帝廟，春、秋二祭。據記載，清代中葉“清代全國的孔廟也不過三千餘座；而每村建一座武廟，那麼清代全國的關公廟宇竟達三十余萬座——關公廟數竟是孔子廟數的一百倍”〔2〕。“清代較大的關帝廟皆由最高統治者皇帝御書題寫匾額，清代關羽受到了極高的榮譽，其祭祀典禮甚至作為國家祭神祭天的重要典禮之一。清廷規定每歲春秋仲月諏吉及五月十三日致祭，後殿以丞史將事，其儀注均與京城相同。除了國家祭典外，宮廷裏尚有自已祭典。”〔3〕

二

在新疆這一多民族多宗教並存的地區，清代關帝信仰也興盛起來。早在康熙末年，清朝軍隊就在巴里坤建立了關帝廟，對關羽進行祭祀。乾隆中期清朝統一新疆後，為了宣揚武功，求得邊陲安定，在新疆各地都建造了關帝廟，由官府組織祭祀。同時，遷居新疆駐防屯田的漢族軍民，為了求得“關聖人”的保佑，也在各地建立了大大小小、為數更多的關帝廟。洪亮吉在《天山客話》中記載“塞外雖三兩家，村必有一廟，廟皆祀關神武，香火之盛，蓋接於西海云。”《三州輯略》記載，僅乾隆時所建之鞏甯城、惠寧城、孚遠城皆築關帝廟。烏什永寧城中有關帝廟一座，乾隆曾為之御書匾額“靈鎮岩疆”，御書對聯“鐵輪名炳千秋日，靖遠威行萬里風”。〔4〕

《新疆圖志》詳細記載了清代新疆鎮迪道屬、伊塔道屬、阿克蘇道屬和喀什噶爾道屬四個地區關帝廟的修建情況。下文以此為依據，考察清末新疆關帝廟分佈情況，並分析其特點。

清代新疆關帝廟情況統計表〔5〕

	州、縣、廳	修建地點	修建時間	修建者
	迪化縣	城東北隅	光緒九年	烏魯木齊都統恭鏜
	昌吉縣	城南關	道光十六年建，光緒三年重建	伊犁將軍金順重修
	綏來縣	城中街	光緒六年	知縣李原琳建
鎮	孚遠縣	城中十字大街	同治十二年	濟木薩縣丞李月桂提督孔才建
迪	阜康縣	城西街	光緒十四年	知縣王廷贊督紳民李玉成建

---

〔1〕 趙爾巽等《清史稿》卷八四《禮（三）》，北京：中華書局，1976年版，第2541頁。

〔2〕 皇甫中行《文化關羽》，北京：中國華僑出版社，2003年版，第156頁。

〔3〕 皇甫中行《文化關羽》，北京：中國華僑出版社，2003年版，第207頁。

〔4〕《回疆通志》卷九，轉引自薛宗正等編《新疆社會生活史》，烏魯木齊：新疆人民出版社，第630頁。

〔5〕 表格主要依據為王樹楠《新疆圖志》，《新疆史志》第4部，第6册，全國圖書館文獻縮微複製中心，2003年版，第2909—2980頁。對關帝廟的統計另見和瑛《三州輯略》卷二《建置門》，臺灣：成文出版社，1985年5月版。文中所列清代新疆關帝廟數量更多，故本表足以說明清代關帝信仰盛行的情況。

续表

	州、縣、廳	修建地點	修建時間	修建者
道	奇臺縣	城中街	光緒二年	副將石輝田建
屬	吐魯番直隸廳	城西南隅	光緒四年	同知奎紱建
	鄯善縣	城東三里之東八柵	光緒六年	總兵竇恩曜、都司王星斗同建
	庫爾喀喇烏蘇直隸廳	舊在城平慶會館，新城北關外西頭	嘉慶六年創建，光緒六年移建	劉鴻發移建
	哈密	城西北郊三里	光緒十八年	副將蕭元亨建
	直隸廳	城北一百七十里天山	光緒三年	辦事大臣明春建
	鎮西直隸廳	城北門外里許	康熙五十九年及六十年四月	
	綏定縣	綏定城北街	光緒十一年建，十八年重建	將軍金順建，總兵張俊重建
		綏定城東關	光緒二年	紳民邢彦春、魏玉建
伊		惠遠城北街	光緒十八年	知府潘效蘇、知縣以潢同建
塔	寧遠縣	城東門外南岔子	乾隆年間	
道				
屬		城西街	光緒二十六年建，	知縣汪步端建，
	二十八年增修	知縣李方學增修		
城東郊	乾隆三十六年建	陝甘商民陳大明建，商民重修		
	光緒十一年重修	精河		
	直隸廳城北門	乾隆四十八年建，		
	光緒二十三年重修	都司姜輔國建，李克常重修		
		城南關	嘉慶六年建	西商民建
		一百二十里大河沿	光緒十八年	紳商建
	塔城直隸廳	漢城北街	光緒二十七年	同知雷銘三副將查春華建
		滿城北街	光緒十三年	參贊大臣額爾慶額建
阿	温宿府	城西門	光緒十三年	温宿直隸州知州陳銘鈺
克	拜城縣	城西北隅	光緒十三年	知縣楊廷珍
蘇	庫車直隸州	城中大街	光緒四年	候補道魏炳蔚提督張開俊

续表

	州、縣、廳	修建地點	修建時間	修建者
道	烏什直隸廳	城東關北頭	光緒五年	提督張曜
屬	焉耆府	泰將署西偏	光緒二十六年	泰將傅殿魁
	輪臺縣	縣署西偏	光緒四年	補用知縣王樹圻總兵王文安建
喀	疏勒府	城西街	光緒十年	知州蔣誥建
			二十八年	喀什噶爾兵備道朱冕榮提督
什				谷振傑重修
噶	巴楚州	城東門	光緒四年	提督席大成
爾	莎車府	在城	光緒七年	提督董福祥重修
道	和闐直隸州	回城	光緒四年	提督董福祥
屬	於闐縣	縣署東偏	光緒十一年	知縣許茂光
	英吉沙爾直隸廳	城東北隅	光緒十一年	同知劉嘉德承修

清代中葉以後新疆關帝信仰呈現出範圍擴大的趨勢。乾隆年間曾在新疆修有關帝廟，如烏魯木齊迪化城北關五涼會館的關帝廟建於乾隆三十四年（1769），山西會館的關帝廟建於乾隆四十四年（1779），奇臺東地的關帝廟建於乾隆五十七年（1792），伊犁惠遠城關帝廟建於乾隆二十八年（1763），鞏寧城北門正大街的關帝廟建於乾隆三十七年（1772）等。〔1〕歷經滄桑，清代新疆關帝廟幾經戰火，在光緒年間獲得了全面恢復與重建。全疆關帝廟中北疆的數量為 23 座，南疆 12 座，北疆明顯多於南疆；除南疆喀什噶爾道屬和闐直隸州的關帝廟坐落於回城外，各地關帝廟均坐落於漢城；南北疆各道屬中關帝廟所在的州、縣在清代經濟發展均相對迅速。清代新疆關帝信仰呈現出範圍廣、廟宇數量多、官修廟宇為主等幾個特點。

地域範圍廣，廟宇數量多。清代南北疆鎮迪道屬、伊塔道屬、阿克蘇道屬和喀什噶爾道屬四個地區都建有關帝廟。其中，鎮迪道屬 12 個州縣都各有關帝廟，覆蓋率為 100%；伊塔道屬 5 個州縣中 4 個有關帝廟，為 80%；阿克蘇道屬 11 個州縣中 6 個有關帝廟，為 54. 5%；喀什噶爾道屬 12 個州縣中 6 個有關帝廟，為 50%。關帝廟在各個道屬中的具體分佈依次為：鎮迪道屬分佈範圍最廣，為 7 個縣，4 個直隸廳；伊塔道屬 2 個縣，2 個直隸廳；阿克蘇道屬 2 個縣，2 個府，1 個州，1 個直隸廳；喀什噶爾 1 個縣，2 個府，2 個州，1 個直隸廳。雖然南疆的關帝廟覆蓋率小於北疆，但總體上覆蓋面仍很廣，最低值

〔1〕《三州輯略·建置門》中對詳見和瑛《三州輯略》卷二《建置門》，臺灣：成文出版社，1985 年 5 月版，第 78—82 頁。

僅為50%。關帝廟總數共計35座，其中鎮迪道屬的關帝廟總數最多，共12座，佔總數的34. 3%；伊塔道屬次之，為11座，佔總數的31. 5%；阿克蘇道屬和喀什噶爾道屬分別為6座，各佔總數的17. 1%。

以官方為修建主體。從關帝廟的修建和修繕者來看，除鎮迪道屬的庫爾喀喇烏蘇直隸廳和伊塔道屬的精河直隸廳兩處屬於民間的商民或紳民修建外，關帝廟的主要修建者多為擁有都統、伊犁將軍、知州、知縣、提督等官銜者。其中，伊犁將軍金順和提督董福祥都分別在兩個州、縣各修建一座關帝廟。

另外值得注意的還有各地關帝廟的位置，全疆四區中大多州、縣等的關帝廟都在城東、南、西、北各地，或者位於漢城。但在喀什噶爾道屬和闐直隸州的關帝廟卻坐落於回城，這在某種角度上講説明當地部分少數民族如回族有信仰關帝的跡象，或者至少對關帝信仰持不排斥的態度，允許本屬漢人的信仰在當地存在。

三

關帝信仰之所以形成並日漸流佈，究其原因，一方面是其内涵和精神符合普通大衆的心理需求，人們將關羽作為戰神、驅邪神、守護神、武財神甚至無所不能的萬能神。各地人們廣修廟宇祭拜這一神靈，祈求治病消災、驅邪避惡、招財進寶。其作為一種民間信仰，在滿足民衆心理需求，加强道德教化等方面也發揮了重要作用。

在清政府的大力宣導下，新疆外來移民規模逐漸擴大，包括來自陝西、甘肅、山西、直隸、山東、福建、雲南、廣東、廣西、浙江、河南、安徽和四川等各地的漢族和回族人口。據《新疆圖志・民政四》對清末新疆外省人口寄居的情況統計，當時新疆的外省寄居人口將近8萬，其中北疆和南疆的人數分別為56820和19839。在北疆除伊塔道屬的綏定縣和霍爾果斯縣外，其餘15個州縣均有外省人口寄居；而在南疆除喀什噶爾道屬的疏附縣和蒲犁廳外，其餘21州縣也都多少有外省人寄居。〔1〕

大量移民進入新疆不僅在軍事上和經濟上為新疆的發展做出了重要貢獻，也帶來了當地的特色文化，豐富了新疆的文化内容。作為在内地民衆中廣為流傳的關帝信仰同樣如此，移民人口中陝西、山西和甘肅等商人對促進關帝信仰的發展起到了重要作用，他們不僅在經商時身體力行體現出關羽身上所蕴涵的忠義、誠信、仁勇等精神，還採取實際行動修建大量廟宇。到新疆經商的商人中，有津商、晉商、陝商、豫商、湘商和鄂商等。建省前陝甘商人最多，“乾嘉之際，西師初罷，然猶吞營列戍，烽堠相望，置重鎮於巴里坤、伊犁，特其北烏魯木齊控其南。鎮西當馳道之沖，關中商人所聚會，粟麥山積，牛馬用穀量。”〔2〕晉商次之，“峨苛高轂駕龍煤，大賈多從北套來。”〔3〕詩中的北套即指山西商人而言。各地不同行業的商人進入新疆，促成了商人集團的形成，而商人數量較多的地方又建立了行會，乾隆年間迪化城的“山西會館”和“乾州會館”就是以地域為中心組織起來

〔1〕見王樹枏《新疆圖志》卷四三《民政四・户口一》，清辛亥活字本。

〔2〕《新疆圖志》卷二九《實業二》，清辛亥活字本。

〔3〕紀昀《烏魯木齊雜詩》，轉引自吴藹宸《歷代西域詩抄》，烏魯木齊：新疆人民出版社1983年版，第107頁。

的行會或同鄉會。[1] 內地各種商幫在新疆的不斷發展，加上各類行會的出現，凝聚了中華民族優秀傳統文化的仁、義、禮、智、信的理念在商業中便日益凸顯，如"晉商人生活儉樸，喜歡合作，企業大都是合夥經營"[2] 是為典範，而"大忠大愛是為仁，大孝大勇是為義，修齊治平是為禮，大恩大恕是為智，公平合理是為信"的田家祖訓早在清代新疆就得到了完滿體現。關羽則既符合仁、義、禮、智、信在商業中的誠信、忠義、團結、公平合理等豐富內涵，又滿足了商人追逐利益的財神形象，還不時作為行業保護神出現，加上清代統治者的宣傳和褒獎，關帝信仰就逐漸形成、發展，並最終走向興盛。清代當時的山西、陝西、甘肅商人，"輻輳已極，除會館之外，鳩工庀材，大興土木，廟宇之多，巍巍然，慶一郡之壯觀也"。[3] 這些關帝廟的修建為內地文化向新疆的移植和滲透創造了前提，為清代新疆關帝信仰的發展提供了必需的舞臺，也成為滿足關帝信仰興盛的基礎條件。

另一方面，歷代統治者認可並大力推崇。在歷代統治者的不斷加封下，關羽的形象經歷了由侯到王，到帝，再到大帝，最後到神的漸次攀升。從北宋末年的"忠惠公"、"武安王"和"義勇武安王"，後經南宋的"壯繆義勇武安英齊王"，元代的"顯靈壯繆義勇武安英齊王"，明代的"真君"、"協天大帝"和"三界伏魔大帝神"到清代的"忠義神武關聖大帝"、"忠義神武靈佑關聖大帝"，直到最後多達二十六字的封號"忠義神武靈佑仁勇威顯護國保民精誠綏靖翊贊宣德關聖大帝"。咸豐三年（1853），關帝"於是躋列中祀，行禮三跪九叩，樂六奏，舞《八佾》，如帝王廟儀"。[4]"清代較大的關帝廟皆由最高統治者皇帝御書題寫匾額，清代關羽受到了極高的榮譽，其祭祀典禮甚至作為國家祭神祭天的重要典禮之一。清廷規定每歲春秋仲月諏吉及五月十三日致祭，後殿以丞史將事，其儀注均與京城相同。除了國家祭典外，宮廷裏尚有自己祭典。"[5]

關帝信仰作為中國傳統文化的組成部分，實屬漢族人們的一種信仰，在清代新疆這種多民族多宗教的文化地域中生存下來，並得以廣泛普及，這與清政府的政策指向是分不開的，反映了作為象徵國家權威的關帝廟與關帝信仰所表現出來的國家對邊疆地區進行文化和精神認同建構的意圖。

清朝平定準噶爾和大小和卓叛亂的經驗，使得清政府逐漸認識到了社會穩定的重要性。清政府在治理新疆時，對各民族的宗教信仰採取較為寬鬆的政策，既不干涉正常的宗教活動，也允許各種宗教的並存，清朝的新疆成為一個多種宗教共同傳播發展的地區。清政府允許蒙古和新疆北部的蒙古人，西藏的藏人在各地建立喇嘛廟，信奉喇嘛教黄教。尊重南疆的維吾爾族人信奉伊斯蘭教，允許他們誦經禮拜，保護他們崇拜的和卓墳。同時也實行政教分離的政策，不僅在某種程度上實現了各種宗教力量的相互制衡，有利於清政府實現自己的統治，也有利於維護當時的社會穩定。清代宗教政策的相對寬鬆和各種宗教力量的相互制衡使得關帝信仰有了充足的存在空間，清政府對關羽的不斷加封以及各地廟宇

〔1〕 見和瑛《三州輯略》卷二《建置門》，臺灣：成文出版社，1985年5月版，第82頁。
〔2〕 蔡家藝《清代新疆社會經濟史綱》，北京：人民出版社，2006年版，第326頁。
〔3〕 和瑛《三州輯略》卷二《建置門》，臺灣：成文出版社，1985年5月版，第78—82頁。
〔4〕 趙爾巽等《清史稿》卷八四《禮（三）》，北京：中華書局，1976年版，第2541頁。
〔5〕 皇甫中行《文化關羽》，北京：中國華僑出版社，2003年版，第207頁。

的廣泛修建，又為關帝信仰的深入民間提供了客觀必然。清代新疆的關帝信仰正是在這種社會基礎上産生並不斷得到發揚。

如果説清初還僅停留在對關帝“義”的表彰層次上的話，到順治朝就明確提出“忠義”，乾隆帝不僅提升了關廟的形制，“殿及大門，易緑瓦為黄”，而且將此前的關帝“壯繆”謚號改為“忠義”，明確提出其用意在“寓譏評”，“彰大公”。〔1〕伊犁惠遠城關帝廟廟門兩側書寫聯語“春秋志在威名遠，戊己屯開廟貌崇。”〔2〕，這反映出清統治者試圖將關帝信仰與當時的統治思想進行溝通，達到統一。清朝用宋代的程朱理學為主題思想与價值觀，而《春秋》中“以道名分”思想為政治服務極為有利。清代學者劉文淇認為：“故有國者不可以不知《春秋》，前有讒而弗見，後有賊而不知；為人臣者不可以不知《春秋》，守經事而不知其宜，遭變事而不知其權，為人君父而不通於《春秋》之義者，必蒙首惡之名；為人臣子而不通於《春秋》之義者，必陷篡弑之誅死罪之名。”〔3〕關羽的忠使他一心不侍二主，忠於劉備，這恰是當時國家對於邊疆地區民衆所需要的價值觀。

以往學界因為階級論思想諸多，對於忠義思想多持批評態度。但正如南懷謹先生所説，“至如世所標榜關公之忠義，則於忠道之詮釋，不僅施於君臣之際，且可盡於人倫綱常之間。其餘義道之影響，且可概於朋友之適而及於社會之則。是誠春秋大義之微旨。故關公之典範，終能由人道而臻於神明之尊，豈偶然哉？”〔4〕對於傳統的道德觀念我們亦可以看到它永恆的價值，“五倫説注意人對人的關係，三綱説則將人對人的關係轉變為人對理、對位分、對常德的片面的絶對關係，所以三綱説當然比五倫説來得深刻而有力量。因此，忠君完全是對名分對理念盡忠，不是作暴君個人的奴隸。”〔5〕

清朝新疆距離中央窵遠，一旦有事，鞭長莫及，平叛與維護統一都需要勇武之將。關帝的勇此時就被宣揚彰顯出來。在新疆還廣泛流傳著所謂“關聖”顯靈的故事，甚至連清朝政府在上諭中都曾提到。乾隆三十三年（1768），昌吉遣犯暴動，進攻烏魯木齊，紀曉嵐在《閱微草堂筆記》中説：“忽見關帝立馬雲中，斷其歸路”，〔6〕遂四散亂逃，被清軍全殲。道光六年（1826）平定張格爾之亂時，長齡統兵屢獲勝仗，向清朝政府上奏説，關羽數次顯靈，幫清軍作戰。為此清朝政府特發上諭“我朝定鼎以來，關帝屢彰靈佑，……上年張格爾煽亂，……此皆仰賴關帝威靈顯赫，默概賊魂，用克生擒巨憝，永靖邊圉。”從清朝皇帝給關帝廟所題匾額“神佑新疆”、“靈鎮岩疆”等都可以看出彰顯關帝神武的意義，這對於邊疆安定有重要意義。

郭院林（1975—），男。北京大學文學博士，石河子大學文學藝術學院副教授
張燕，女。石河子大學政法學院研究生

〔1〕趙爾巽等《清史稿》卷八四《禮（三）》，北京：中華書局，1976年版，第2541頁。
〔2〕薛宗正等编《新疆社會生活史》，烏魯木齊：新疆人民出版社，第630頁。
〔3〕劉文淇等《春秋左氏傳舊注疏證》，北京：科學出版社，1959年版，第642頁。
〔4〕南懷瑾《武聖關壯繆遺跡圖志序》，《南懷瑾選集（六）》，上海：復旦大學出版社，2003版，第1頁。
〔5〕賀麟《五倫觀念的新探討》，《文化與人生》，臺北1973年重印本，第63頁。
〔6〕紀曉嵐《閱微草堂筆記》，上海古籍出版社，1980年版，第492頁。

The Faith of Guandi in Qing dynasty and Constructing Culture Identification

GUO Yuan－lin；ZHANG Yan

(School of Literature and Art，Shihezi University，Xinjiang Prov. 832003)

Abstract：The faith of Guandi is prevailing in Qing dynasty，accepted by the people and official universally. This paper investigate Guandi temple how to be distributed in Xinjiang province；analyze the reasons：one is the need of the peole in this region；another is the endeavour of constructing culture identification by the government.

Key words：Qing dynasty；Xinjiang province；The Faith of Guand；Culture Identification

泗州水母傳奇新論

劉康樂

（華中師範大學 歷史文化學院，湖北省 武漢市　430079）

提要：泗州水母傳奇源於巫支祁神話，在江淮各地流傳甚廣，“禹伏無支奇”始見於唐人的傳奇，宋元以來演繹為“僧伽鎖水母”這樣富有宗教色彩的民間傳說。明清以來，水母傳説在江淮流域又有“張果老降水母”等新版本，至於現代神話劇《虹橋贈珠》等水母新神話的出現，完成了水母形象的新塑造。唐人傳奇中的淮水怪巫支祁，經由歷代文人參與的藝術創作和民間戲曲傳唱的造神運動，增事踵華而為淮神水母娘娘，成為多情、正義和慈善的東方女仙的代表，立廟加以祭祀和崇拜，形成了富有江淮地方特色的水母信仰文化。

關鍵詞：泗州　水母　水神　水母信仰

中國許多地區都有水母神的傳説，較為著名者有山西、河北、北京、河南、山東和江淮等地的水母傳説，其中以淮泗地區的水母傳説最為古老、最富有鮮明的宗教、文學和民俗特色。神話中的上古淮渦水神巫支祁便是泗州水母的前身，遺跡尚在，民間傳唱經久不絕，淮泗獨特的自然地理環境和民間文化，造就了泗州水母傳奇的誕生、流佈和演變。

一、泗州水母的原型與訛變

世傳無支祁為上古時期的淮渦水神，然其見諸史料卻是唐時的傳奇。唐憲宗元和九年(814)，傳奇小説家李公佐也據這則“楚州水怪”的傳言創作《古嶽瀆經》，收録在宋李昉所編《太平廣記》的“李湯”條中：

> 禹理水，三至桐柏山。驚風走雷，石號木鳴，五伯擁川，天老肅兵，功不能興。禹怒，結集百靈，授命夔龍。桐柏等山君長稽首請命。禹因囚鴻蒙氏、章商氏、兜盧氏、犁婁氏，乃獲淮渦水神名無支祁。善應對言語、辯江淮之深淺，原隰之遠近。形若猿猴，縮鼻高額，青軀白首，金目雪牙。頸伸百尺，力逾九象，搏擊騰踔疾奔，輕利倏忽，聞視不可久。禹授之童律，不能制；授之烏木田，不能制；授之庚辰，能制。鴟脾、桓胡、木魅、水靈、山妖、石怪、奔號聚繞，以數千載。庚辰以戟逐去。頸鎖大索，鼻穿金鈴，徙淮陰之龜山之足下，俾淮水永安流注海也。庚辰之後，皆圖此形者，免淮濤風雨之難。[1]

〔1〕（宋）李昉《太平廣記》卷四六七，北京：中華書局，1961年版，第3845－3846頁。

這是最早最完整的巫支祁的一則資料，文中所記述的是唐代宗永泰年間（765－766）楚州（今江蘇淮安）洪澤湖的一次真實的"水怪事件"，或者說是民間虛構的一則傳聞，故此《古嶽瀆經》之前，尚有一段文字的交待：

永泰中李湯任楚州刺史，時有漁人夜釣於龜山之下，其釣因物所制不復出，漁者健水疾沉於下五十丈，見大鐵鎖盤繞山足，尋不知極，遂告湯，湯命漁人及能水者數十獲其鎖，力莫能制，加以牛五十餘頭，鎖乃振動，稍稍就岸時，無風濤驚浪翻湧，觀者大駭，鎖之末見一獸狀有如猿，白首長鬐，雪牙金爪，闖然上岸，高五丈許，蹲踞之狀若猿猴，但兩目不能開，兀若昏昧，目鼻水流如泉，涎沫腥穢，人不可近，久乃引頸伸欠，雙目忽開，光彩若電，顧視人焉。欲發狂怒，觀者奔走，獸亦徐徐引鎖拽牛入水去，竟不復出，時楚多知名士與湯相顧愕栗，不知其由爾乃，漁者時知鎖所，其獸竟不復見。

公佐至元和八年冬，自常州餞送給事中孟蘭，至朱方廉使薛公蘋館，待禮備時扶風馬植、范陽盧簡能、河東裴蘧皆同館之環爐，會語終夕焉，公佐復説前事如楊所言。至九年春公佐訪古東吴，從太守元公錫泛洞庭，登包山，宿道者周焦君廬，入靈洞，探仙書，石穴間得《古嶽瀆經》第八卷，文字古奇、編次蠹毀不能解，公佐與焦君共詳讀之。[1]

文末注此文出自唐韋絢的《戎幕閒談》，惜此書已軼，難睹真容。從上文可知《古嶽瀆經》明顯是李公佐的杜撰之作，經此傳奇的增事踵華，"禹伏巫支祁"的神話遂得以定型。唐人好為傳奇之作，取民間神異傳説為創作素材，實為中國小説之發端，魯迅《中國小説史略》論曰："傳奇者流，蓋源出於志怪，然施之藻繪，擴其波瀾，故成成就乃特異。"[2] 傳奇本為六朝志怪之續，"然為述宛轉，文辭華豔，與六朝之粗陳梗概者較，演進之為甚明。"[3] 為了增加傳奇之趣味，以引人入勝，故意杜撰真實的歷史故事，也是唐人傳奇創作的用意。

據明胡應麟《少室山房筆叢》對《古嶽瀆經》的考證曰："按此文出唐小説，蓋即六朝人踵山海經體而贋作者，或唐文士滑稽玩世之文，命名嶽瀆，可見以其説頗詭異，故後世或喜道之，宋太史景濂亦稍隱括集中，總之以文為戲耳。"[4] 宋明之時的文人，對巫支祁神話，視為志怪之類的作品，或以為娛樂之戲，不以其為真實歷史，糾正了以文為史的學術傳統。唐時關於"巫支祁"資料之記載，據唐李肇之《唐國史補》中也有"淮水無支奇"：

楚州有漁人忽於淮中釣得古鐵鎖，挽之不絶，以告官，刺史李陽大集人力引之，鎖窮有青獮猴躍出水，復没而逝，後有驗《山海經》云："水獸好為害，禹鎖於軍（音龜）山之下，其名曰無支奇。"[5]

---

〔1〕（宋）李昉《太平廣記》卷四六七，北京：中華書局，1961年版，第3845頁。
〔2〕魯迅《中國小説史略》，載《魯迅全集》第9卷，北京：人民文學出版社，1972年版，第212頁。
〔3〕魯迅《中國小説史略》，載《魯迅全集》第9卷，北京：人民文學出版社，1972年版，第211頁。
〔4〕（明）胡應麟《少室山房筆叢》，北京：中華書局，1958年版，第415頁。
〔5〕（唐）李肇《唐國史補》，上海：上海古籍出版社，1979年版，第23頁。

此書約是唐穆宗時代（820－824）的作品，其所傳聞的内容與《古嶽瀆經》大致相同，但文稱《山海經》云有水獸“無支奇”的記載，但考今本《山海經》，並無關於巫支祁的隻言片語，但“禹伏巫支祁之説”肇始於《山海經》的謬誤之談，遂得以貽誤後世。唐時楚州的民間流傳的水怪巫支祁故事，激起了斯時文學創作的熱潮，李公佐之《古嶽瀆經》與唐李肇之《唐國史補》等，參與民間的造神活動，推動了巫支祁神話的流佈。雖則傳奇文學荒誕無稽，但文學也必有其現實的影子。傳説中的帝堯時代，洪水肆虐，魚鱉為精，大禹就成為上古洪水時期的神話主角，唐時民間傳聞洪澤湖水怪，自然聯想到大禹治水的上古神話，以巫支祁傳奇附會於大禹，也是文學取材現實的創作邏輯。

考“無支祁”或“無支奇”之名，頗為怪異，“支”有“旁出”之意，“祁”有“大”之意，“奇”有“稀奇、孤單”之意，從中可以理解取名“無支祁”，蓋源於此水怪大而稀奇、古怪孤單、人不知其所出的神秘意味。吴承恩在創作《西遊記》時，以孫悟空繫為從石頭中所化的石猴，蓋循此而來的創作手法。“無支祁”因民間的口頭訛傳，也有作“巫支祁”、“巫之祈”、“無枝祇”等，後世學者多從中看到一個“巫”字，便斷言巫支祁有巫術，深有古代巫文化的影子，不過望文生義而已。

巫支祁神話並非毫無唐之前古籍之根據，先秦文獻之《吕氏春秋・諭大》中有神怪名為“歧母”，從音義上看，似乎與唐人傳奇所言“無支祁”有某種微妙的聯繫，可能對唐人傳奇創作有著不同程度的啟發。另據漢代王褒的《九懷・思忠》云：“玄武步兮水母，與吾期兮南榮。”其中“水母”注為“天龜水神。”水母是為龜蛇合體的水神，也可唐人傳奇的水神巫支祁中有著不少相似之處。唐時的水母神話與巫支祁神話，尚没有混一的現象。據明陳耀文《天中記》卷九“水母”引唐杜光庭《王氏神仙傳》云：“王玄芝夜見一道士，因隨之行在西江水底，月光中不見泥沙，水隨自開，路傍一物如龍又如蛇，長十丈許，道士曰：此水母也，見者長生。”[1] 可見至遲在唐五代時，湖湘之水母傳説與淮泗之巫支祁神話自成獨立之系統。

不過同為水文化的産物，水母與巫支祁還是存在著許多巧妙的聯繫：（一）水母與巫支祁同為江河的水神。（二）水母為龜蛇一體的玄武之形象，巫支祁形為水猿，據周克庸的考證，水猿巫支祁實乃龜的變體。[2]（三）洞庭湖是湖湘水母文化的發源地，而巫支祁是淮泗之水神，而李公佐稱記載巫支祁傳説的《古嶽瀆經》發見於洞庭湖，就絶非單純的巧合之事。

上述諸般為後來巫支祁訛傳為水母留下了許多演繹的空間，或者説巫支祁與水母的混一，實際上正是唐人傳奇糅合湖湘水母神話和淮泗水怪聞言加以藝術創作的結果。唐人傳奇所載的巫支祁，是為容貌醜陋、怪異駭人的大力猿猴，尚未擺脱六朝志怪的神魔形象，以怪為奇，世人引為奇談而已。此種怪異形象實難符合作為巫支祁淮河水神的身份，故此巫支祁形象的改造成為新的造神運動的重任，選擇具有女性柔美、妖媚特質的水母作為新的巫支祁形象，水為陰類，尊之為“母”，符合東方水神神話的審美情趣。

---

〔1〕〔明〕陳耀文《天中記》卷九，清光緒聽雨山房本，第26頁。

〔2〕周克庸《華夏水神的原型及其訛變》，載《浙江傳媒學院學報》，2008年第4期，第40頁。

二、水母傳説的文學改造

起源於唐代的巫支祁傳説，隨著西域僧人僧伽的參與而增添了宗教的色彩。據贊甯《宋高僧傳·唐泗州普光王寺僧伽傳》："釋僧伽者，葱嶺北何國人也。……伽在本土，少而出家。為僧之後，誓志游方。始至西涼府，次歷江淮，當龍朔初年（661）也。登即隸名於山陽龍興寺。自此始露神異。"〔1〕同年到泗州臨淮縣（今江蘇省盱眙縣）置普照王寺佈道，名聲遠播，受到百姓的崇拜，以至造寺廟供奉。龍朔二年（662），僧伽應召入長安，曾被唐中宗封為國師。景龍四年（710）僧伽圓寂，享年83歲。唐中宗為其敬漆肉身，送回泗州臨淮起靈瑞塔供養，遂奉為"泗州大聖"。〔2〕僧伽是唐代的神僧，傳説為觀音菩薩的化身，他駐錫江淮，扶危救困多有神通，深受水患之害的江淮民人遂崇拜之。隨著宋代僧伽信仰日益隆盛，"禹伏巫支祁"一變而為"僧伽鎖水母"。宋王象之的《輿地紀勝》卷四四"盱眙縣"載："聖母井，在龜山靈濟廟內，俗傳泗州僧伽降水母於此；水母洞，在龜山寺，俗傳泗州僧伽降水母於此。"〔3〕可知宋代此説在民間頗流行，水母有"聖母"之稱，可見民間已有尊崇水母之傾向。

不過此種民間巫支祁傳説的宗教化改造一直受到學者的批評，宋代的朱熹《楚辭辯證·天問》云："如今世俗謂僧伽降無支祁，許遜斬蛟、蜃精之類。本無稽據，而好事者遂假託撰造以實之，明理之士皆可以一笑而揮之，政不必深與辯也。"〔4〕批評僧伽降伏水母的故事絶無根據。宋羅泌在《路史》從唐五代杜光庭之《墉城集仙録》所記述王母之女"巫山神女雲華夫人"曾授上清寶文與禹以制蛟龍等水妖，考證"禹伏巫支祁"實有其事，但否認"僧伽鎖水母"之事，明胡應麟認為："羅泌《路史》辯有無支祈，世又訛禹事為泗州大聖，皆可笑。"〔5〕考諸僧傳，僧伽事跡中確無"僧伽鎖水母"的情節，諸仙傳也不見"張果老降伏水母"之記載，上述水母傳説的宗教色彩的改造，可以認為是唐宋以來淮河流域佛道教文化隆盛的象徵之一，也是佛道教利用民間文化進行宗教教化的具體體現。

不管是宗教教化的有意為之，還是民間創造的無意之作，宋以來"禹伏巫支祁"的傳説經改造為"僧伽鎖水母"，其特點體現為：（一）水母與巫支祁混而為一，或者以水母之名取代了巫支祁，在名稱上更傾向於水神而不是水怪；（二）僧伽取代了大禹作為鎮壓水母的主角，具有宗教説教的人性改造性質，而不是斬妖除魔的志怪意味；（二）水母的形象發生重要變化，已基本定型為半妖半仙的美貌女性形象，或者説是具有善良本質的女妖，但妖氣尚未脱盡。此種水母傳説的諸般改造，自離不開宋代話本小説的影響。宋代民間文化之發達，民間集體創造的文學，塑造了不少《白蛇傳》一樣的"義妖"形象，水母、白蛇等皆是被統治勢力鎮壓的女性，通過改造其情節與形象，反映了當時民衆同情弱小、垂憐被壓迫婦女、歌頌抗爭强權的善良願望。

---

〔1〕（宋）贊寧《宋高僧傳》，北京：中華書局，1987年版，第448頁。
〔2〕（宋）贊寧《宋高僧傳》，北京：中華書局，1987年版，第450—452頁。
〔3〕（宋）王象之《輿地紀勝》，臺北：文海出版社影印清咸豐五年刻本，1971年版，第320頁。
〔4〕〔宋〕朱熹《楚辭辯證》，清光緒十年遵義黎氏刻本，第45頁。
〔5〕（明）胡應麟《少室山房筆叢》，北京：中華書局，1958年版，第415頁。

宋代流行的“唐三藏西天取經”之佛教故事，將巫支祁的傳説也融入其中，是為民間參與水母傳説改造的又一明證。南宋即有《大唐三藏取經詩話》的流傳，金代院本有《唐三藏》、《蟠桃會》等話本，元雜劇有吴昌齡的《唐三藏西天取經》、《西遊記話本》、無名氏的《二郎神鎖齊天大聖》等，其中元代此題材中的“齊天大聖”孫悟空之原型，與淮河流域的巫支祁神話頗有聯繫。元吴昌齡所撰《唐三藏西天取經雜劇》（清葉堂輯《納書楹曲譜》録）的《定心》一折中，孫行者自述家世：“小聖弟兄姊妹五人，大姊離山老母，二妹巫枝祁聖母，大兄齊天大聖……”；在《女國》一出中又有：“似摩騰伽把阿難攝在瑶山上，若鬼子母將如來圈定在靈山上，巫枝祁把張僧拏在龜山上。不是我魔王苦苦害真僧，如今個個要尋和尚。”

元雜劇中的水母傳奇，可以看作是宋代“僧伽鎖水母”故事的延伸，不過更增添了許多民俗和道教的色彩，巫支祁摇身一變而為孫悟空之姊妹，並且與張僧、二郎神還有一番激烈的衝突，最後為觀音菩薩（僧伽化身）所降伏。雜劇極大地豐富了巫支祁傳説的内容，巫支祁不僅美貌，還有衆多神仙親屬，其形象本身較之於宋以前之巫支祁傳説也更為豐滿。

明吴承恩在《西遊記》中，鍾情於其家鄉淮安地區所流傳的水母傳説，又有不少改造，魯迅認為其“則以無支祁為女妖，或因此而演變為水母?”實際上宋代時巫支祁已經完成了水猿到女妖的轉變，定名為“水母”了。魯迅還認為吴承恩在創作《西遊記》時，“翻案挪移則用唐人傳奇，諷刺揶揄則取當時世態”，又借鑒於《古嶽瀆經》，“移其神變奮迅之狀於孫悟空，於是禹伏無支祁故事遂以湮滅。”[1] 魯迅揭示《西遊記》題材中的巫支祁傳説取自於唐人傳奇《古嶽瀆經》，雖則屬實，但對吴承恩《西遊記》改造巫支祁之批評卻失之公允。前述早在吴承恩創作《西遊記》之前，此類題材早已流行民間，另外，禹伏無支祁故事湮滅不是自吴承恩的《西遊記》而開始，實際上至遲在宋代時就已經盛行“僧伽鎖水母”了，雖學者多加批評糾正，但改變不了民間傳説的創作傾向。

河南黄河附近出土曾出土鐵鑄無支祁坐像，曲頸僂背，頭有雙角，高約一米，背上刻有“大宋建中元年（1102）三月□日造”，學者普遍據此認為這是宋代奉巫支祁為淮水神的象徵。考此宋代所鑄造的巫支祁鐵像，正是以被鎖巫支祁的水妖形象鑄成鐵像以鎮河水，並非是當時巫支祁被奉為水神的證明，而是體現當時人們鎮水求安的伏魔心理。這與宋代水母傳奇尚未脱離“禹伏巫支祁”或“僧伽鎖水母”等斬妖除魔性質的史實是一致的。

三、“水漫泗州”的文化闡釋

據乾隆《泗州志》所載：“康熙十九年夏，淮大溢，水數尺，官師僑寓外堤，舊城況没自此始。”[2] 清康熙十九年（1680）的夏天，位於洪澤湖西岸、淮水之濱的泗州城為一場罕見的暴雨所侵襲，大雨持續數月不退，黄河奪淮入海，洪澤湖水上漲，肆虐的洪水浸

〔1〕 魯迅《中國小説史略》，載《魯迅全集》第9卷，北京：人民文學出版社，1972年版，第228頁。
〔2〕（清）葉蘭纂《乾隆泗州志》，南京：江蘇古籍出版社，1998年版，第214頁。

没城牆，昔日繁華之都頃為澤國，數百年商賈雲集的水陸都會從此永沉湖底，淪為黿鼉之窟。泗州古城的沉没，留下了後人太多的惋惜和悲歎，三百多年來，在洪澤湖和淮水兩岸，“泗州戲”傳唱著“水母娘娘”的淒美故事，幽怨的拉魂腔訴説著淮河兩岸人們飽受水患之苦的哀愁和對天賜神靈拯救世間的渴望，人們立“水母廟”以祭祀水母，親切地稱之為“水母娘娘”，祈求洪澤湖和淮水的長久平安，把對控制水患的希望寄託在這位充滿傳奇色彩的女仙身上。

人們在惋惜古城沉没之時，虔誠祈禱淮河水神的護佑，並通過民間文學的創造，將淮神水母的傳説塑造成為新的神話版本，為傳統的降魔除妖故事增添了諸多人情的色彩。“水漫泗州”是泗州水母神話新版本的重要情節，通過這一曲折情節的文化闡釋，我們能夠深入探究泗州水母傳説變遷所體現的民間傳奇演變的一般規律。

古泗州的沉没，是歷史上淮河水患的一次總決算。這一段慘痛的記憶，被民間闡釋為“水母娘娘沉泗州”的淒美故事，其中水母不再是傳統形象中興風作浪、終被鎮壓的凶神水妖，而是作為被壓迫者的婦女形象受到人們的深切同情，過去的鎮壓英雄成為虛僞的衛道者，也是泗州沉没的罪魁禍首。新水母傳説的版本，完全顛覆了傳統的巫支祁和水母神話，是自覺的人性體現的自覺的文學創造。

“水漫泗州”是發生在清代康熙年代的真實歷史記憶，然而此前的巫支祁和水母神話已經流傳了上千年，故“水母沉泗州”神話新版本，就不僅僅是1680年夏天那場“泗州大水”的宗教解釋和神學讖語而已。淮河流於歷史上就是水患頻仍的東方澤國，泗州地處淮河入洪澤湖口，方志記載的明清以來的“水漫泗州”就發生了許多次，只不過康熙十九年的“水漫泗州”是最後一次滅絶性的水患災難。

既明“水漫泗州”為明代以來淮河水患的藝術反映，“水漫泗州”成為水母神話新版本的過程中，也經歷了同樣的藝術改造。明代泗州水母還保持著宋元以來被降伏和鎮壓的女妖形象，明太祖朱元璋於泗州城北建明祖陵，更重修普光王寺和泗州僧伽塔，寄希望於僧伽大聖降伏水妖、保佑淮河平安。明胡應麟《少室山房集》卷七九“蘭江竹枝詞”中有：“四柱淩雲排六鼇，鐵絙高繫最堅牢。水母難興泗州浪，蛟精不作九江濤。”水母仍被視為興風作浪的蛟精之類，便是當時世人寄託於“僧伽鎖水母”的民風反映。

水母娘娘“水漫泗州”的情節很容易讓人聯想到白娘子“水漫金山”的故事，白蛇傳説最早在宋代的《金缽記》中已有記載，同屬斬妖除魔的文學，明代馮夢龍在《警世通言》中，改編為“白娘子永鎮雷鋒塔”的新型愛情故事，此後相繼又有《西湖三塔記》、《雷鋒塔傳奇》、《義妖傳》、《白蛇寶傳》等版本問世，白蛇脱盡妖氣，修成人道，終成仙道。水母傳説的演變，同樣遵循著這樣的文化創造歷程，從水怪巫支祁到水妖水母再到水神水母娘娘，完成了泗州水母的從妖到神的形象嬗變。

“水漫泗州”的經典版本，當是民間流傳的“張果老智鎖水母”的傳説，明代成書的《西遊記》中記録了這一民間傳説。“水漫泗州”的另一版本見於清敦厚堂抄本《泗州城總講》中，內容大概為：女白蟒奉師金花妖仙之命，變化人形水漫泗州城。觀音大士化身老婦，問白蟒討水，白蟒警覺有異而逃。觀音大士召四天王、四天神、四金剛、四護法、四靈官、孫行者等下凡擒拿，一番鬬法後終擒白蟒，壓在山後永不翻身。[1] 作品雖未注明年代，内容融合了“僧伽降水母”、“張果老神驢飲水”、“化老婦智擒水妖”、“水漫泗州”、“鎮壓龜山”等諸種傳説的内容為一體，且有白蛇和孫行者之影子，可見深受“西遊記文學”和“白蛇文學”的影響，但依然不落降魔除妖的舊俗，應該是元明以後清早期的作品，其搬上京劇戲曲的舞臺，當是清代中後期的事情了。

新編現代神話劇《水漫泗州》，又名《虹橋贈珠》，基於清代京劇《泗州城》加以改造而成，是融合了民間流傳的“水母娘娘沉泗州”的再創作，也是水母形象最終完成的代表，成為不朽的藝術佳作，已成為京劇，徽劇、泗州戲、淮海戲的經典劇碼。《中國京劇戲考》録此故事梗概為：洪澤湖中的水神水母娘娘，在元宵佳節到泗州城來看燈，與泗州太守之子時廷芳邂逅相遇，雙方産生愛慕之情。水母娘娘便在虹橋橋畔，贈以辟水明珠，以作定情之物。後來被泗州太守知情，以水母為水妖為由加以阻撓，又有道士從中破壞。為了追求幸福愛情，水母娘娘勇於抗爭，無奈之中水漫泗州，與道士等鬬法，最後請來觀音菩薩從中調解，有情人終於成了眷屬。

新版本的水母妖氣盡去，蛻變為年輕、美貌、善良而多情的女仙，包涵人們心中理想淮神的應有之性。新編水母娘娘傳奇與白娘子傳奇一樣，之所以深受民衆之喜愛，成為經久不衰的經典之作，大概源於以下幾點：（一）脱離了傳統降魔傳奇的志怪性質，更近乎男女愛情的悲喜劇；（二）新編水母傳奇加入了“人仙之戀”的主題，豐富了傳奇文學的内容，提升了文學的思想主題；（三）對愛情的專一和熱烈追求，使得水母形象具有了更多人情的味道，水母成為人間女性愛情追求的象徵；（四）“水漫泗州”借用了“水漫金山”的情節，反映了被壓迫者的抗爭，是對强權勢力的有力控訴和對弱者的深切同情。（五）故事不是以被壓迫者的妥協為悲劇的結尾，而是反抗者爭取了自由和幸福的喜劇結局，反映了普通民衆的審美需求和心理訴求。

泗州水母文化的隆興，經過歷代傳奇的變遷和民間造神運動的作用，加之以泗州特殊的自然地理條件，終成淮河流域獨特的水母信仰。泗州水母信仰的形成，當然與明清以來泗州水災頻繁密不可分，據明鄭真《滎陽外史集》卷九八“濠梁録”載：“晚過龜山，舟師言：上有深井，樹屋覆之，面構巨石，擊之哄然有聲，殆錮支祈所耶。泗州學訓導郭某為予言：泗苦水患，故老相與，立神以祀之，以水為陰類，故以母稱，後世附會有泗州大聖破水母娘娘之説。此足以破千古之惑矣。”州學訓導郭某之言，一語道破了泗州水母信仰的根本原因所在：“泗苦水患，故老相與，立神以祀之。”水母本為淮水水神，深受東方民族之崇拜，泗州民衆不以其為水妖形象而捨棄之，故此禹伏巫支祁、僧伽鎖水母等説都難以為泗州民衆心理真正接受，他們通過自己的文學創造，塑造了嶄新的水母形象——多情、美貌、善良的女仙水母娘娘。

泗州水母信仰流傳於古泗州城為中心的洪澤湖淮河流域，今之洪澤湖岸泗州水母神話的中心地區，有山名為龜山，山下有水母井，相傳為僧伽鎖水母處，泗州故城通淮河上有

〔1〕王泛森等編《俗文學叢刊》第四輯，臺北：臺灣中央研究院歷史研究所、新文化出版有限公司聯合出版，2004年版，第341册，第511頁。

橋名“虹橋”，相傳為水母娘娘與愛人相會和“虹橋贈珠”之所，京劇、徽劇、泗州戲、淮海戲等劇碼中《泗州城》、《虹橋贈珠》等水母題材，即為泗州地區水母文化影響的明證。

劉康樂（1979—），男，安徽泗縣人。華中師範大學歷史學博士後

A New view on the Legend of the Water fairy in Sizhou

LIU Kang—le

(School of History Culture, Central China Normal University, Wuhan, Hubei Prov. 430079)

Abstract: The legends of the Water fairy in Sizhou come from a myth of Wuzhiqi, at Huaihe river basin spread very and widely. “the story of Dayu face down the Wuzhiqi" starts to see in the legend of Tang Dynasty, deducing for “the monk Sengga lock Water fairy” the folk tale of the so full of religious color since Song and Yuan Dynasty. Since Ming and Qing Dynasty, the Water fairy legend comes into being the new edition of " Zhang Guo Lao decline Water fairy” at Huaihe river basin. As for modern myth play “Present jewelry at Rainbow Bridge” etc, completed the Water fairy image to mold lately. The monster of Huaihe river Wuzhiqi within the legend of Tang Dynasty come into being Water fairy——a justice and kind eastern and female fairy through the art creations of past scholars and civil drama. People sign temple to take in to offer sacrifices to with the adoration, the Water fairy also became a belief culture with the region feature of Huaihe River.

Key words: Sizhou, Water fairy, the water immortal, the belief of Water fairy

民俗宗教中的土地崇拜

——以青海河湟地區《地母經》為考查中心

許四輩

（青海師範大學 民族師範學院，青海省 西寧市 810008）

提要：土地崇拜是民俗宗教重要的信仰内容。河湟寶卷《地母經》是民俗宗教中具有代表性的寶卷文本。本文通過寶卷文本探析了河湟民間的土地崇拜意識，分析了土地崇拜在現代社會的一些積極意義。

關鍵詞：寶卷　《地母經》　民俗宗教　河湟　土地崇拜

民俗宗教是中國民間流傳最為廣泛、擁有信衆最多的信仰形態，也是最能反映中國民衆精神追求和信仰心理的信仰形態。“所有漢族所擁有的唯一宗教，正是民俗宗教”。[1]一般把民俗宗教的崇拜對象概括為自然崇拜、祖先崇拜和各種精靈崇拜。其中土地又是最為普遍、最為深入人心的崇拜對象。土地崇拜是一種古老的信仰觀念，在史前時期就已十分普遍地存在。在漫長的歷史長河中，積瀫了民衆對土地、對自身、對災禍、對生活資源等内容的多種思想認識，早在《禮記郊特牲》中就有“地載萬物，天垂象。取財於地，取法於天，是以尊天而親地”的記述，先民意識到對土地的依賴而産生地母崇拜。民衆既對土地有著直接的依賴心理，同時又充滿了畏懼心理，把土地形象地喻為地母。“傳統上以農業立國的中國，祈求五谷豐登乃是各種祈願内容中最為重要的一項。所以，它遍及鄉村的每個角落。”[2]各地雖然由於地域差别、生産生活方式不同、祈求内容有異而崇拜不同的神靈，對土地的崇拜卻是全民性的，大地神的觀念遍及各個地域多種民族，以至於將社神祭祀上升為國家正祀，民間供奉身份較低職能較小的土地神。不論何地、從事何種生産生活方式，到處都有山神土主，都有對土地神的信仰祭祀。

社神崇拜就是土地崇拜的具體化，也是土地崇拜的代表形式。極為有趣的是，民間時常將祖先崇拜和土地崇拜結合在一起。《中國地方志民俗資料彙編・中南卷》載，河南各地或“祀后土，有四時祭土地文”，或清明祭祖“墓上皆添新土”，“復益土丘壟，曰‘添墳’”，或“鄉社飲，祀先農”，或“新冢則以社日詣而泣奠”，或“民間祭掃墳墓，添土挂紙於巔”，“拜先茔，封土祭奠”。《中國地方志民俗資料彙編西北卷》載，陝西各地或“清明節，家家上墳祭掃，新冢添土”，或“清明節掃墓，前一日增土”，或“冬至後一百五

〔1〕［日］渡邊欣雄著，周星譯《漢族的民俗宗教：社會人類學的研究》，天津：天津人民出版社，1998年，第1頁。

〔2〕［日］渡邊欣雄著，周星譯《漢族的民俗宗教：社會人類學的研究》，第30頁。

日，各具品醴拜掃塋墓，墓上增土數簣，懸挂紙錢，謂之‘添土’”，或“清明日，具牲醴詣先墓祭奠，添土挂紙，名‘拜掃’”。甘肅各地或“清明節，祭墓培土，挂紙錢”，或“清明，具肴饌，詣墳墓添冢土”，或“清明日，各家備紙錢、酒饌祭墓，各冢覆土”。[1]青海河湟地區，更是在春社之日舉行大規模祭祖，各家族、家庭無論長幼，皆備犧牲、酒肴，前往祭祖，添土挂紙，飲酒狂歡。足以看出，在民衆心目中，祖先和土地是與自己最為親近、也最能護佑自己、最能為自己帶來福祉的神靈。土地崇拜在民俗宗教中屬於最重要的信仰範疇，土地神因此也在民俗宗教的諸多神靈之中具有特別的地位。

一、河湟寶卷《地母經》

每一種宗教都有反映其宗教思想、宗教倫理的文字載體。民俗宗教零散的宗教思想和勸善倫理大都體現在民間所流傳的寶卷之中。有人將明清時期衆多的民間宗教概括為“寶卷流民間宗教”[2]，民俗宗教與民間宗教雖不是同一層級的相同概念，但二者都與下層百姓的生活緊密相關，二者都編織在民衆的生活脈絡中，而且二者是互相影響、互相滲透的，一直是一種互動的存在。因此可以説，寶卷是民間宗教宣傳宗教思想、宗教倫理的形式，是民間宗教思想的文字載體。車錫倫指出：“中國寶卷是在宗教（佛教和明清民間宗教）和民間信仰活動中演唱的一種説唱形式。……至今仍在個别地區的農村某些民間教團中流傳。……大致可分為兩大類，一類是非文學作品的宗教宣傳品，唱述宗教教義、義軌和勸善説教，這一類主要是佛教和明清各教派的寶卷。”並且引用李世瑜《寶卷新研》的論述“變文是為佛教服務的，而寶卷則是為流傳於民間的各種秘密宗教服務的”[3]。民俗宗教的寶卷數量龐大、種類繁多，體現了民俗宗教繁雜的神靈世界和多種宗教觀念摻雜的複合性，誦讀念唱寶卷又是民俗宗教活動的主要儀式。

在衆多的寶卷經文中，《地母經》因為地母作為最高神、造物主的權威和地位，成為衆經之首。《地母經》又叫《地母真經》、《地母寶卷》、《地主經》，也稱《地母宣化真經》、《無上虚空地母玄化養生保命真經》等。車錫倫《中國寶卷總目》有編號 0154《地母寶卷》和編號 0155《地母真經》，據文獻記載，《地母經》是普善道常用的經書。除簡短的“香贊”和“地母寶誥”外，分《地母真經》和《地母妙經》兩部分。在青海河湟地區至今活動著一種以中老年婦女為主要成員、以念誦寶卷為主要儀式的民間信仰組織，通常稱為“嘛呢會”。這種組織在各種宗教活動中都要首先念誦寶卷《地母經》，《地母經》在衆多寶卷中居於核心地位。流傳於青海河湟地區的嘛呢寶卷是現存唯一活態的民間寶卷，該《地母經》除了不具備“香贊”、“地母寶誥”和《地母妙經》，其中《地母真經》與陝西漢中府城固縣保存的《地母真經》大致接近[4]，但篇幅明顯短於城固縣保存本（城固縣村本為一百八十二句，青海流傳本只有八十九句）。下面是流傳於青海河湟地區的嘛呢寶卷《地母經》（由於是手抄，各地流傳的文本可能有一些文字出入）：

---

〔1〕參見丁世良、趙放主編《中國地方志民俗資料彙編》，北京：書目文獻出版社，1991 年。

〔2〕梁景之《清代民間宗教與鄉土社會》，北京：社會科學文獻出版社，2004 年，第 28 頁。

〔3〕車錫倫《中國寶卷研究的世紀回顧》，《東南大學學報》（哲學社會科學版），2001 年第 3 期。

〔4〕陝西漢中府城固縣存《地母經》見 http//www. 360doc. com。

盤古初分咱為尊，陰陽二氣配成婚。萬物本是土中生，
不是空中來發生。地是地來天是天，陰陽二氣緊相連。
坎離震兑惟四正，乾坤艮巽四維天。地母本是戊己土，
抱養先天與後天。夫君本是元童子，地聾天啞配成婚。
雖然不會人言語，三九二八時常行。身懷有孕十年整，
胎滿產出六聖人。天皇地皇人皇氏，伏羲軒轅與神農。
伏羲能配天和地，神農配出五谷生。軒轅造屋置衣冠，
留於後世照樣行。三世諸佛從我出，菩薩不離我壹身。
千千諸佛難離我，離我何處去安身？東西南北四部州，
春夏秋冬我造成。江河湖海不離我，山林樹木我長成。
歷代帝王不離我，萬國九洲皆我承。庶民百姓有我養，
各種五谷我滋生。人生在世都靠我，死後還在我懷中。
各州府縣不離我，庵觀寺院我修成。大小神像由我塑，
諸佛金身我成功。黄金本是四方財。想壞世上多少人。
金銀財寶從我出，萬樣不離我壹身。各國王子把我佔，
歷代帝王把我爭。國王為我動干戈，弟兄為我失了情。
爭下地土妳們用，哪個敬我地母神？綾羅彩緞從我出，
瓜果菜蔬我長成。變成銀錢妳們用，哪個提念我壹聲？
世上諸佛不離我，萬物本是土中生。土生土產生壹氣，
氣數包藏六道行。世人只知天為大，地母和天一樣同。
天上一點甘露雨，滴在地上五谷生。雖然下的是好雨，
還是地母骨血精。龍潛千江不離我，風雲還是土中生。
我不與他起風雲，看他雨從何處濛？金龍無處把身隱，
呼雷閃電露原形。説來説去都是我，世人怎知我苦情？
地母晝夜不合眼，合眼衆生受災星。地母一時丢個盹，
鼇魚翻身一掃平。那時無天也無地，世面混噸一場空。
諸佛奔走天涯外，菩薩跑的影無蹤。要知地母名和姓，
盤古初分老元生。壽活一十二萬歲，九千六百刻時辰。
出世受盡千般苦，不要把我閃了空。嬰兒姹女無壹個，
坐在南陽放悲聲。若要母子重相會，除非子丑别生天。
真經八十零九句，句句説的是真情。家家誦念地母經，
年年豐收享太平。地母十月十八生，家家上香都點燈。
有人傳我地母經，永世不踏地獄門。南無佛合通寶號，
十祖佛阿彌陀佛。

城固縣存本還有“萬物本賴風和雨，開堂先念地母經。上奉高真親歡喜，下包萬民永安甯”，“地是地來天是天，陰陽二氣緊相連”，“天下男女多生病，地母萬藥造生成。男女口中無滋味，油鹽醬醋我造成”，“萬般都是我造成，地母心血都費勁”，“及早誠信把功趕，

莫把銀錢放在心"，"大忠大孝大結果，大慈大仁永長生。地母敕封蓮花增，吾國果成大羅京，男女盡成大羅體，極樂寶殿萬古名"等語句。在其他著述中引用《地母宣化真經》的文句如"神與氣合化天地，氣與神合產賢人"，"陰陽會合真造化，造化天地產賢君"，"要知老母名和姓，鴻蒙未判老混囤"，"十年胎足卦爻定，胎滿產出六賢君"〔1〕。

二、《地母經》包含的崇土意識

寶卷《地母經》作為民俗宗教重要的文字載體，不論它宣揚信奉什麼神靈，但對土地的各種認識、思想、感情確是比較清晰而突出的。

第一，反映了民衆天人合一的樸素認知和價值追求。中國很早就產生了天人一理的觀念，認為自然的存在、運行與人自身的存在運行相類似。日月為二目，山峰為肌肉，江河為血液，等等。正是在這種觀念認識下，將大地人格化，賦予大地人的意志、靈魂、意識、情感。這在早期可能主要意識到大地生養萬物、人類生存的一切資源都從大地獲取而賦予大地以母性品質，後來女性地位的低下與社會全體對母性的尊重、禮贊矛盾統一，民衆又逐漸地把母性所擁有的種種美好品質都添加在地母身上。地母神具有無私、博大、奉獻、慈愛、包容的偉大人格。關於人類自身的誕生，也認為由土地而生，是由女媧娘娘摶土造成的。經文"胎滿產出六賢君"、"三世諸佛從我出"、"春夏秋冬我造成，江河湖海不離我"，"山林樹木我長成"，"金銀財寶從我出"，表明大地生養萬物的的母性神格；"地母費了無邊心"、"勞碌辛苦地母受，好穿好吃兒女行"、"地母晝夜不合眼，合眼衆生有災星"，可見地母傾己所有，撫養兒女，而且盡一切力量護佑衆生兒女，還要為衆生兒女解除疾病災難。"人活在世吃用我，死後還在我懷中"，大地之母與母親一樣的寬厚和仁慈。"土地，是人們的安身立命之地，又是人們衣食住行的慷慨供養者，""土地是最無私、最忠實、也是最慷慨的，它能毫不吝嗇的獻出全部寶藏"，因而在感情上，"人們對土地的供奉和崇拜是最親切的，常常還有一種如同母親一樣的依戀之情"〔2〕。經文也包含了大地所產的陰陽之氣、動植物、山川河海和人類平等相處、和諧共存的觀念。

第二，認為土地在自然界中處於核心地位。"盤古初分我當尊"，"世人只知天為大，地母敢大天一層"，"土者，母也，無土不生，萬物從土中生來"，土乃五行之母。在構成世界的主要元素（即金木水火土五行）中，土居中央，土地在宇宙中處於中央核心地位，由土地生養的人類自然在天地間居於核心地位。"每月三戊要虔誠"，"三十六戊要記全"，"男女立壇逢戊念，立壇記戊講分明"。在天干與五行對應的時間表示中，戊日即土日，因此在每月的戊日自然應該念誦地母經，祭奠地母神。

第三，充分意識到土地對人類命運的決定作用。一方面，土地提供給人類生存的必要資源，尤其中國民衆歷來以農過活、以農立國，"五谷六米"、"山林樹木"是賴以生存的基本條件，而這些條件的優劣又要歸根於風調雨順、水流充足，江河湖海、風雲雨露又在

〔1〕 梁景之《清代民間宗教與鄉土社會》，北京：社會科學文獻出版社，2004 年，第 232 頁，該著還有整段引用，見第 85 頁。

〔2〕 王景林《中國鬼神文化溯源》，北京：農村讀物出版社，1992 年，第 127－128 頁。

地母掌控之下。一方面，自然的運行不是一帆風順的，人類時常面臨著各種自然災害和疾病，特別是在人類防禦自然災害、抵禦各種疾病的能力十分低下的情況下，對神靈的祈求就更加强烈，即使在現代社會，人類在衆多災害面前仍然無能為力。地母解除疾病、災害和劫難的神通就會給人以希冀、安慰和信心，從精神心理的方面給人以生活的寄託。當然，換個角度看，人們敬畏地母從而善待大地，調節好大地萬物之間的存在關係，那麽人類所面臨的疾病、災難甚至解難就會減少許多、減輕許多。

第四，《地母經》體現了民衆的受恩祈報心理。知恩圖報，受人點滴之恩，當以湧泉相報，知恩不報非君子。中國民間普遍注重受恩圖報，不論對現實中的人物還是超現實的神靈。在民俗宗教活動中春祈秋報的例子不勝枚舉，古代就有春社和秋社，春社祭祀向神靈祈求當年風調雨順，秋社祭司感謝當年五谷豐登。青海民和土族的納頓、黄南地區的六月會都是典型的酬報儀式。筆者老家每年秋收後都要擇一吉日舉行“供新”活動，即把當年新產的糧油供奉給地方神靈，以答謝神靈在五谷生長過程中的護佑。經文講道“老娘為兒更為女，兒女忘了我的恩”，“君臣文武忘母意，忘了地母大慈恩”，“將恩不報反無情”，“墮落萬劫不翻身”，“若還不信地母話，大劫大難活不成”，以譴責的口吻責備忘恩負義之人，並以帶給深災大難相警示，指出如果虔心敬奉地母會解除苦厄，“家家都把地母敬，五谷豐收樂太平”，“也無大災與大難，善男善女享康樂”。這固然有利用因緣果報引導民衆加入民俗宗教組織和潛心信奉神靈的意圖，以及創教人或教首企圖壯大教團的動機。從另一方面也看出民間對受恩圖報觀念的注重，對不報答神恩的懲罰，正是民衆對無情無義、恩將仇報極端痛恨心理的反映。那些得利忘義、忘恩負義之人就應該墮入萬劫不復之地。

第五，地母神的“全神”職能。地母神既是民衆的養育神，又是民衆的保護神，民衆可以把所有的願望都向它祈求。“他身兼數職，甚至為萬能的神祇，成為各個地域的保護神，”除了向它春祈秋報以外，“天旱求雨，祈禱於社；發生火災時，亦告祭於社，以消除火災”，“社神無所不能，具有保護神的性質”[1]。“天下男女多生病，地母萬藥造生成”，“夫人傳我地母經，代代兒孫滿堂興”，“有人傳我地母經，子孫萬代受皇恩”，地母神無所不能。這種全神職能是傳統鄉村社會多神信仰多神崇拜創造性整合的產物，“‘全神’信仰是普遍見於民間宗教與民間社會的一種共同的現象。”[2] 在鄉村社會，老百姓在信仰上表現為功利主義和“唯靈論”，關注的往往是神靈的職能和效驗，他們對心願的訴求常常不會局限於某一個神靈或某個教派，而是根據自己的需求選擇神靈，也會把衆多神靈的職能綜合到一位神靈身上。觀音菩薩就是這樣一位神靈，地母神也是這種綜合衆多神靈職能的“全神”（這種全神現象還表現為在同一宗教空間内，同時祭祀屬於不同宗教派别的許多神靈，民衆寄希望於衆神靈的合力）。全神現象不能不説是中國民間宗教和民俗宗教的一個顯著特點。

---

〔1〕 何星亮《中國自然崇拜》，南京：江蘇人民出版社，2008 年，第 92 頁。

〔2〕 梁景之《清代民間宗教與鄉土社會》，北京：社會科學文獻出版社，2004 年，第 295 頁。

三、土地崇拜的現實意義

“漢族的宗教是基於‘現實利益’的宗教”[1]，“民間宗教信仰具有明顯的原始宗教、自然宗教、普化宗教的特徵”，“崇拜目的的直接功利性强”，“通常出自低層次的動機”[2]。鄉村民衆是務實的，他們的神靈信仰與他們的生活息息相關，他們祈求於神靈的正是他們對生活的種種願望。然而正如日本民俗學之父柳田國男所説：“我們的學問最終需得是濟世助人的。我們需要的是能將人類未來的生活導向幸福的現在的知識，以及能夠解決今日的諸多疑問的過去的知識”[3]。在土地崇拜中表現出來的直接功利性的動機和在信仰中表現出來的土地觀念會仍然影響到今天人們的生活，如果對這些觀念加以取舍，會在現代社會産生相應的積極意義。

首先，在一定程度上起到保留民間記憶和宣揚倫理思想的作用。現在雖然是教育普及的社會，但在民間還有數量不少的文盲、半文盲，他們對混沌初開、三皇五帝、女媧造人、伏羲軒轅等神話傳説只能通過口耳相傳獲得並傳承，他們對自然的知識也只能通過念誦經文的方式獲得。這些知識豐富了他們的生活，增加了他們對歷史、世界的認識。在民俗宗教活動中念誦這些經文，宣揚諸如知恩圖報、不可貪得無厭、重善輕財等倫理道德觀念，無疑可以强化人們的道德意識，推廣良好的行為規範，達到和睦人際關係、和諧社會秩序的目的。

其次，呼籲減少人為災難。自古以來，人們一直對土地充滿了佔有欲望，歷代帝王無不在做著擴疆拓土的努力。因此也給廣大的普通百姓帶來無邊的災難。“累代帝王把我尊，國王為我動干戈”，“各國王子把我佔”，“弟兄為我失了情”。這些教訓是理應為今天的人們所吸取的，這樣的災難在今天是應該努力避免的。在現代社會，又由於人們無厭的物質欲望，向自然大地過度索取，造成大地萬物生存運行的失調，帶給人類種種人為的災難。凡此種種，都是需要引起人們反思並盡力改善的。

再次，弘揚生態意識，構建人與自然的長久和諧。《地母經》中有一些内容體現了民衆樸素的生態意識。大地賦予人類以生命，又提供給人類賴以生産生存的資源，人死後還要回到大地懷抱。在這個生生不息的連續環節中，只有建立人與自然的長久和諧，才能維持人類的繁衍生息、幸福生存。現代社會的人們更要增强憂患意識，從自身出發有效預防各種自然災害。人類經歷的災難如地震、海嘯、火山爆發、山洪泥石流、地表塌陷，哪一種不是“鰲魚翻身一掃平”、“合眼衆生有災星”？民俗宗教、民間宗教中的“劫難論”固然是為吸納信衆而虛構的恐懼假設，但有誰能保證這樣的劫難不會真的到來？因此人類要對大地心存感激，保持索取和保護的平衡，主動采取積極措施，使大地上的各種生物、非生物和諧存在，讓大地永遠擁有承載人類、生養人類的健康肌體和活力。

宣揚民俗宗教思想倫理的寶卷《地母經》，在衆多的民間宗教、民俗宗教寶卷中具有

---

〔1〕［日］渡邊欣雄著，周星譯《漢族的民俗宗教：社會人類學的研究》，第18頁。

〔2〕覃德清《中國民間宗教信仰的現狀與改革的思考》，《民間文學論壇》，1997年第4期。

〔3〕［日］福天亞細男著，于芳、王京、彭為文譯《日本民俗學方法序説——柳田國男與民俗學》，北京：學苑出版社，2010年，第56頁。

一定的代表性。有人認為，地母就是無生老母的翻版[1]，（但更有可能無生老母是根據民間對地母的認識而塑造的）在明清民間宗教中，無生老母是許多教派共同信仰的最高神、創世神。《地母經》不論以什麼名稱出現，其流傳的地域、信仰群體、教派組織都是甚為廣泛的，其中所宣揚的土地崇拜意識在下層民衆中間有相當的代表性。作為民俗宗教思想的書面載體，其切近的功利性、希圖吸納信衆的直接動機以及其他一些牽强附會的因素，無疑具有消極作用。但在反映民俗宗教天人合一的自然觀和價值追求、强化大地對人類的貢獻意識、倡導受恩圖報的倫理道德觀念、積極減少人為災難最終構建人類與自然的長久和諧方面，具有現實意義。

許四輩（1970－），男，青海省民和縣人。青海師範大學民族師範學院教師

The field worship in folk religion based on *Dimujing* in Hehuang district

XU Si－bei

Abstract：The field worship is important content in folk religion. *Dimujing*（地母經）in Hehuang district of Qinghai province is the representative text. The article to analyzes field worship thought and its active meaning in the modern society.

Key words：BaoJuan（寶卷）；*Dimujing*（地母經）；folk religious；field worship

〔1〕梁景之《清代民間宗教與鄉土社會》，北京：社會科學文獻出版社，2004年，第49頁。

中、越交通中的造城傳説圈*

李 道 和
（雲南大學 人文學院，雲南省 昆明市 650091）

提要：秦漢以來，中國西南及其與越南的交通往來逐步頻繁，隨着這些古道的開通，以動物助人築造城邑為母題的民間傳説也在相關地區傳播，如古代蜀、滇、粤（桂）及交阯地區都有多種龜城、龍城傳説，而這些傳説又都以《楚辭》神話為原型，從而形成以楚、蜀、滇、粤、越為點帶，以龜、龍（蛇）為主角的造城傳説圈。

關鍵詞：傳説圈 城邑 中國 越南

古代中國與越南之間早有交通往來，最早的當是蜀—身毒道，此道是漢武帝以前開通的中、印之間最早的交通道路。它以雲南為重要樞紐，以滇池為核心，北抵蜀達秦，東通夜郎（牂柯）（在今黔、滇、桂相鄰地帶）以至巴、楚，西由昆明（在今滇西大理地區）以至印度，而南從句町、進桑入交趾。句町地在今雲南文山州盤龍江上游，進桑地在今紅河上游，二水均南入越南〔1〕。考古發現也證實了中、越間的早期交通，如蜀、滇及交阯石器時代、青銅時代的文化均相似，尤其是四川、雲南的青銅文化成為越南青銅文化的來源，雲南（滇西－滇中）又是世界銅鼓的起源地，銅鼓文化遍及東南亞，這些都有早期交通的背景〔2〕。

隨着中、越間古道的開通，包括民間文學在內的文化自然也會在古道周邊傳播。首先引起我們注意的是在中國、越南壯族系統中流傳的安陽王傳説，它包括龜助築城、神弩破敵兩種故事，這些傳説皆有古籍和口頭文本。關於安陽王傳説，早有中越學者如陳修和、

* 本文為2011年度國家社科基金項目《古代文言小説的故事學研究》（李道和主持，批准號：11BZW076）的階段性成果。

〔1〕 參方國瑜《中國西南歷史地理考釋》（1974），北京：中華書局，1987年10月版，上册，第6－8、10－11頁；方國瑜《雲南與印度緬甸之古代交通》（1941），收入方國瑜著，林超民編《方國瑜文集》，第4輯，昆明：雲南教育出版社，2001年8月版，第338－369頁，參第342－344頁。又，陳修和亦曾討論古代蜀、越間的交通，參其《越南古史及其民族文化之研究》，昆明：國立雲南大學西南文化研究室，1943年12月，第69－80頁。

〔2〕 參李昆聲、黄德榮《中國與東南亞的古代銅鼓》，昆明：雲南美術出版社，2008年12月版，第7－38、278頁；陳國保《周秦時期交趾與蜀、滇區域間的密切交往及其與中原聯繫的發展》，收入《紅河流域社會發展國際論壇首届國際學術研討會論文集》，紅河學院紅河流域社會發展研究中心編，昆明：雲南大學出版社，2006年12月版，第251－260頁。

陶維英、徐中舒、蒙文通、傅光宇等作過較為細緻、深入的探討[1]，但主要偏重於神弩傳説，造城傳説也還有繼續抉發的必要，我們這裏重點討論築城故事，並由此溯源討流、推此及彼，進而梳理出横跨中國、越南之間動物助人造城傳説圈的演變軌跡。

一、古代鵠城、馬邑、蛇城等傳説

就現成文獻可知，中國古代動物助人築城傳説發生最早的時代可能是戰國。《水經注》卷三《河水三》引《虞氏記》（未知撰人，疑是晉虞喜《志林》或盧植《冀州風土記》）云：

> 趙武侯自五原河曲築長城，東至陰山。又於河西造大城，一箱崩不就，乃改卜陰山河曲而禱焉。晝見羣鵠遊於雲中，徘徊經日，見大光在其下。武侯曰："此為城乎?"乃即於其處築城，今雲中城是也。[2]

趙武侯即戰國趙武靈王（前324—前299在位），所築雲中城在今内蒙烏拉特前旗一帶。因為城崩禱神，雲中群鵠徘徊成為新址徵兆，故築成後謂之雲中城，我們也可稱之為"鵠城"。

北方除有鵠城外，還有著名的晉北馬邑，是戰國後期秦人所建。《搜神記》卷二七説：

> 昔秦人築城於武州塞内，以備胡，城將成而崩者數矣。忽有馬馳走一地，周旋反覆。父老異之，因依走跡以築城，城乃不崩，遂名之為"馬邑"。[3]

河西地區又有鷩鳥城，《太平御覽》卷一九三引《郡國志》（未知撰人，當在東晉以後）曰："涼州昌松縣有鷩鳥城，魏改為神鳥城。張軌時，有五色鳥集，於其處築城。"[4]昌松在今甘肅武威市南一帶，其鷩鳥城為西晉末前涼張軌在鷩鳥雲集處所築。

同樣是在西晉末的"蛇城"傳説也有特色，《太平寰宇記》卷四三載，河東道晉州臨汾縣有"劉元海城"：

> 晉永嘉（307—313）之亂，元海僭稱漢，於此置都，築平陽城。晝夜興作，不久則崩。募能城者賞之。先有韓媪者，於野田見巨卵，傍有嬰兒，收養之，字曰"橛

---

〔1〕 參陳修和《越南古史及其民族文化之研究》，第117—122頁；《中越兩國人民的友好關係和文化交流》，陳修和著，北京：中國青年出版社，1957年4月版，參第10，47—51頁。[越] 陶維英著，劉統文、子鉞譯《越南古代史》(1957)，北京：商務印書館，1976年11月版，第二編《安陽王與甌雒國問題》，上册，第143—297頁，主要參見第144—169，212—222頁；又 [越] 陶維英著，鍾民岩譯《越南歷代疆域》(1964)，北京：商務印書館1973年12月版，第二部分《甌雒國》，第27—46頁，其中有附録《關於螺城問題》，第38—44頁。徐中舒《〈交州外域記〉蜀王子安陽王史跡箋證》，原載《四川大學學報叢刊·四川地方史研究專集》，1980年7月，此據徐亮工編《川大史學·徐中舒卷》，成都：四川大學出版社，2006年8月版，第489—500頁。蒙文通著《越史叢考》(1983)，收入《蒙文通文集》第2卷《古族甄微》，成都：巴蜀書社，1993年4月版，第299—444頁；參見第七部分《安陽王雜考》，第358—378頁。傅光宇著《雲南民族文學與東南亞》，昆明：雲南大學出版社，1999年7月版，第五章第二節，第81—97頁；此節文字又見其《安陽王傳説與中越古代文化聯繫》，載《民族藝術研究》1995年第1期，第65—71頁。

〔2〕（北魏）酈道元注，楊守敬、熊會貞疏，段熙仲點校，陳橋驛復校《水經注疏》，南京：江蘇古籍出版社，1989年6月版，上册，第229—230頁。

〔3〕 馬邑在今山西朔州市。跟雲中群鵠的徘徊一樣，這裏是駿馬周旋反覆，都是動物以某種非常態的方式暗示了一種大致環形的城址。

〔4〕（宋）李昉等編《太平御覽》，原上海涵芬樓影宋本，北京：中華書局，1960年2月復製重印，第1册，第932頁。

兒”。時已四歲，聞元海築城不就，乃白媪曰：“我能城之，毋其應募。”媪從之，橛兒乃變為蛇，令媪持灰隨後遺志焉。謂媪曰：“憑灰築城，可立矣。”竟如所言。元海問其故，橛兒遽化為蛇，投入山穴，露尾數寸，使者斬之，仍掘其穴。忽有泉湧出，激溜（流）奔注，與晋水合流，東入於汾。至今近泉出蛇皆無尾，以為靈異，因立祠焉。[1]

劉元海即匈奴部落劉淵，後滅西晉，關於其築造平陽（在今山西臨汾市）蛇城傳説的特異之處在於故事主角橛兒既是蛇也是人，重要的是在顯示城址時是蛇身。

東晉時代又有一個傳説與戰國鵠城、西晉鸞鳥城類似，都是鳥在發揮作用。南宋談鑰《吴興志》卷二《城池·湖州》載：“《舊編》云：舊傳晉郭璞欲移郡於東遷，每立標，輒為飛鳥銜去。其女亦善地理，啓璞無徙，因舊址損益之，可以永無殘破之虞。璞從之。其女今號‘遷城小娘子’，從璞廟食。”[2]吴興郡原治烏程（今浙江湖州市），東遷今為湖州市轄縣。飛鳥銜去標竿的異常事件暗示新址東遷或有殘破之虞，不能遷移，這與雲中群鵠徘徊、昌松彩鳥翔集以示城址相反，或助或止，或遷或否，但動物在城邑遷造中的角色没有差異。

古代還有一些城邑傳説的主角不是動物，而是物品。《博物志》卷七載：“代城始築，立板幹，一旦亡西南四五十板，於澤中自立，結草為外門，因就營築焉。故其城直周三十七里，為九門，故城處為東城。”[3]代城指代郡治城，在今河北張家口市蔚縣。有趣的是其城新址是由築板引導的，居然在澤中自立，結草為門。築板不是鸞鵠、牛馬、龍蛇之類的活物，卻能暗示城址，也算傳説中的異事。

比木板、動物更有靈性的當然是人，前述劉淵蛇城的主角就是亦蛇亦人的橛兒。此外還有異域國度的例子，有文獻記載：

(東主）遷都中地，方建城郭。憂其無土，恐難成功，宣告遠近，誰識地理。時有塗灰外道，負大瓠，盛滿水，而自進曰：“我知地理。”遂以其水屈曲遺流，周而復始，因即疾驅，忽而不見。依彼水迹，峙其基堵，遂得興功，即斯國治，今王所都於此城也。城非崇峻，攻擊難剋，自古已來，未能有勝。(《大唐西域記》卷一二《瞿薩旦那國》)[4]

吐火羅國縛底野城，古波斯王烏瑟多習之所築也。王初築此城，高二三尺即壞，歎曰：“吾應無道，天令築此城不成矣!”有小女名那息，見父憂恚，問曰：“王有鄰

[1]（宋）樂史撰，王文楚等點校《太平寰宇記》，北京：中華書局，2007年11月版，第2册，第898—899頁。

[2]（宋）談鑰撰《吴興志》，嘉泰元年（1201）傅兆敬序，《吴興叢書》嘉業堂校刊本，臺北：成文出版社，1984年3月影印，第34頁。按，所謂“舊編”，《輿地紀勝》卷四《兩浙西路·安吉州·碑記》載：“《吴興志舊編》，淳熙（1174—1189）中教授周世楠撰。”見（宋）王象之撰《輿地紀勝》，清道光二十九年（1849）揚州岑氏懼盈齋刊本，北京：中華書局，1992年10月影印，第1册，第259頁。

[3]（晉）張華撰，（宋）周日用等注，范寧校證《博物志校證》，北京：中華書局，1980年1月版，第86頁。按，亡板自立兩句，《後漢書·郡國志五》“代縣”注引《搜神記》佚文作“一旦亡西南板，四五十里於澤中自立”（參李劍國《新輯搜神記》，上册，第437頁），疑《博物志》“四五十”之所指有誤。

[4]（唐）玄奘、辯機撰，季羨林等校注《大唐西域記校注》，北京：中華書局，2000年4月版，下册，第1006頁。

敵乎?”王曰：“吾是波斯國王，領千餘國。今至吐火羅國中，欲築此城，垂功萬代，既不遂心，所以憂耳。”女曰：“願王無憂，明旦，令匠視我所履之跡築之，即立。”王異之。至明，女起，步西北，自截右手小指，遺血成蹤。匠隨血築之，城不復壞[1]。女遂化為海神，其海神至今猶在堡子下，澄清如鏡，周五百餘步。(《酉陽雜俎》前集卷一四《諾皋記上》)[2]

瞿薩旦那國，古作于闐，在今新疆和田市。其國東主是依靠外道之人（本國信佛）周曲往復（恰如馬邑的“周旋反覆”）遺流滴水而得知城址的，這樣的道人能知神意，與動物示跡一樣，都表明城址的選擇是通過超自然力量暗示的，所以這樣的都城當然是“攻擊難剋”的。至於古波斯（在今伊朗）王在吐火羅國（在今阿富汗）的築城竟然是以王女“遺血成蹤”並“隨血築之”而建成的，這很有可能與古代築城時的敬獻犧牲習俗有關。《水經注》卷六《汾水》即云：“汾水又南，逕白馬城西，魏刑白馬而築之，故世謂之白馬城，今平陽郡治。”[3]白馬城在今山西臨汾市，北魏白馬城正好就是西晉末“蛇人”槭兒所築劉元海城，則此城之築造確多異聞。

看來，古代中國甚至中亞地區都有很多類似的築城傳説，它們往往都説城邑初造時傾覆坍塌，隨後依靠動物的神奇舉動來暗示城址，並依其痕跡築造，終於築造成功，不再倒塌。由於那些遷城傳説，或者主角是物品乃至人物的造城傳説傳説，其依跡築城的基本母題與前述鵠城、馬邑、蛇城傳説相似，所以也屬於這種主要是動物角色的傳説類型。

二、古蜀龜城與交阯螺城傳説

借助動物的暗示，人終於築就都城的傳説，在中國古代當以成都“龜城”傳説最為著名，也可能是最早得到記録的。其説一般出自《太平寰宇記》卷七二引《周地圖記（經）》（當為隋朝人撰）：

初，張儀築城，城屢壞，不能立。忽有大龜，周行旋走，巫言依龜行處築之，城乃得立。所掘巡成大池，龜乃伏於中。龜每出則州境有賊，刺史或病。[4]

其後《太平御覽》卷一九二所引《成都記》（唐白敏中撰）亦記之：

府城，本呼為錦城。秦滅蜀，張儀所築也。每面各三里，周回十二里，高七丈。屢皆傾側。忽有大龜周行，隨其所躡而築之，功果就焉。故亦號“龜城”。[5]

但隋唐所記當為晚出，較早的是兩晉間常璩（291? －361?）《華陽國志》所載。《太平御覽》卷九三一引《華陽國志》曰：

秦惠王十二年（和按，疑當作秦惠文王二十二年，即周慎王五年，前316），張儀、司馬錯破蜀克之，儀因築城，城終頹壞。後有一大龜從硎〔井〕而出，周行旋走，乃依龜行所築

〔1〕此句原作“逐日轉蹤匝”，此據《太平廣記》卷三七四引改，見（宋）李昉等編，汪紹楹點校《太平廣記》，北京：中華書局，1961年9月版，第8册，第2971頁。

〔2〕(唐）段成式撰，方南生點校《酉陽雜俎》，北京：中華書局，1981年12月版，第129頁。

〔3〕楊守敬、熊會貞撰《水經注疏》，上册，第550頁。

〔4〕王文楚等點校本宋樂史《太平寰宇記》，第3册，第1466頁。

〔5〕中華書局影印本宋李昉等《太平御覽》，第1册，第930頁。

之，乃成。[1]

今本《華陽國志》無此條，當是佚文。而更早的或是西漢揚雄所著《蜀王本紀》，中唐李德裕稱述揚雄《蜀王本紀》言：

秦相張公子築成都城，屢有頽壞。時有龜周旋行走，巫言依龜行跡築之。既而，城果就。[2]

則蜀地龜城傳説在秦漢時代出現，並至遲在漢末已載於文獻[3]。

古代交阯也有相似傳説，很有可能是蜀地著名的龜城傳説傳入越南地區的結果，這是因為秦滅蜀，蜀王子南入交阯，稱“安陽王”。諸書多記其事，此據《水經注》卷三七《葉榆水》引《交州外域記》：

交阯昔未有郡縣之時，土地有雒田，其田從潮水上下，民墾食其田，因名為雒民。設雒王、雒侯，主諸郡縣，縣多為雒將，雒將銅印青綬。後蜀王子將兵三萬，來討雒王、雒侯，服諸雒將，蜀王子因稱為“安陽王”。後南越王尉佗舉衆攻安陽王，安陽王有神人，名皋通，下輔佐，為安陽王治神弩一張，一發殺三百人。南越王知不可戰，卻軍住武寧縣。(按《晉太康記》，縣屬交趾。)越遣太子名始，降服安陽王，稱臣事之。安陽王不知通神人，遇之無道，通便去，語王曰：“能持此弩王天下，不能持此弩者亡天下。”通去。安陽王有女名曰媚珠，見始端正，珠與始交通。始問珠，令取父弩視之。始見弩，便盜以鋸截弩訖，便逃歸報南越王。南越進兵攻之，安陽王發弩，弩折，遂敗。安陽王下船，徑出於海，今平道縣後王宫城見有故處。(《晉太康地記》縣屬交趾。)越遂服諸雒將。[4]

此節前半述蜀王子入交阯稱王事跡，後半即神弩故事。《交州外域記》或為三國末時人撰[5]。安陽王事亦見於《北堂書鈔》卷一二五引《交州記》(晉劉欣期撰)[6]、《藝文類聚》卷六〇引《日南傳》(約為晉人撰)[7]。蜀王子入交阯當在秦滅蜀(前316)後，其為秦漢間南越趙佗(?—前137)所滅又當在漢初，知安陽王傳説應産生於秦漢以後或漢晉時期，與蜀地龜城傳説後先呼應。

---

〔1〕中華書局影印本宋李昉等《太平御覽》，第4册，第4140頁。

〔2〕見(唐)韋絢撰《戎幕閒談》，收入(元)陶宗儀輯，張宗祥重校《説郛》，北京：中國書店1986年7月據涵芬樓本(1927)影印，第2册，卷七，第13—14頁。

〔3〕學者或以為《蜀王本紀》(《蜀紀》)非揚雄作，而是蜀漢時期譙周所撰(參徐中舒《論〈蜀王本紀〉成書年代及其作者》，原載《社會科學研究》創刊號，1979年3月，此據《川大史學·徐中舒卷》，第480—488頁)。

〔4〕楊守敬、熊會貞撰《水經注疏》，下册，第3045—3046頁。按，此節兩引《晉太康〔地〕記》(南朝梁以前人撰)，原作大字，似以為《交州外域記》所引，我們在此作酈道元按語處理，加括弧，以小字排印。

〔5〕徐中舒以為是孫皓時吴人所著(參《川大史學·徐中舒卷》，第498—499頁)。

〔6〕(隋)虞世南編《北堂書鈔》，清光緒十四年(1888)南海孔廣陶校刊本，北京：中國書店，1989年7月影印，第484頁。

〔7〕(唐)歐陽詢等編，汪紹楹校《藝文類聚》，上海：上海古籍出版社，1999年5月版，上册，第1090頁。按，《北堂書鈔》卷一二五引《日南傳》亦言其事，見孔廣陶校刊本，第485頁。

神弩傳説在廣西、越南的壯族系統中皆有流傳[1]，我們這裏重點關注築城傳説，所以不妨看看越南《嶺南摭怪列傳》卷二《金龜傳》之前半（後半即為神弩故事）：

甌貉國安陽王，原巴蜀人也，姓蜀名泮。因先祖求雄王之女媚娘為婚，不得而啣怨。泮欲成前志，舉兵攻雄王，滅文郎國，改號“甌貉”而居之。築城於越裳之地，隨築隨崩。王乃立壇，齋戒祈禱。三月初七日，忽有一老人從西而來，直到城門歎曰：“建立此城，何時而就！”王迎入殿上，拜而問曰：“我築此城既就復崩，傷損功力而不能，何也?”老人曰：“他日有清江使來，與王同築方成。”言訖辭去。翌日，王立東門望之，見金龜從東而來，立於水上，能作人言語，自稱“清江使者”，明知天地陰陽鬼神之事。王喜曰：“此老人所以語我也。”遂使以金輿舁入城中，延坐殿上，問以築城不就之故。金龜曰：“此山川精氣，前王附之，為國報仇。並有千載白雞化為妖精，隱在七曜山。山中有鬼，乃前代樂工埋葬於此，化為鬼。傍有一館，宿人往來。館主名悟空，有一女，並有白雞一隻，是鬼精之餘氣。凡人往來至此泊宿，鬼精化為千形萬狀，而害殺死者甚多。今當取白雞並館主之女殺之，其精自滅，彼必化為妖書，令鴟鶚啣之，飛集旃檀之樹，奏於上帝，乞壞其城。臣喫墜其書，王速收之，則城可就。”……（金龜與王除滅鬼精）王與金龜登越裳山，見鬼精已化為鴟鶚，啣書升旃檀上。金龜遂變為鼠，隨其後啣鴟足，書墜於地，王速收之，其書蠹食過半。自是鬼精盡散，無復作怪。築城半月而就。其城延廣千丈，盤旋如螺形，故曰“螺城”，又曰“〔殺〕鬼龍城”，唐人呼為“殺鬼崑崙城”，謂其城最高也。[2]

越南張國用《敏軒説類》二《古跡·七曜山》亦記，當初，“安陽王築螺城，纔畢輒壞”，金龜除妖後，“城築半月而成”。上一條《螺城》亦説：“螺城，在東岸縣古螺社。古封溪地，安陽王所都，盤繞如螺形，故名。一名‘思龍城’，唐人呼曰‘崑崙城’，謂其城最高也。”[3]

按，學者指出，蜀王子入交阯滅文郎國稱安陽王之説是可信的，甚至安陽王或即古蜀開明王子孫[4]。其出蜀至稱王時間在公元前298年至公元前257年之間[5]。至於安陽王城，前述《北堂書鈔》卷一二五引晉劉欣期《交州記》説：“安陽王者，其城在乎（平）道縣之東北。”其説與《交州外域記》平道縣有宮城遺跡相應。《史記》卷一一三《南越列

[1] 廣西文本有《神弓寶劍》，流傳於廣西龍州縣，農老爹口述，藍鴻恩記録整理，見《壯族民間故事選》，藍鴻恩編，上海：上海文藝出版社，1984年9月版，第131—138頁。至於越南《金龜傳》文本則甚多，主要有十五世紀武瓊據古書資料編《嶺南摭怪列傳》、《嶺南摭怪外傳》以及佚名編《天南雲録》，見《越南漢文小説叢刊》，第2輯，陳慶浩、鄭阿財、陳義主編，臺北：臺灣學生書局，1992年11月版，第1册，第64—66、157—158、209—211頁。

[2] [越] 武瓊編，陳義校點《嶺南摭怪列傳》，洪德二十三年（1492）武氏序，見《越南漢文小説叢刊》2輯1册，第64—66頁，引見第64—65頁。

[3] [越] 張國用（1797—1864）撰黄文樓校點，《敏軒説類》（其書第一部分為高伯適撰，二、三部分為張國用撰），見《越南漢文小説叢刊》2輯5册，第179—180頁。又，越南傳説《珍珠和井水》也説，建都豐溪（在福安省東英縣）之初，因為妖魔佔據其地，“城牆剛立起來，馬上就坍塌”；在金龜相助下終於建成，“外表是螺絲形，牆垣作螺旋狀”，人們稱之為“螺城”（見《越南民間故事》，春苔據法文稿譯，北京：作家出版社，1958年6月版，第71—72頁）。

[4] 蒙文通《越史叢考》，見《蒙文通文集》第2卷《古族甄微》，參見第361—362頁。

[5] 參方國瑜《中國西南歷史地理考釋》，上册，第10—11頁。

傳》唐司馬貞索隱引《廣州記》（晉有裴淵、顧微撰兩種《廣州記》，此引未知屬何人）說，安陽王“治封溪縣”〔1〕。《安南志略》卷一《古跡》說，“越王城俗名可縷城”〔2〕。《金龜傳》又說“築城於越裳之地”。平道、封溪均在越南，離今河内不遠，越裳在交阯之南，亦在今越南。越南學者說，今越南永福省東英縣有古螺村，即安陽王螺城舊址〔3〕。金龜自稱“清江使者”，典出《莊子・外物》：神龜見夢於宋元君，自稱“予為清江使河伯之所”，而為漁人余且所捕，元君占知“殺龜以卜吉”，果然刳龜以卜，事事皆能預知先覺，“七十二鑽而無遺筴”〔4〕。

儘管有鬼精情節的詳細增飾，而没有依跡築城的情節，或是城名有異，越南《金龜傳》螺城傳說也顯然脱胎於《華陽國志》以來的成都龜城傳說，這不僅在動物助人築城的母題上相類同，而且在蜀王子入交阯為安陽王的關鍵背景上相關聯。金龜“明知天地陰陽鬼神之事”，也即《莊子》神龜之百占百中，顯然也繼承了中國古代神龜占知未來的傳統，或者說金龜是作為其他築城傳說中巫師、道人的化身，在叙事上其角色功能是相同的。

金龜助成的螺城又稱“〔殺〕鬼龍城”，也與唐代成都的龍女祠傳說相似。《茅亭客話》卷五“龍女堂”條載，盛唐時益州城（今成都）少城（小城）西北隅有龍女祠，晚唐僖宗乾符（874－879）間，高駢築羅城時劃龍女祠於城内，然築板至此，“驟有風雨，朝成夕敗”；龍神托夢與高，望能置祠於門外以便往來，高遂隔其祠於城外，重葺築造，“風雨乃止，城不復壞焉”〔5〕。其中，“朝成夕敗”、指示築跡的母題，也與一般動物助人造城傳說如成都龜城傳說一致，龜、龍也本相關聯。

高駢在成都築羅城有龍女之異，恰恰與此對應的是，高駢在越南築城亦有異聞。羅城，本指大城、外城，與子城、内城相對，而高駢在越南所築竟號“大羅城”。有趣的是，在越南，高駢以及其後李太祖的築城，同樣也有龍神臨城乃至與成都龜城更為類似的白馬繞城傳說：

> (白馬）神祠〔在〕懷德府壽昌縣。昔李太祖築昇龍城，謀議未定，夢一神人前謁，且曰：“神乃此間靈神，聞欲築城，願隨馬跡而築，可以永建不拔之基。”(作駢）帝覺，使人候神顯應。日已晡，見一老人鬚眉皓白，騎一白馬，盤繞其地，因築城都焉。立祠以祀，因號“白馬靈大王”。祠祀後祈禱，最為靈應，歷朝封贈，至今香火

〔1〕（漢）司馬遷撰，（南朝宋）裴駰集解，（唐）司馬貞索隱，（唐）張守節正義《史記》，北京：中華書局，1959年9月版，第9册，第2970頁。按，司馬貞本據南朝陳姚察案語。

〔2〕［越］黎崱撰，武尚清點校《安南志略》，約成書於十四世紀三十年代，北京：中華書局，2000年6月版（與《海外紀事》合印），第29頁。

〔3〕參劉統文、子鉞譯陶維英著《越南古代史》，上册，第212－222頁；又鍾民岩譯陶維英著《越南歷代疆域》，第38－44頁。東英縣，《敏軒說類》作東岸縣。《珍珠和井水》所說東英螺城古地豐溪，亦即封溪。

〔4〕（晉）郭象注，（唐）成玄英疏，（唐）陸德明釋文，（清）郭慶藩集釋，王孝魚整理《莊子集釋》，北京：中華書局，1982年8月版，第4册，第933－934頁。

〔5〕（宋）黄休復撰《茅亭客話》，《叢書集成初編》文學小說類據《琳琅秘室叢書》本排印，北京：中華書局，1991年版，第2723册，第33頁。

無窮焉。(《越甸幽靈》簡本《白馬靈大王》)[1]

白馬祠，在壽昌河口坊。唐高駢築大羅城，一日遊東門外，忽見雲霧晦冥中，有彩衣異人駕赤虯，執金簡，隨雲逍遥。駢驚異，欲壓（厭）之。夜夢神人曰："我龍肚之精，聞公築城，欲來相見，何以壓（厭）為？"駢以為怪，乃埋金銅符以厭之。即夜，雷雨大作，金銅符皆碎為塵土矣。駢懼，因即其地立祠祀之，封為龍肚神。李太祖徙都昇龍（和按，即高駢所築大羅城，亦即今河内，時在1010年），因以都城隨築隨圮（圮），令禱於神。忽見白馬從祠中出，遶城一周，隨地落痕，入祠而没。依其迹築之，城遂不圮（圮）。祀為"昇龍鎮君城隍之神"，歷朝褒封為"廣利白馬最靈上等神"。(《敏軒説類》二《古跡·白馬祠》)[2]

按，高駢及李太祖築城之際神人顯靈事早載於越南多種《嶺南摭怪列傳》及其相關的《天南雲録》、《粤（越）甸幽靈集》等，大多言龍肚（度）之精，偶有白馬神名[3]，但惟有《越甸幽靈》簡本及《敏軒説類》載有白馬繞城、依跡築城之説。

高駢所遇的龍肚之精也該是高氏在成都所夢的龍女，龍神也該是出入龍肚祠而繞城示跡的白馬。《白馬靈大王》條説異聞發生在李太祖時，然文中小字注"作駢"二字，似乎是在説明高駢築城時已有其説。很有可能的情形是：高駢築城之初龍肚顯怪，高氏祠之，暗示城址，終得築成。這樣的傳説混合了成都龜城及龍女堂傳説，而由高駢傳至越南，最終又附會在李太祖身上。無論如何，先是"隨築隨圮"，後有神物繞城示跡，"依其跡築之"，終於使"城遂不圮"的傳説從中國蜀地流傳到越南，其傳播背景就在於早期蜀王子的入越稱王與唐代高駢的平定安南。[4]

同樣地，越南不只螺城或"龍城"、"馬城"（後二名是我們對昇龍城的擬稱）有這樣的傳説，龍編（今為河内市龍編區）築城可能也有類似的異聞。《安南志略》卷一説："龍編，西漢交州刺史治所，舊名龍源，後有蛟龍盤編於水，改曰龍編。"[5]其説在晉宋之際已經出現，《太平御覽》卷一七二引《南越志》（南朝宋沈懷遠撰）曰："龍編縣，州之始，

---

〔1〕越南《粤（越）甸幽靈集》有多種，其最早古本為陳朝李濟川撰（1329年自序），此引據《越甸幽靈》簡本（古本無此説），有黎朝永盛八年（1712）黎有喜跋，今有吴翠華校點本，見《越南漢文小説叢刊》2輯2册，第259頁。又同書《星郎神君》條言："神乃天星者也。昔李太祖定鼎於昇龍城，工役不給，難卜完期，且值暑甚。帝患之，乃禱於天地，祝其默相。後夜見一星君，其大如虹，照地閃爍，人功倍初。城完後，封為'星郎神君'，立祠奉祀，稔著靈應，為一方之福神。其祠在羅城外。"（見第255頁）神為天星，也無繞城依跡之説，但在神助築城、"人功倍初"這一點上，與"白馬靈大王"神跡是一樣的。

〔2〕見《越南漢文小説叢刊》，第2輯，第5册，第171—172頁。

〔3〕如［越］喬富（1446—?）所抄《嶺南摭怪外傳·龍肚正氣神傳》説，李太祖封神人為城隍，陳朝封為大王，有祠在壽昌縣，"今呼為白馬神"（朱鳳玉校點，見《越南漢文小説叢刊》2輯1册，第167—168頁）；又［越］諸葛氏《新訂較評越甸幽靈集》卷三《白馬神廟傳》亦言故老相傳，當建城時，"現白馬之祥"，是以封為"白馬大王"（1774年自序，朱鳳玉校點，見《越南漢文小説叢刊》2輯2册，第114頁）。

〔4〕按，據《新唐書》卷二二四下《高駢傳》，高駢（? —887）作安南都護、築安南城在唐懿宗咸通（860—874）中，而此後作劍南西川節度使、築成都城在僖宗乾符間（參（宋）歐陽修、宋祁撰《新唐書》，北京：中華書局，1975年2月版，第20册，第6391—6394頁），具體説經略安南始於咸通五年（864），鎮西川始於乾符二年（875）（參吴在慶著《增補唐五代文史叢考》，合肥：黄山書社2006年11月版，第229—231頁），則龍女堂傳説似在龍肚精傳説之後。但蜀王子入越稱安陽王甚早，且昇龍城白馬傳説也可能在高駢身後混合多種因素而逐漸形成。

〔5〕武尚清點校本黎崱《安南志略》，第20頁。

有蛟龍编於津之間，因以為瑞而名邑。”〔1〕《水經注》卷三七亦言：“建安二十三年（218），立州之始，蛟龍蟠编於南北二津，故改龍淵，以龍编為名也。”〔2〕既然謂之“（立）州之始”，則蛟龍编津之瑞正有可能出現在築城之初，恰如雲中城的群鵠徘徊、馬邑的駿馬周旋反覆或是成都的烏龜周行旋走，惟今已不得其詳，故不為學者所注意。就母題而言，龍编的“蛟龍盤津”可能與昇龍的“白馬繞城”有關聯，這從龍编與昇龍均在河内地區來看，確實是值得玩味的。

三、廣西龍城、龜城傳説

學者還可能忽略了動物助人築城的傳説在蜀地和交阯之間的廣大區域内還有傳承。首先是廣西地區，關於南寧龍城的傳説至遲出現於南宋。王象之《輿地紀勝》卷一〇六載，廣南西路邕州（今南寧市）築城之初有異事：

皇祐築城，隨築輒壞，役者苦之。夜夢有蛇，環地而行，若示其址，遂即其地而築焉。（《風俗形勢·夢蛇示址》條）

相傳築城之初，隨築隨壞，築者苦之。後夢有蛇，環地而行，若示其趾（址），遂即其地築，後立青龍烏龍廟。（《古迹·青龍烏龍城》條）〔3〕

皇祐是北宋仁宗年號（1049－1054），但不知稱為“青龍烏龍城”的邕州城是何人所築。今傳民間口頭文本則説，初築南寧城者為北宋邕州太守劉初，略云：

當狄青平定儂智高之後，曾在南寧築城，但不久就倒塌了。後來知府劉初再築，還是倒塌了。他就備牲求神，夢見神人叫他明天到山坡上去看，大神會變蛇指點他，“只要他沿着這條黑蛇爬過的地方來修城，城基就會穩固，再也不會倒塌了”。次日到坡上瞭望，“果然看見一條大的黑蚺蛇，在環繞城池爬動，他記住黑蛇的路線，然後畫上石灰線”。就這樣依線築城，才終於修成了南寧府城。為報答大神的恩典，劉知府在府城西角立廟，名為“烏龍廟”。〔4〕

這一口頭文本跟《輿地紀勝》情節大同，只是更為生動具體。另一文本又有所不同：

南寧以前叫邕州，宋仁宗派劉初作邕州太守。原先土城矮小，劉初就選址築新城，但“白天剛築好城基，晚上便倒塌了”，幾天都是這樣。一天，神人對他説：“築城築城，龜化就行。”次日，“有一條黑蟒乘風而來”，太守暗想：“難道這次築城，也像《搜神記》中的張儀一樣麽?”果然，“大蟒繞地而行，轉了一圈”。劉初就沿着大蟒的行跡築城，“果然城基不再倒塌”。原來，此地有九隻大烏龜，怕新城破壞其巢穴，所以數次弄倒城基。後來，水龍王派黑蟒將軍鎮壓烏龜，把它們化為石頭，所

---

〔1〕見中華書局影印本宋李昉等《太平御覽》，第1册，第841頁。

〔2〕楊守敬、熊會貞撰《水經注疏》，下册，第3047頁。

〔3〕分見中華書局影印本宋王象之《輿地紀勝》，第4册，第3244、3250頁。按，上一條亦為稍後之《方輿勝覽》卷三九所本（見（宋）祝穆撰，祝洙增訂，施和金點校《方輿勝覽》，北京：中華書局，2003年6月版，中册，第707頁）。

〔4〕詳參藺鴻恩著《廣西民間文學散論》，南寧：廣西人民出版社，1981年11月版，第149頁。

以南寧又稱“龜城”或“一網罩九龜”。太守又建烏龍寺，以感激大蟒的功德。[1]除依蛇跡築城的母題未變外，這一文本突出了故事來源以及水龍“化龜”的新母題。

按，舊本《搜神記》卷一三有張儀築成都故事，因其“依龜築之”，“故名‘龜化城’”[2]。這雖然説明南寧城傳説來源於成都城傳説，但南寧文本根據成都“龜化城”名目，把助人築城動物龜變成龍蟒，龍、龜又形成對立二元，龜被龍化為石頭，突出“龜化”，使龜的形象發生由正到反的轉變。類似的情形又在神弩傳説中出現，如越南《金龜傳》説金龜在築城後又脱爪與安陽王，王命皋魯（《交州外域記》作皋通）造出神弩，王子竊弩；而廣西龍州（今為桂西南崇左市屬縣，與越南接壤）的《神弓寶劍》雖説也是用龜爪做成神弩，但興妖作怪、竊取神弩、貪圖公主美色的也是王八精。看來廣西文本更注重龍蛇，更維護王子的正面形象，也更珍視南越、西甌、駱越間的民族友誼。不過，即使烏龜形象有變化，南寧築城傳説與成都及安陽王螺城傳説都屬於同一傳承系統。

雖然南寧之龜或被鎮伏，或被石化，廣西藤縣卻另有因龜築城的傳説。嘉靖《廣西通志》卷四二《雜紀六・事類》載，唐武德（618—626）初，有宣撫使者至藤縣，所持金杯嘗墜井，汲水不見杯，“止得一龜”，乃求龜漲水出杯，其後“金杯自澗水流出”，而龜不知去向。宣撫使遂：

> 集網户搜之，得土藤一根，尋理藤根，乃至〔繡江〕西岸，又見龜跡環繞。宣撫使申奏，改移鷰州在此地藤州鐔津。其築城，仍依龜路跡。[3]

鐔津，隋為藤州屬縣，唐武德中以縣立燕州，後為藤州治所，即今廣西梧州市藤縣。因為先前靈龜已屢著靈異，特别是江岸有“龜跡環繞”，所以宣撫使要申奏遷移州治，並依照龜跡築城。鐔津“龜城”築在唐初，其事可能還對北宋邕州築城傳説帶來影響，當然最根本的影響還是來自東晉以前的成都龜城傳説。

此外，安徽地區也有龜城傳説。《輿地紀勝》卷一九載，江南東路寧國府南陵縣有：

> 栢山，在南陵縣北十五里，下有龜穴二，前巨石平如砥。俗云昔白龜自石穴出，至宣城乃止，遇月夜，龜紋隱然。
>
> 白龜穴，在南陵縣東北栢山，世傳白龜履雪而至，東之宣城乃止，遂肖龜形，以築府城。[4]

乾隆《江南通志》卷三四載：“白龜城，在涇縣東北柏山下。隋末左難當欲築城拒輔公祏，

〔1〕詳參温松生搜集整理《南寧建城的傳説》，見陳慶浩、王秋桂主編《中國民間故事全集》，臺北：遠流出版公司，1989年6月版，廣西卷，第1册，第165—168頁。

〔2〕（晉）干寶撰，汪紹楹校注《搜神記》，北京：中華書局，1979年9月版，第161頁。按，汪校指出此條未見各書引作《搜神記》；此條實際為明胡應麟輯《搜神記》誤入之，非干寶書所有（參中華書局李劍國輯校本《新輯搜神記》，下册，第669頁）。由此可以推知，傳説中所謂《搜神記》之語要麽出自搜集整理者的增飾，要麽説明把南寧建城傳説與《搜神記》聯繫出自明萬曆三十年（1602）胡應麟輯《搜神記》刊行以後（關於胡輯《搜神記》的情況，參李劍國輯校《新輯搜神記》前言，上册，第62—80頁）。

〔3〕（明）彭澤修，黄佐等纂《廣西通志》，嘉靖十年（1531）成書，臺北：臺灣學生書局，1965年5月影印（收入《明代方志選》），第858—859頁。

〔4〕分見中華書局影印本宋王象之《輿地紀勝》，第1册，第866、874頁。

會溽暑大雪，有白龜印雪周行，隨跡築城，故名。”[1]寧國府，今為安徽宣城市，隋末以後其地已有龜城傳説流傳。

四、雲南龍城、龜城傳説

在蜀地與交阯之間已有廣西地區築城傳説構成傳承系列，雲南正處在蜀、粵（桂）及交阯之間，所以這一傳説系列中恐怕還有雲南地區的痕跡。滇東南文山州地處滇、粵（桂）與交阯之間，這一地帶就值得關注。

文山地區壯族的遷城傳説雖然没有明顯的依跡築城母題，但也特別强調動物的引導。文山縣壯族傳説稱，北宋教化三部司城遷至開花城（後為開化城，即今文山縣城），是因為龍、鹿和鳳凰的引導。原來，教化三部長官司由先祖龍海基設在教化城，傳到龍敬這一代，他的三個兒子龍勝安、龍德勝、龍勝全，都不約而同地分别被巨龍、金鹿和鳳凰引導，來到教化山東面的盤龍河畔（今盤龍江南流入越南北部），那裏有一棵巨大的桂花樹正在開花，即謂之“開花樹”。兒子們因為開花樹那裏土地肥沃，可攻可守，就勸阿波（父親）搬城。龍敬没有開口：

> 文武土官刷地都站了起來，走到龍敬面前，躬着腰，低着頭，也異口同聲説：“龍鳳呈祥，金鹿顯靈，開花樹周圍是塊寶地。就將教化城搬到開花樹去吧！”龍敬……説：“先祖龍海基為何在此設城？是因為這裏的土比其他地方的土都重。土中生白玉，地内出黄金。土重萬物才會興旺，人民才能興盛呀！”龍德勝説：“阿波，我去開花樹取一碗土來稱。開花樹的土比教化城的土重就搬城，若比教化城的輕就不搬。”龍敬説：“行。”當天，龍德勝將開花樹脚和教化城邊的土各取一碗，當着龍敬、龍勝安、龍勝全和文武土官的面稱，結果是開花樹脚的土重。龍敬當場高聲宣佈：“將教化城搬到開花樹。”[2]

這一傳説包含了兩個重要母題。第一是動物引導。所謂“龍鳳呈祥、金鹿顯靈”雖有祥瑞符命觀念的痕跡，但這種觀念也是跟馬、龜、蛇、鴿之跡所暗示的“神意”一樣，再説漢代以來的符命觀念跟《山海經》以來的物占神話也是後先相承的神秘觀念[3]。無論如何，“開花城”（首先是巨龍暗示，亦可謂之“龍城”）的傳説與龜城等傳説是大體一致的類型，都突出了動物相助的母題。

第二個母題是秤（稱）土遷城。這種包涵“避輕就重”觀念的選城傳説可能出現於東晉。唐釋道世《法苑珠林》卷三九引《道宣律師感應記（録）》（初唐釋道宣撰）説：

> 晉氏南遷，郭璞多聞之士，周訪地圖，云此荆楚舊為王都，欲於硤州置之，嫌逼山遂止，便有宜都之號。下至松滋，地有面勢都邑之像，乃掘坑秤土，嫌其太輕，覆

---

〔1〕（清）趙弘恩等監修，黄之雋等纂《江南通志》，乾隆元年（1736）成書，影印《四庫全書》，臺北：商務印書館，1986年3月，第507—512册，此見第508册，第149頁。

〔2〕《開化府的傳説》，流傳於文山州文山縣，王朝清講述，劉德榮搜集整理，見《壯族民間故事》，文山州民委、文化局编，劉德榮執編，昆明：雲南人民出版社，1988年2月版，第53—65頁，主要引見第64頁。按，這一故事的整理頗多描寫筆法，似有文學增飾的嫌疑，但内容是可信的。

〔3〕參李道和著《民俗文學與民俗文獻研究》，成都：巴蜀書社，2008年12月版，第146頁。

寫本坑，土又不滿，便止。曰："昔金陵王氣，於今不絶，固當經三百年矣。"便都建業。[1]

這是説西晉滅亡南下長江，選擇東晉王朝都城，因為荆楚之地舊為王都，地理博聞之士郭璞初欲選在硤州（在今湖北宜昌市），卻逼於山角；又欲選在松滋（在今湖北松滋市），但掘坑秤土知其重量輕、體積小（一般説重土細密黏實，體積小，但反填則有餘，松滋填坑不滿的應是水邊沙土）；最後還是選在王氣不絶的建業（今南京市）。此事當在東晉以後流傳。

後世也還有因為土壤不重而改遷城邑位址的事件發生：

古城院，在永豐鄉安樂里。唐太和（文宗年號"大和"，828—835）中建，舊在杏潭東，宣和（宋徽宗年號，1119—1125）後徙潭西，其傍有杏城。潭極平廣，相傳古嘗以為城，尋以土輕，棄不用。（《新安志》卷三《歙縣·僧寺》）[2]

㴑河古城，去縣七八里。世傳始於此築城建邑，以土輕，移就鎮鼇，今城基尚存。（《寶慶四明志》卷二〇《昌國縣志·敘遺·存古》）[3]

九斤城，在保康縣北五十里。舊志：相傳昔人築城於此，將成，稱其土，重九斤，以水土輕浮，遂棄之，今址尚存。（《大清一統志》卷二七二《鄖陽府·古跡》）[4]

歙縣（今為安徽黄山市轄縣）古城由潭東而移潭西，昌國縣（在今浙江舟山市）古城後移鎮鼇，隕陽府保康縣（今為湖北襄樊市轄縣）古城被棄，這些移城事件的原因皆在土輕不重。保康土重九斤，也可能是以一升為單位。

古人"避輕就重"地選擇城址，是因為輕鬆的沙土容易傾覆，而重土細密黏實，易於構築城牆。其實成都初築失敗就可能是就近取用沙土的緣故，後來才到遠處取黏土，那裏隨後即掘土成池（萬歲池），這是因為"其地土質赤黄細黏，宜築城"，如此則所謂龜示城址也有附會的成分[5]。由此似可發現避輕就重的選城傳説與龜城之類傳説都大體屬於動物助人築城傳説，因為土輕顯然是城崩的緣由，而選擇重土就已經預先防止了倒塌事故。至於邕州城的坍塌當是因為低窪多水，《説文解字》十一下《川部》："邕，邑，四方有水自邕（擁）成池者是也。"[6]看來，"邕"本是水流環繞而成城池之義，邕州城的隨築隨壞

[1]（唐）釋道世編，周叔迦、蘇晉仁《法苑珠林校注》（以清道光間常熟燕園蔣氏刻百卷本為底本），北京：中華書局，2003年12月版，第3册，第1256—1257頁。

[2]（宋）趙不悔修，羅願纂《新安志》，淳熙二年（1175）成書，影印《四庫全書》，臺北：商務印書館1986年3月，第485册，第388頁。

[3]（宋）胡榘修，方萬里、羅濬等纂《寶慶四明志》，紹定元年（1228）羅氏序刻本，《續修四庫全書》（上海：上海古籍出版社2002年3月影印），第705册，第312頁。

[4]（清）和珅等奉敕撰《大清一統志》，乾隆二十九年（1764）成書，影印《四庫全書》，臺北：商務印書館，1986年3月，第480册，第315頁。

[5] 參任乃强《成都城址變遷考》，原載《成都文物》1984年第2期；此據（晉）常璩撰，任乃强校注《華陽國志校補圖注》，上海：上海古籍出版社，1987年7月版，第131頁，注釋第10、11條。

[6]（漢）許慎撰，（清）段玉裁注《説文解字注》，嘉慶二十年（1815）段氏經韻樓藏版，李聖傳等整理，上海：上海古籍出版社，1981年10月版，第569頁。

反倒是因為低窪多水，而劉初移築於高處，自然成功[1]。

同樣是依據動物引導而且也没有傾頹的遷城傳説在文山壯族中還有。宋代特磨道城（今廣南縣）選址於廣南壩子，就是由牛來引導的。傳説廣南城最初擬在廣南壩子董堡後山築造，但奇怪的是首領儂七家的牛，“老往壩子裏跑”，他想：“連牲口都不願在這裏，莫非這個地方不好？”[2]又有學者指出，在壯語中，“特磨道”讀作“滴磨倒道”，意即“拉牛回轉的地方”。關於其地名之由來，除地方志記載外，又據村頭寨老相傳説：

原先，始祖儂氏率族人棲息於小廣南後龍山一帶，居家所畜之牛，屢次亡失，凡隔旬餘日則又自歸，歸則膘肥異常，族人異之。乃使人等牛復走時悄然跟蹤，果然行至今縣城之地，牛則不走焉。人見此地雖林深密茂，荆藤彌漫，但行幾步，中間卻十分寬闊，沃土數里，沼澤一片，四周水草肥美，葦蕩飄香，歎為居處之所在。遂拉牛回轉呈報，後始祖儂氏即率其種人遷居於此。遂謂此地為“滴磨倒道”（濮儂語），意為拉牛回轉之地。此即漢譯“特磨道”之由來也。[3]

拉牛回轉之説，似不如牛之“屢次亡失”，或至其地“牛則不走焉”更為重要，因為這樣的異常舉動與其他造城傳説中的徘徊反覆、周旋行走並無本質不同，唯一的差異是没有遷址前的屢築屢頹。

文山州除了動物引導至新址的遷城傳説外，富寧縣又有龍城傳説，而且還包含屢築屢頹的母題。民國《富州縣志》第二十三《詩文徵》録有多首詩歌，提到清代築城時有龍見，故名“龍城”：

使君蒞治築城墉，玉泉山脈崑崙祖。伐石層巒用攻石，開洞見龍行□土。……徐舒鱗爪走蜿蜒，群工駭異跡大禹。[4]

斯城亦合名“龍城”，定聞龍喜不聞怒。[5]

城款虚糜成末弩，吏人避工如避虎。堪笑移山愚公愚，奮請爭先鞭作祖。睥睨傴小謀增大，指畫鞭石肯捧土。勇夫聞言咋舌退，智士竊議爭笑侮。九仞功虧天鑒愚，咫尺命撤赤龍府。府撤城完龍見靈，大則如椽細如縷。民感龍靈祈龍福，家家召巫步作禹。[6]

築城龍見水之濱，奕奕司馬猶龍祖。……神龍忽降新城陬，挾舟蜿蜒視如禹。……太守錫名號“龍城”，小視蝗川蝗母怒。

瀧（隴）西司馬築新城，龍見城隅言縷縷。狐鼠既去龍鳳來，鶴步軒昂龜步禹。

---

〔1〕參蘭鴻恩《廣西民間文學散論》，第150頁。

〔2〕《廣南府的來歷》，流傳於廣南縣阿科區，黄德光講述，陸誠搜集整理，見劉德榮執編《壯族民間故事》，第66—71頁，引見第68頁。

〔3〕孔昭翔《廣南壯族來源考》，載《民族研究》1994年第4期，69—76頁，引見第73頁；其文亦載《文山州文史資料》，第11輯，少數民族專輯，文山州政協文史資料委員會編，文山：1998年4月，第38—54頁，參第46頁。

〔4〕《富州伐石築城，龍見水次，用坡公起伏龍行韻二首》，不知作者，雖名二首，但不知其起迄斷限，見《富州縣志》，（民國）陳肇基等纂修，民國二十一年（1932）陳氏序，1937年甘汝棠抄本，臺北成文出版社，1974年12月影印，第118—119頁。按，依詩韻看，“土”字前應脱一字。

〔5〕馮譽驄《富州伐石築城，龍見水次，有作，用坡公起伏龍行韻凡三首》其二，見臺北成文出版社影印本民國《富州縣志》，第120—121頁。

〔6〕《依韻奉盒（和）凡三首》（不知作者）其二，見臺北成文出版社影印本民國《富州縣志》，第122—123頁。

（原注：龜城、鶴城，築城往往著靈異。）[1]

詩作所詠雖然不夠明晰，但富州築城之際的異事大體可知，即初期可能屢築屢頹，“城款虛糜”、“九仞功虧”、吏民避退，説的應是築城失敗、功虧一簣的情形；而後有龍現水濱之異，恰與古代龜城、鵠（鶴）城傳説相應[2]；龍現時有“蜿蜒”之跡，“如椽如縷”，可能隨即依龍跡而築，終於成功，並號曰“龍城”。文山州城邑傳説中出現龍、鹿、鳳凰、牛等多種動物，只有富寧稱“龍城”，我們也不妨統稱為文山龍城傳説。這些傳説應該受到龜城等故事的影響，特别是末一詩注釋把龍城與龜城聯繫起來，使我們確信成都龜城傳説對文山地區的影響。當然還有一種可能，即成都龜城是遠源，廣西邕州龍城、龜城是近源。

我們再换個角度看，由蜀地南入交阯的樞紐在滇池地區，那麽這一中轉地帶是否也有類似古蜀、交阯抑或文山的造城傳説呢？事實上，昆明地區不僅可能存在類似龜城、蛇城的傳説，甚至還應比宋代以來的南寧傳説、文山傳説還早，出現在與盛唐有交往的南詔時代。

元張道宗《紀古滇説原集》説，在南詔蒙氏第三世威成王（盛羅皮）時代曾築滇城：

王威服諸邦，崇信佛教。時有滇人楊道清者，殉道忘軀，日課經典，感現觀音大士。遐邇欽風，漁者焚網於滇水之旁，酒家隳其器具，皆以利物為心。蒙氏威王聞知，及親幸於滇，……築滇之城，以龜其形，江縈之蛇，其相取義《易》之《既濟》。王慕清淨法身，以摩訶迦羅神像立廟以鎮城。工五年，龜城完也。廟隅有神匠，曰羅都道太，自蜀中來。塑像將成，又有菩提巴坡者，自天竺至。……於是大靈赫赫，以保黎民調風順雨，干戈偃息，王建都城中，册為天府。袪邪輔正為事，復像二神，一鎮龜城之頂，一鎮城之南，靈德一然。……成（張建成）至京朝唐時，玄宗在位，厚禮待之，賜以浮屠像而歸。王崇事佛教自兹而啟。王遣將守龜城以還。[3]

明謝肇淛《滇略》卷七《事略》云：“〔唐〕玄宗開元二年（714），南詔盛羅皮遣張健（建）成入朝，乃築拓東龜城。”[4]乾隆《雲南通志》卷二六載，雲南府昆陽州有古跡“柘東龜城”：“在城北平定鄉，唐開元（713－741）間，南詔盛羅皮遣張建成入朝時築。”[5]昆陽州在今昆明市轄晉寧縣一帶，晉寧縣駐滇池南岸昆陽鎮。按，《雲南志》（亦名《蠻書》）卷六《雲南城鎮》説：“拓東城，廣德二年（764）鳳伽異（南詔蒙氏第五世閣羅鳳之子）所置也。其地漢舊昆川，故謂昆池。”學者以為拓東應在今之昆明平原，拓東城址

〔1〕以上兩首分别為孫崇緯《奉和富州築城，龍見水次，用東坡起伏龍行韻二首》其一、其二，見臺北成文出版社影印本民國《富州縣志》，第124－125頁。

〔2〕按，據《太平寰宇記》卷二，河南道長垣縣（今為河南新鄉市轄縣）有“故鶴城”，因春秋衛懿公好鶴，故有養鶴城，或云養鶴者為夏累（王文楚等點校本宋樂史《太平寰宇記》，第1册，第31頁）。但未知鶴城築造時異事，疑此詩注所謂鶴城當作鵠城，即前述趙武靈王所築雲中鵠城。

〔3〕（元）張道宗撰《紀古滇説原集》，明嘉靖二十八年（1549）沐朝弼序、楊慎跋刊本，鄭振鐸輯入《玄覽堂叢書》，臺北：臺灣中央圖書館，1981年8月影印（與《皇輿考》、《朝鮮雜志》合印），第351－353頁。

〔4〕（明）謝肇淛《滇略》，影印《四庫全書》，臺北：臺灣商務印書館，1986年3月，第494册，第175頁。

〔5〕（清）鄂爾泰、葛森修，靖道謨等纂《雲南通志》，乾隆元年（1736）成書，《四庫全書》（《景印四庫全書》，臺北：商務印書館，1986年3月影印）史部地理類收録，第569－570册，此見第570册，第264頁。

應在今昆明市區〔1〕。

我們没有發現拓東古城依龜而建的具體傳説，可能只是“以龜其形”而已。成都龜城既有龜示城址的傳説，也有龜形的格局，據説張儀所築龜城，“城蓋微狹長，六門如龜之有首、尾、四腳，故有‘龜城’之稱”〔2〕。光緒《續雲南通志稿》卷二四説，廣德（763－764）初，南詔鳳伽異築拓東城，明洪武十五年（1382）重築磚城，設六門：大東門、小東門、大西門、小西門、南門和北門〔3〕。按，六門設置其實就是古代城邑“亞”字形結構，典型者如吴郡城（即今江蘇蘇州市），《吴郡圖經續記》卷下《往跡》説，“郡城之狀如亞字”〔4〕；《平江記事》也説，“（吴）城形如亞字，世俗不知，以為龜形，本土城也”〔5〕。知“亞”形即龜形，拓東城的南北二門就是龜的首、尾，東西四門則是其四腳的象徵，今昆明城仍有“小西門”地名。若盛羅皮、鳳伽異及明初所築拓東城在格局上大體一致，那麽拓東龜城之稱當與六門如龜有關。

但若仔細分析，拓東龜城仍有可能依照龜蛇蹤跡而築，所謂“以龜其形，江縈之蛇”只是一種概括、模糊的説法而已。比如縈紆環繞於江的“蛇”，可能暗示拓東龜城與另一造城傳説即前述西晉末劉淵“蛇城”傳説有關。故事説老母養蛇兒，應募示跡，依跡築城。其中值得注意的是，後來“蛇人”橛兒入穴露尾，又被斬尾掘穴，其後附近蛇皆無尾，知蛇兒與老母的故事又屬著名的“龍母龍子”型〔6〕。《太平寰宇記》卷一五七載，廣州南海縣（在今廣州市一帶）有程浦溪，引顧微（晉人）《廣州記》説，“浦溪口有龍母養龍，裂斷其尾”〔7〕。又卷一六四載康州端溪縣有“程溪水”，引《南越志》（南朝宋沈懷遠撰）説：

> 昔有温氏媪者，端溪人也。嘗居澗中捕魚，以資日給。忽於水側遇一卵，其大如斗，乃將歸，置器中。經十許日，有一物如守宫，長尺餘，穿卵而出。媪因任其去留。稍長五尺，便能入水捕魚，……常遊波中，縈迴媪側。媪後治魚，誤斷其尾，遂逡巡而去。數年乃還，媪見其輝色炳耀，謂曰：“龍子，今復來也。”因得之，蟠旋遊戲，親馴如初。秦始皇聞之曰：“此龍子也，朕德之所致。”……媪殞，葬於江陰，龍子常為大波至墓側，縈浪轉沙以成墳。土人謂之“掘尾龍”，南人為（謂）船為“龍掘尾”，即此也。〔8〕

〔1〕並見（唐）樊綽撰，向達原校，木芹補注《雲南志補注》，昆明：雲南人民出版社，1995年12月版，第80頁。

〔2〕任乃强《華陽國志校補圖注》，第131頁，注釋第10條。

〔3〕（清）王文韶等纂修《續雲南通志稿》，光緒二十四年（1898）刊本，臺北：文海出版社，1966年6月影印，第2册，第1829－1830頁。

〔4〕（宋）朱長文撰《吴郡圖經續記》，元豐七年（1084）修，《叢書集成初編》地理類據《琳琅秘室叢書》本排印，北京：中華書局，1985年版，第3146册，第38頁。

〔5〕（元）高德基撰《平江記事》，《叢書集成初編》地理類收録，北京：中華書局，1985年版，第3156册，第4頁。

〔6〕學者討論龍母龍子故事一般都忽略了橛兒故事，如祁連休著《中國古代民間故事類型研究》，石家莊：河北教育出版社，2007年5月版，參見上册，第269－283頁。

〔7〕王文楚等點校本宋樂史《太平寰宇記》，第7册，第3016頁。

〔8〕王文楚等點校本宋樂史《太平寰宇記》，第7册，第3135－3136頁。

端溪縣在今廣東肇慶市德慶縣一帶，今德慶悦城鎮西江縈回處有龍母祖廟。晃動於北方橛兒與嶺南龍子兩個故事之間的關聯物，正是那“露尾數寸”、“誤斷其尾”的蛇尾。此外，龍子都是老母得卵養之，橛兒之蛇能使人“憑灰築城”，又被斬尾掘穴，嶺南龍子“縈浪轉沙以成墳”也可與累土築城比擬。越南金牌州也有龍子故事，惟養蛇者為老父，父歿，蛇來盤庭，“後江邊聚沙成州”〔1〕，所成州當即金牌州，這也與成墳、成城差不多。總之，北方橛兒、嶺南龍子、越南蛇子都該屬於龍母龍子故事類型。

既然橛兒能築城，龍子又是“常遊波中，縈回媪側”，“蟠旋遊戲”，後又“縈浪轉沙以成墳”，或“江邊聚沙成州”；雲南拓東龜城又有“江縈之蛇”的形相，那麽拓東龜城真有可能受到橛兒蛇城傳説的影響？至於其所受成都龜城影響也很明顯，如敘造城完工後又説，“廟隅有神匠，曰羅都道太，自蜀中來”；又説南詔王册封拓東城為“天府”，這不都在暗示拓東龜城背後有號稱“天府”的成都龜城的影子麽〔2〕？

再説拓東龜城“其相取義《易》之《既濟》”。《易·既濟》初九言：“曳其輪，濡其尾，無咎。”〔3〕《易》為玄秘之書，《紀古滇説原集》也説得玄乎，我們只能想像“無咎”的吉兆，但在我們挖掘了“縈江之蛇”的“掘尾龍”故事背景後，這“曳輪”“濡尾”的占卜之辭似乎與蛇城傳説“露尾數寸”的意象産生了某種聯繫。如果我們再進一步梳理造城傳説的源流，那麽取義《既濟》的背景可能還會得到更多的參照，這裏不妨討論傳説最初的源頭。

五、傳説原型與壯族地區的傳承

古有應龍帮助大禹治水的神話。《楚辭·天問》云：“河海應龍，何盡何歷？”有古注云：

(王逸章句）有鱗曰蛟龍，有翼曰應龍。歷，過也，言河海所出至遠，應龍過歷遊之，而無所不窮也。或曰，禹治洪水時，有神龍以尾畫地，導水所注當決者，因而治之也。一云“應龍何畫，河海何歷”。

(洪興祖補注）夏禹治水，有應龍以尾畫地，即水泉流通。〔柳宗元〕《天對》云：“胡聖為不足，反謀龍知？畚鍤究勤，而欺畫厥尾。”〔4〕

其實，《天問》兩句正應該根據古本改作“應龍何畫，河海何歷”，原來，大禹治水得到了應龍的幫助，龍以尾畫地，導水流泄，或向禹暗示疏鑿江河的方位路線。

我們以為，應龍以尾畫地的神話正是後世龜城、蛇城、馬邑等傳説的原型，其聯繫點

〔1〕武尚清點校本黎崱《安南志略》，第35頁。

〔2〕蜀地“天府”之稱始於諸葛亮《隆中對》，《三國志》卷三五《蜀書·諸葛亮傳》亮對劉備曰：“益州險塞，沃野千里，天府之土。”（（晉）陳壽撰，（南朝宋）裴松之注，盧弼集解《三國志集解》，北京：中華書局，1982年12月據古籍出版社1957年1月排印本影印，第756頁）《華陽國志·蜀志》：“地稱天府，原曰華陽。”（任乃强《華陽國志校補圖注》，第113頁。）

〔3〕（三國魏）王弼注，（唐）孔穎達等正義《周易》，（清）阮元校刻《十三經注疏》本，北京：中華書局，1980年9月影印，上册，第72頁。

〔4〕並見（漢）王逸章句，（宋）洪興祖補注《楚辭補注》，《四部備要》本，北京：中華書局，1957年9月影印單行本，上册，第152頁。

不僅只有均出現動物畫跡，而且還有鯀禹治水實際也是造地、造城這樣的關聯點，特别是鯀禹所造大地正是以崑崙為“世界大山”（World Mountain）的大地，所謂崑崙又形如城闕之象，是神帝在人間的都城，因此動物示跡與治水、造地、築城産生連帶關係。這些因素共同作用，使應龍以尾畫地助禹造地的神話演化為動物示跡助人造城的傳説。〔1〕

有了應龍畫地助禹治水以及鯀禹造地、造城（二事皆以崑崙為結果）的大前提，我們其實可以據此解釋很多問題。比如應龍畫地之“尾”，不也跟橛兒、龍子被斷之尾乃至拓東龜城所取義的《既濟》“濡其尾”有某種聯繫嗎？再如，由畫地的“應龍”以及如城的“崑崙”，我們自然可以方便理解越南《金龜傳》為什麽説安陽王螺城又叫“〔殺〕鬼龍城”，而唐人呼為“殺鬼崑崙城”的緣故了，城名中的“龍”、“崑崙”對應的正是造地、造城神話中的“應龍”和“崑崙”（“龍”還可能與唐代成都的龍女祠異聞有關）〔2〕。

越南《金龜傳》又説造城前殺鬼精，鬼精“化為鴟鶚，銜書升旃檀（樹）上”，這種母題也該源自中國。《天問》“應龍”一節前又云：“鴟龜曳銜，鮌何聽焉？”補注説：

曳，牽也，引也。聽，從也。此言鮌違帝命而不聽，何為聽鴟龜之曳銜也？《天對》云：“方陟元子，以胤功定地。胡離厥考，而鴟龜肆喙？”〔3〕

不難看出，《金龜傳》中的鴟鶚啣（銜）書、金龜造城情節，都應來源於《天問》“鴟龜曳銜”及“應龍何畫”的中國遠古神話。而中國蜀地龜城傳説，也自然有《天問》“鴟龜曳銜”鯀神話的根源。按，早有古代學者説：“張儀依龜跡築蜀城，非猶夫崇伯之智也？”〔4〕崇伯，即是鯀的封號。與我們著眼於應龍畫地不同，這是就鴟龜曳銜而言的，但也恰好印證了鯀禹神話與造城傳説的關聯。

進一步説，不僅是龜、龍、鴟的角色在中、越早期傳説中形成對應，而且中國馬邑、越南昇龍城之“馬”這種後期傳説的變異也相對應，其緣由自然在於馬與龍（蛇）、龜之間的相關性。《周禮·夏官·廋人》：“馬八尺以上為龍。”〔5〕而越南《敏軒説類》二《古

---

〔1〕此不詳論，别參李道和《崑崙：鯀禹所造之大地》，載《民間文學論壇》1990年第4期，第12—20頁；又李道和《民俗文學與民俗文獻研究》，第5—8頁。

〔2〕按，《敏軒説類》二《古跡》作“思龍城”、“崑崙城”；《越南古代史》引作“思龍城”、“殺崑崙城”（見劉統文、子鉞譯陶維英著《越南古代史》，上册，第147頁）。無“鬼”或“殺”字，但當以有“鬼”字為是，意為殺滅鬼精而成城；異文“思龍城”之“思”字則是“鬼”字之訛。據此，多種文本“鬼龍城”前實脱一“殺”字。又，有趣的是，越南《嶺南摭怪列傳》的喬富編輯本有喬氏寫於1493年的序，其中論怪事可以增廣異聞提到：“老人游河，應龍書地，鼓鳴社里，雀銜丹書，又有傳記以補亡耳。”（《越南漢文小説叢刊》本《嶺南摭怪列傳》未收此序，此見《越南傳統文化與民間文學》，羅長山著，昆明：雲南人民出版社，2004年4月版，第181－182頁，引見第181頁。）按，所謂“應龍書地”當是“應龍畫地”之誤，“書”、“畫”形近致誤（未知是原本如此還是羅本誤録），而這恰與我們所謂《天問》“河海應龍，何盡何歷”應作“應龍何畫，河海何歷”的理由相似，後者是“畫”、“盡”之間發生形訛又調整語詞的結果（别參李道和《民俗文學與民俗文獻研究》，第6頁）。此外，似無證據説明喬富提及應龍畫地是把這一怪事作為《金龜傳》的來源。

〔3〕（宋）洪興祖《楚辭補注》，中華書局影印本，上册，第150頁。

〔4〕（清）周拱辰《離騷草木史》、（清）毛奇齡《天問補注》引《史稽》（未知作者）語，引自游國恩主編《天問纂義》，北京：中華書局，1982年10月版，第85、86頁。又聞一多亦據《史稽》説：“鯀禹故事多流行於蜀中，疑張儀依龜跡築城即鯀依龜跡築城（即堤）之流變。”（聞一多著《天問疏證》，北京：三聯書店，1980年12月版，第20—21頁）。

〔5〕（漢）鄭氏注，（唐）賈公彦疏《周禮》，（清）阮元校刻《十三經注疏》本，北京：中華書局，1980年9月影印，上册，第861頁。

跡·鎮天真武祠》、《新訂較評越甸幽靈集》卷三《麻雷大帝傳》都把北方真武之神與幫助安陽王築螺城的金龜相聯繫[1]。真武（玄武）形象不外乎龜外加蛇，而蛇又與龍同類（邕州蛇城即稱爲龍城）。無論如何，中、越地區多有龜城、龍城、蛇城，這當然有三種動物密切相關的原因，但絶不是根本因素。比如其中的“龜”就相對突出，原來龜上圓下方，乃是天地宇宙的象徵，《初學記》卷三〇引《雒書》（緯書）曰：“靈龜者，玄文五色，神靈之精也。上隆法天，下平法地，能見存亡，明於吉凶。”又引《禮統》（南朝梁賀述撰）曰：“神龜之象，上圓法天，下方法地，背上有盤法邱山，玄文交錯，以成列宿。”[2]龜簡直成了包括大地在内的宇宙模式的象徵。龜又是托地之神，《天問》：“鼇戴山抃，何以安之?”王逸注：“鼇，大龜也。擊手曰抃。《列仙傳》曰：‘有巨靈之龜，背負蓬萊之山而抃舞，戲滄海之中。’”[3]龜以及龍都曾幫助鯀禹治水、造地、造城，龜甚至是托地者，那麽它們自然也可以成為造城傳説中的主角了。

這樣説來，動物助人造城的傳説遍佈中國境内，中國傳説南北皆有，但以四川成都龜城記録最早也最著名，正是這一傳説可能成為域内故事的傳播源頭，而由於地方物種的差異，傳説中的動物角色在南方多為龜、蛇，在北方則以馬、鳥為主。中亞地區也有類似故事，大體與中國故事屬於同一種傳承系統，很有可能是通過久遠的絲綢之路從中國傳入中亞地帶的。儘管我們一時不能對亞洲範圍内的傳承軌跡加以肯定，但僅就中國及東南亞越南範圍而言，我們完全可以描繪出中、越兩國間傳承圈的脈絡。

我們可以相信這樣一種保守的估計：古蜀龜城傳説至少可能傳入雲南影響拓東龜城、富州龍城，或是開化、廣南選擇城址的傳説，也可能傳入廣西生成南寧蛇城（龍城）、藤州龜城故事，尤其是還經過滇、桂傳入越南形成金龜螺城傳説。當然傳播方向也可能是多向、複雜的，如滇、桂間可能互有影響，南寧與富寧之間即地理接近，但遠源當在蜀地。儘管越南文本不免怪異，但它仍然是中國龜城傳説的另一版本。而所有中、越造城傳説都應還有一個古本，亦即以《楚辭》為代表的鯀禹神話。那麽，以龜、蛇、龍為主角的造城傳説，至少以古代楚、蜀、滇、粵（桂）、交阯（越南）為點帶，形成地理相對密集的巨大傳承圈。

這一傳説圈的形成當然與相關地區的交通有關，特别是漢唐時代的蜀－身毒道和滇越道，或宋代以後的滇粵道，其中還包括戰國楚莊蹻王滇、秦漢時蜀王子南下稱安陽王、宋代儂智高的大範圍活動等重要事件的影響。這些古道和事件都與今滇中、滇東南地區有關，如中國通往印度、越南的道路經過滇中、南部，滇粵道通過滇東南；莊蹻事雖有疑問，但楚與巴、黔、滇的關係應該存在。至於蜀王子南下交阯的路線，或由川南宜賓，經古僰道，再循雲南曲靖、開遠、蒙自到越南之古驛道[4]；或自蜀經僰道，過滇池，循句

〔1〕分見《越南漢文小説叢刊》2輯5册，第180頁；2輯2册，第108－110頁。

〔2〕（唐）徐堅等撰，司義祖點校《初學記》，北京：中華書局，2004年2月版，下册，第744頁。

〔3〕（宋）洪興祖《楚辭補注》，中華書局影印本，上册，第168頁。

〔4〕參陳修和《越南古史及其民族文化之研究》，第72、74頁。

町、進桑而入交阯[1]；或由蜀渡金沙江至雲南姚安，沿元江水道入越南[2]。無論何路，都經過滇東南的紅河流域。儂智高震動越南和粵、滇地區，隨着其部衆或後裔的流徙，可能會影響造城傳説的流播。本來宋代滇、桂間的邕州道，正是在儂智高西入大理並可能得到大理保護以後逐步繁盛起來的[3]。比如邕州城、開化府城、廣南特磨道城的修建和遷址，都無一例外地是在儂智高事件之後。這些通道及相關事件就這樣共同促動，形成了以楚、蜀、滇、粵、交阯（越南）為點帶的造城傳説圈。

在我們所考查的造城傳説中，作為傳説傳承者的民族身份也是需要關注的。當然中國古代龜城等傳説主要是在漢族地區流傳，只是漢族也是多民族融合而成的共同體，中亞傳説的民族身份也還複雜。但在中、越之間的傳承區中，除拓東龜城的民族身份較為複雜外，主要就廣西、雲南和越南的傳説而言，其民族身份主要還是壯族系統，如廣西南寧、藤縣以及雲南文山州的傳説都在壯族地區，廣西壯族還有與造城相聯繫的安陽王神弩傳説，同樣在越南地區傳播的造城、造弩傳説也都屬於壯族系統。

越南《金龜傳》雖然源自古蜀，但顯然也在越南民族中流傳。傳説除了古籍文本《金龜傳》外，還在民間口頭流傳，如越南北部高平地區岱族人就有安陽王蜀泮的民間傳説[4]。反觀安陽王的神弩傳説也在廣西龍州（與越南接壤）有口傳的《神弓寶劍》，那麽這自然使人相信廣西和越南在安陽王傳説方面構成傳承關係[5]。安陽王滅文郎國，改號甌貉（雒），而文郎國之雒越人、甌貉國之甌雒人都來源於古代中國的百越民族，“雒越是居住在越南北部的一支越人”，而甌雒人生活在桂西南及越南東北，源於百越的西甌人，“僮人（即西甌人）進入越北形成各部落，他們的後裔現在就是岱族人”[6]。又有學者指出，在漫長的中、越邊境地區，居住着同源的壯族、岱族、儂族，是一種人口多、分佈廣的跨境民族。他們都來源於古代百越民族，現仍保留古代百越的遺俗，如干欄民居、雞卜、語言等，所以中國壯族與越南岱族、儂族都跟古代百越各族一脈相承，是擁有共同的

---

〔1〕 方國瑜《中國西南歷史地理考釋》，上册，10－11頁。

〔2〕 蒙文通《越史叢考》，見《蒙文通文集》第2卷《古族甄微》，第364－367頁。

〔3〕 參方國瑜《儂智高入大理事跡》，收入《方國瑜文集》，第2輯，方國瑜著，林超民編，昆明：雲南教育出版社，2001年8月版，第410－417頁，參見第416頁。

〔4〕 參見鍾民岩譯陶維英著《越南歷代疆域》的介紹，第30－32頁。按，安陽王傳説暗示了中國土木、磚瓦建築技術早已傳入越南，至於造弩技術亦從古蜀來，甲骨文中已有“蜀射三百”的記載。（參陳修和《越南古史及其民族文化之研究》，第117－121頁；又《中越兩國人民的友好關係和文化交流》，第47－51頁。）而岱族人傳説亦稱，蜀泮年幼，其他九王爭位，泮乃約以十種比賽，勝者為王，其中有“到中國取龍種”、“比射箭射榕樹葉子”、“鑿石為履”、“燒石灰和磚造城”、“將鐵犁磨成針”等項目，後蜀泮得勝為王（《越南歷代疆域》第30－31頁），知蜀王子確實可能帶去了築城、造弩等技術。又，蜀泮與九王爭位的傳説似與古巴郡傳説相關，《後漢書》卷八六《南蠻傳·巴郡南郡蠻》載，其蠻本有五姓，未有君長，乃約擲劍入石、乘土船浮水者為長，後巴氏子務相獲勝，是為廩君。唐李賢注云，此節“並見《代本》也”，並引以補其事。（見《後漢書》，（南朝宋）范曄撰，（唐）李賢注，（南朝梁）劉昭補志並注，北京：中華書局，1965年5月版，第10册，第2840－2841頁。）所説《代本》即《世本》（避李世民諱），乃秦漢以前古書。蜀泮傳説與廩君傳説即使没有連帶的傳承關係，至少也是類似的傳説；若真有傳承源流關係，因巴、楚相鄰，則可再次印證蜀、越與巴、楚的關聯。

〔5〕 參傅光宇《雲南民族文學與東南亞》，第86－87、94－96頁。

〔6〕 參見鍾民岩譯陶維英著《越南歷代疆域》，第24－25頁，第45－46頁，引見第25、46頁。

地域、語言、經濟和文化特徵的人們共同體，只是由於版圖、政治等原因才逐漸分化[1]。安陽王曾滅文郎國，學者或以為文郎即夜郎之誤[2]，若此則蜀王子入交阯之前，夜郎民族已遷徙到交阯，而夜郎民族正是川、滇、黔、桂間的壯族先民，那麼越南早有壯族居住。

李道和（1965－），男，四川南部縣人，雲南大學人文學院中文系教授

The Legend Circle of City Construction in China and Vietnam

LI Dao－he

(School of humanities, Yunnan University, Kunming, Yunnan Prov. 650091)

Abstract: Since Qin and Han Dynasty, the communication between Southwest China and Vietnam became more frequent. While ancient country roads were opened, the folk legends, whose motif about city construction with animals' help, spread in the relevant area. for example, there were many folk legends about tortoise－city and loong－city in ancient *Su* (蜀), *Dian* (滇), *Yue* (粵, Guangxi Prov.) and *Jiaozhi* (交阯), whose and formed the legend circle of construction.

Key words: city; tortoise; loong; tale－spreading

〔1〕 參申旭、劉稚著《中國西南與東南亞的跨境民族》，昆明：雲南民族出版社，1988年11月版，第15－48頁，引見第15－27頁。

〔2〕 蒙文通《越史叢考》，見《蒙文通文集》第2卷《古族甄微》，參見第375－378頁。

民俗觀照與知識融通

——《中國木版年畫集成·俄羅斯藏品卷》讀後記 *

劉 亞 丁

（四川大學 中國俗文化研究所，四川省 成都市 610064）

提要：本文以文獻梳理和年畫解讀的方式，從一個側面對《中國木版年畫集成·俄羅斯藏品卷》作了解讀。該卷中有一些春節和元宵節題材年畫，本文對其作了民俗學考察；本文詳細徵引分析俄羅斯漢學家有關“福、禄、壽”的記述和百科全書詞條，指出，俄羅斯漢學家對福、禄、壽的解釋，吸收了大量有關年畫的知識。

關鍵詞：中國年畫集成　俄羅斯藏品卷　李福清　馮驥才　民俗　俄羅斯漢學家

2009 年 9 月作為馮驥才主編的《中國木版年畫集成》中唯一外國收藏卷《俄羅斯藏品卷》在中華書局出版了。《中國木版年畫集成·俄羅斯藏品卷》的主編是俄羅斯漢學家李福清（Б. Рифтин），副主編有我國學者閻國棟等。據李福清考察，在俄羅斯大約收藏著 6000 幅中國的木版年畫。李福清曾和中國專家王樹村、劉玉山編輯了《蘇聯藏中國民間年畫珍品集》，收錄 206 幅年畫，1991 分別由北京的人民美術出版社和列寧格勒的阿芙洛爾出版社出版社。這本《中國木版年畫集成·俄羅斯藏品卷》收錄年畫 300 多幅。

一

《中國木版年畫集成·俄羅斯藏品卷》所收年畫的表現內容，涉及到歲時節日民俗、信仰民俗、民間戲劇、物質生產民俗和物質生活民俗等諸多事物和事項，具有豐富的民俗學史料價值和學術價值。

我們先看歲時民俗方面的年畫作品。我國的民俗事物和事項同中華民族的歷史同樣悠久，年畫中的民俗圖像與史料中的民俗載記的關係，不妨借用索緒爾的歷時與共時這樣一對概念來理解。索緒爾有一個絕妙的比喻：把樹幹從橫面切斷，從切斷面上可以看到年輪的圈，這就是共時性的內容，而這些年輪就是樹幹的縱向纖維不斷疊加的結果，從縱向看就是歷時性的內容。中國史料中的民俗載記是樹幹的縱向的、歷時性的內容，年畫中的民俗圖像，就是樹幹橫切面的、共時性的內容。將俄羅斯收藏的中國年畫與中國文獻中的記載作一對比，當是有意義的工作。

---

* 本文得到教育部重點社科研究基地重大項目“中國民俗文化在東北亞的傳播研究”（10JJDZONGHE011）的資助。

在《中國木版年畫集成・俄羅斯藏品卷》中有大量描繪我國春節和與之相連的元宵節的年畫。年畫，本來就與春節習俗緊密相連，用馮驥才先生的話説，“春節是中國人的一種偉大的創造。出於對生活切實又强烈的熱望，而把年看作步入未來的一個充滿希望的新生活的起點。一方面著力去用比平常生活豐盛得多的新衣美食，使生活接近於理想，把現實理想化；另一方面，又大事鋪張地以吉祥的福字、喜慶的楹聯和畫滿心中嚮往的圖像的年畫，把理想布滿身邊，把理想現實化。”[1]誠哉斯言，我們從《俄羅斯藏品卷》看到不少節慶年畫都是將現實生活理想化的作品。

先看描繪春節的年畫。藏於聖彼得堡俄羅斯國家圖書館的《正月合家歡樂》，由天津楊柳青大興畫店出品，畫面展現庭院、堂屋和廂房的一角，堂屋裏兒子、媳婦敲鑼打鼓，爺爺在看著孫子、孫女們抽陀螺，推小車、放風箏，歡天喜地，其樂融融。收藏於聖彼得堡艾爾米塔什博物館（即冬宮）的《新年多吉慶》，是楊柳青戴廉增敬記出品的，它表現一家人廳堂內過春節的喜慶場面。老太爺和老爺在盛滿金元寶和錢的聚寶箱、筐旁，少爺在迎接賓客，女眷們在包餃子，孩子們在炕上享用美食。門楣上有年畫，繪有牡丹和白頭翁，題曰“富貴白頭”，門上貼有春聯：“詩書繼世長；忠厚傳家遠。”這幅年畫本身又題有春聯：“新年多吉慶；合家樂安然。”最讓人稱奇的是阿理克（В. Алексеев）1907年在北京購買、現收藏於艾爾米塔什博物館的《過新年》，這是一組四條屏，以十二個畫面表現我國傳統的過年習俗，有的畫面是打太平鼓，有的畫面是舞獅、舞龍，有的的畫面是放鞭炮，有的畫面是放煙花，有的畫面是踩高蹺，還有放風箏、祭祖、拜年等，內容豐富，人物衆多，刻畫生動。顯然在這裏過新年已包括了下面要專門討論的慶元宵的內容。

這些圖像完全可以同文獻中記載的過年風俗相印證。我們從筆記和史乘中可以追溯到新年風俗逐漸演化的過程。

《荆楚歲時記》云：

> 正月一日是三元之日也。《春秋》謂之端月。雞鳴而起，先於庭前爆竹，以辟山臊惡鬼。長幼悉正衣冠，以次拜賀。進椒柏酒，飲桃湯。進屠蘇酒，膠牙餳。下五辛盤。[2]

《初學記》云：

> 崔寔《四民月令》曰：正月一日是謂元日。潔祀祖禰，進酒降神……庭前爆竹，進椒柏酒。[3]

新年風俗在演變，但有一些基本的內容會保留了下來，對天津明清時的年節風俗的記載就是明證。乾隆四年刻的《天津縣志》載：

> 除夕之夜，人多守歲，故於正月初一日，五更即起祀神，焚香放鞭爆，供面餃。

[1] 馮驥才《中國木版年畫的價值及普查的意義》，載【俄】李福清主編《中國木版年畫集成・俄羅斯藏品卷》，北京：中華書局，2009年10月初版，第1頁。

[2] （晉）宗懍《荊楚歲時記》，載《漢魏六朝筆記小説大觀》，上海：上海古籍出版社，1999年12月第1版，第1051頁。

[3] （唐）徐堅等《初學記》，北京：中華書局，2004年3月第2版，上册，第63頁。

事畢，合家食團圓飯，飲椒柏酒，飯即餃子，并備乾鮮果品、肴饌以佐酒。[1]

在南方的方志中往往有北方比較罕見的新年舞龍舞獅的記載：

至十四、五、六日，城市玩燈，用五色綢紥站龍，以闊少舉起遊街，以壯觀瞻，隨後有火龍、獅子，皆下流人赤身跳舞。[2]

十五日為“上元節”。前數夕放燈，曰“出燈”。城市鄉場，劓竹蒙紗，五彩龍形，虚中納火，長數丈，節次序之，人持一節，屈蟠夭矯，星流電掣。有蝦燈，三人舞之。獅燈三人，二人藏於獅腹，一人裝笑和尚，跳躍角逐為戲。[3]

可見飲椒柏酒、吃餃子等風俗歷經時間磨洗，在清季和民初保留了下來，這同俄羅斯所藏楊柳青年畫形成了互證。

關於元宵節，《俄羅斯藏品卷》亦收有多幅，最具歷史價值的當是李福清先生本人收藏的楊柳青的《京都佳人才子逛花燈》。畫面表現了北京的逍遙公子和所謂“佳人”賞玩花燈的情景。更有趣的是，畫中人物大多旁批有名號，公子們有粟張、柳橋、子敬、睡不醒、景川、松巖、晴峰等。才子們既然畫上有名，其時當是盡人皆知的公衆人物，而今已然難以考索，能不令人感慨。“佳人”則有晴嵐、春蕙、桂春、小玉、彩鳳、寶月、雪春、慧珠、翠屏、瑞雲等，這些佳人提拽著蓮花燈、鯉魚燈、獅子燈、火輪船燈，才子們在一旁觀賞。從佳人們的名字看，似是青樓女子，趁元宵節攜燈招搖過市。可是年畫乃千家萬户張貼之物，正常人家又如何會將青樓女子炫耀於墻呢？在明清時期，元宵節幾乎是少有的允許待字少女與男士雜遊的節慶。“‘元宵’前後，金吾禁馳，賞燈夜飲……男婦率於是夕結伴遊行……”[4]“十五‘上元’為燈會，十四日起，十六日止，鼓吹喧闐，士女踏燈嬉遊，謂之‘走百病’。”[5]此年畫上的佳人或是良家婦女也未可知。且待方家辨識定奪。

《大逛花燈》收藏於艾爾米塔什博物館，楊柳青戴增廉敬記店出品。這是大户人家內院的元宵節賞燈的情景。孩子們或踢繡球燈，或推轉心燈，還有人提的蝦蟆燈、螃蟹燈、金魚燈和福壽燈，懸掛在遊廊裏的八卦燈、元寶燈、珠寶燈、蘋果燈和扇面燈。這裏元寶燈、珠寶燈和福壽燈等寄托了對來年富足幸福安康的期待。而可以踢或推的繡球燈、轉心燈現在已然消失了。此畫在民俗史料方面可謂價值不菲。

關於元宵節的民俗事項的史料是相當豐富的。

《荆楚歲時記》云：

正月十五日，作豆糜，加油膏其上，以祠門户。先以楊枝插門，隨楊枝所指，仍

---

〔1〕 丁是良、趙放主編《中國地方志民俗資料彙編（華北卷）》，北京：書目文獻出版社，1989年4月第1版，第62頁。

〔2〕 詳見《長壽縣志》條，載丁是良、趙放主編《中國地方志民俗資料彙編（西南卷）》（上册），北京：書目文獻出版社，1991年6月第1版，第24頁。

〔3〕 詳見《廣安州志》條，載丁是良、趙放主編《中國地方志民俗資料彙編（西南卷）》（上册），北京：書目文獻出版社6月第1版，1991年6月第1版，第305頁。

〔4〕 詳見《宛平縣志》條，載丁是良、趙放主編《中國地方志民俗資料彙編（華北卷）》，北京：書目文獻出版社，1989年4月第1版，第14頁。

〔5〕 詳見《金堂縣志》條，載丁是良、趙放主編《中國地方志民俗資料彙編（西南卷）》（上册），北京：書目文獻出版社，1991年6月第1版，第17頁。

一酒脯飲食及豆粥插箸而祭之。[1]

此書沒有賞燈的記載，反而有夜間滅燈禳災的之説：

正月夜多鬼鳥度，家家捶床打户，捩狗耳，滅燈燭以禳之。[2]

在《初學記》正月十五的“敘事”中也沒有對觀賞燈的記載，但在“事對”中有“燃燈、望月”條，援引《西域記》云：

摩竭陁國正月十五日，僧徒俗衆雲集，觀佛舍利放光雨花。[3]

在“詩”部分引蘇味道《正月十五日詩》：

火樹銀花合，星橋鐵鎖開。暗塵隨馬去，明月逐人來。遊騎皆穠李，行歌盡落梅。金吾不禁夜，玉漏莫相催。[4]

《舊京瑣記》對清季北京的元宵燈記載較詳：

正月之燈向集於前門内之六部，曰六部燈，以工部為最。有冰燈，鏤冰為之，飛走百態，窮極工巧。[5]

在《荆楚歲時記》中沒有關於賞燈的記載，但從其後一百多年的《初學記》看，元宵賞燈已為定則，而且規模盛大，或許本來《荆楚歲時記》中有關於賞燈的記載，因書已亡佚，後人未輯出。《俄羅斯藏品卷》中有關元宵賞燈的描繪可以看成是清末元宵節的一個“横切面”，既可與中國古籍中記載的元宵節民俗相比勘，又可與今日的元宵節民俗相對照，發現時光流轉導致的民俗演化。

二

在《俄羅斯藏品卷》中有不少作品涉及到信仰民俗，有福禄壽三星像、三皇像，喜神像、天后聖母像，更多的則是門神和財神。這裏僅談談福禄壽三星年畫與俄羅斯漢學家有關著述的關係。

收藏於喀山大學民族學博物館的《福壽三星》，是楊柳青恒裕厚店出品的，這個藏品的品相不太理想，但畫面尚可辨認：右邊為壽星，他左手執龍頭拐杖，右手托一顆蟠桃；中間是禄神，頭戴官帽，右後側有書童陪伴；左邊為福星，他懷抱一幼童，這幼童還在放風箏。這是比較典型的福禄壽三星年畫。

更引人矚目的是阿理克購於1907年的《得禄聽封、富貴延年》年畫，此畫現藏於艾爾米塔什博物館。畫面表現唐朝大將郭子儀出征得勝歸來，忽得織女垂下黄絹，上書六個大字：“大富貴，亦壽考”。郭子儀拜謝。一幼童騎鹿向郭子儀而行。畫面右上角有題詞：“唐明皇時，汾陽王郭子儀出師得勝還朝，在途中見赤光萬道，瑞氣千條，笙簫鼓瑟，自天笑謂（喟）子儀曰：‘汝忠則與君，孝則與親，真大夫矣！後子孫滿堂富貴，世世封侯，

〔1〕（晉）宗懍《荊楚歲時記》，《漢魏六朝筆記小説大觀》，上海：上海古籍出版社，1999年12月第1版，第1053頁。

〔2〕同上注，第1054頁。

〔3〕（唐）徐堅等《初學記》，北京：中華書局，2004年3月第2版，上册，第66頁。

〔4〕同上注，同頁。

〔5〕（清）夏仁虎《舊京瑣記》，《舊京遺事・舊京瑣記・燕京雜記》，上海：上海古籍出版社，1986年7月，未写版次，第37页。

千祥雲集，百福駢臻，大富貴，亦壽考。’儀頓首拜祝曰：‘但愿堯天舜日五穀豐登，士農工商萬民樂業，慶太平，賀元旦，皇帝萬壽無疆，吾忠孝心盡矣。’”這是特殊的表現福星來歷傳説的年畫。

俄羅斯的漢學家對中國文化中有關“福、禄、壽”的解釋，在某種程度上都與這一類年畫有聯繫。在俄羅斯學術界，對此類年畫的最早的闡釋，出自俄羅斯大漢學家、俄羅斯中國年畫最系統搜集者阿理克。在自己的《1907年中國紀行》中，他寫道：

> 我現在已經可以解釋這幅畫的意義了。之所以説是寓意，是因為中國藝術，無論高雅還是低俗，都努力追求深刻的寓意。這幅畫的寓意是要表達各種美好的祝愿。那額頭突出的老者是南極仙翁和壽星。壽星是司延年益壽之神。他胯下所騎之鹿表示高官厚禄之意（因為‘鹿’和‘禄’二字儘管書寫形式不同，但具有相同的發音“Lu”）。胖墩墩的童子手拿一隻石榴，果籽外露，祈求的是多子多福（中國人認為沒有男性後代是不幸和不孝，這種宗教理念在史前就存在）。[1]

當代俄羅斯漢學家對中國民俗文化的“福、禄、壽”概念的解釋，也有跡可尋。在新近出版的《中國精神文化大典·神話和宗教卷》中，瑪麗（M. Кравцова）的對“五福”的解釋是：

> 五福，是中國文化中特有的對幸福的價值定位。它首先出現在《尚書》的《洪範》中，即是：“一曰壽，二曰富，三曰康寧，四曰攸好德，五曰考終命。”在《桓子新論》的一篇中給出了對“五福”的另一種解釋，即指壽、福、貴、禄、安樂。這就是説，“五福”不僅關乎人的精神的安寧，還關乎他在世界的存在，他與周圍人們的和諧相處，而且還有在國家裏家族的幸福安寧，以及“子孫衆多”。
>
> “五福”不但作為中國人的價值定位被保留了下來，而且其形象體現構成了中國傳統的藝術形象的重要組成部分。“五福”主要通過一些特殊的漢字來表達，如“福”、“富”、“喜”、“壽”、“禄”。在各種書寫變體中，這些漢字有時會形成一些內容吉祥的合成字或固定詞組（成語）。最常見的合成字是由兩個“喜”字構成的“囍”，它可以充任家庭幸福的象徵和婚禮的標志；還有“圓壽”，即由環形的“壽”字構成。最常見的吉祥成語有“壽比南山”、“福如東海”。
>
> 存在著大量的表達“五福”的藝術形象。最普及的是蝙蝠的形象：它同“福”字和“富”字不但在發音上（同音字），而且在書寫上（有一個偏旁相同）都相同。五隻蝙蝠被畫成一個相連的圓圈，或繪有雲霧相伴。作為長壽象徵，會描繪松樹（常綠植物），蟠桃、丹頂鶴（後兩種形象是由較晚近的神話觀念産生的）。通過描繪富貴花（牡丹）和鹿來表達仕途通達。多瓣的植物（如蓮花）、石榴（籽實繁多）和魚的形象成了夫妻幸福和子孫衆多的象徵。
>
> 司幸福的神祇成了“五福”的人格化的體現，他們是五個神：三福神、喜神，和

〔1〕［俄］米·瓦·阿列克謝耶夫《1907年中國紀行》，閻國棟譯，昆明：雲南人民出版社，2001年10月第1版，第25—26頁。

財神。後來財神成了獨立的神祇。[1]

從瑪麗的這個詞條看，她對中國年畫的三星形象是了解的，對三星的最早的文獻起源的追溯也是準確的。

在同書中，李福清先生對福星的解釋與年畫的關係更大：

福星是司幸福的神，它是司幸福的三神——三星之一。關於神祇福星的現實原型有多種説法。最流行的説法是——他是公元6世紀道州（那裏出侏儒）的官吏楊成。當時的皇帝喜歡用侏儒來充任後宮，每年都從道州選走不少人。當地的居民十分絕望。楊成為他們而呼吁，皇帝只好不再攪擾他們。後來楊成就神話化成了福星。

照另一種説法，福星是唐代的高官和將軍郭子儀（8世紀），他因在平定安禄山叛亂中戰功顯赫而聲譽卓著。據傳説，一天晚上，他睡覺時，夢見一位沐浴在光中的婦人坐在床頭。時值陰曆七月七，他斷定這是織女，當天夜裏要同他的丈夫相會。郭子儀請求她賜予自己幸福和財富，對此她回答説，他自己就是福星。在民間信仰中，福星有時候又被解釋為賜福的天官。在此情形中福星被描繪為這樣的形象，他身著文官袍，手持展開的條幅，上書“天官賜福”。在年畫中常常描畫天官抱著一個小孩。據説，這是郭子儀送子入宮。在大幅的刺繡畫上，福星通常被描繪成在一系列幸福的象徵物的環繞之中，比如蝙蝠（蝙蝠是“福”字的同音詞）。在三星都畫的情況下，福星被置於中間，其左是壽星，其右是禄星。[2]

在李福清先生的詞條中，直接描述了福星的形象特徵和三星在年畫中的布局。同時，在介紹福星現實原型的第二種説法時，他談及了郭子儀成為福星的原委，這就與阿理克購於1907年的《得禄聽封、富貴延年》年畫比較接近了。那幅年畫表現郭子儀的得勝還朝成為福星，比較符合郭子儀的身份。

李福清在《世界各民族神話百科全書》中寫的壽星詞條也與年畫有密切關係：

壽星，又稱“南極老人”、“南斗”，在中國的神話中是司長壽的神，也指長壽星（與歐洲天文學中的老人星相似）。按照古老的占星術觀念，該星出現就會帶給國王長壽，帶給國家長治久安，它在天穹隱去，就會出現戰爭和災難。在古代中國就出現了供奉壽星的廟宇。

壽星在民間非常流行。站立的壽星一隻手執拐杖，其上掛著葫蘆（象徵多子多福），和條幅（象徵長壽），另一隻手捧著桃子（同樣象徵長壽）。[3]

從瑪麗和李福清寫的詞條可以看出，他們對中國年畫的有關形象是非常熟悉的，并將從年畫中得來的知識，寫進了詞條。他們這樣寫詞條，這多半與蘇聯漢學的奠基人阿理克

〔1〕 М. Е. Кравцова. У Фу//Главный редактор М. Л. Титаренко. Духовная культура Китая. Мифология. Религия. Москва，2007，с. 631. 瑪麗在自己的《中國藝術史》中也對"五福"概念作了梳理，她還談及漢代的"五福"的略有不同的解釋。（參見 М. Е. Кравцова. История исскуства Китая. Краснодар，Москва，Санкт—Петербург，Лань，2004，с. 358.）

〔2〕 Б. Л. Рифтин. Фу—син//Главный редактор М. Л. Титаренко. Духовная культура Китая. Мифология. Религия. Москва，2007，с. 648.

〔3〕 Б. Л. Рифтин. Шоу—Син //Главный редактор С. А. Токарев. Мифы народов мира. Москва，Большое Российская энциклопедия，2000，т. 2，645—646.

對年畫相當重視，并開創了年畫研究的傳統不無關係。

劉亞丁（1959—），男，四川省内江市人。文學博士，四川大學中國俗文化研究所研究員

A Perspective on Folk Customs and Knowledge Fusion: a Review on *Chinese New Year Woodblock Prints Integration. Russian Collection Volume*

LIU Ya-ding

(The Research Centre for Chinese Folk Culture, Sichuan University, Chengdu, Sichuan 610064)

Abstract: The present paper studies *Chinese New Year Woodblock Prints Integration. Russian Collection Volume* from one aspect in document and new year picture analysis. This thesis deals with folklore in view of the pictures on spring Festival and Lantern Festival in the volume, and deeply analyzes the accounts of good fortune, ample salary and longevity by Russian sinologist and encyclopedia entries. It points out the explanation of good fortune, ample salary and longevity by Russian sinologist on the basis of absorbing a lot of new year pictures knowledge.

Key words: Chinese New Year Woodblock Prints Integration. Russian collection volume; LiFuqing; FeiJicai; folk culture; Russian Sinologist

編輯部劄記

遙想 2003 年編輯第一輯時，一切從零開始，四處奔波，連刊名用字也頗費周章，最後還是從敦煌遺書中方才集到數字。

一晃近十年了，沒有想到，《中國俗文化研究》已編到第七輯，總算邁過了自辦輯刊難以逾越的“五”這一道坎了。當然，這首先靠的是諸位專家學人的鼎力支持。這近旬年又是大陸學術界從混沌趨於規范的轉捩點，在幾乎全民“逮耗子”的世風熏蒸之下，終於還是有一批堅持理想的學人，延續了求真的學術傳統。這一點，在本輯刊中也得到了相當程度的體現。

本輯刊自創始以來，稿件多選自學者們提交給四川大學中國俗文化研究所舉辦的學術會議的論文，故而佳作疊出，異彩紛呈。之後，主動來稿漸多，本輯即全擷于自由來稿。編輯部全憑質量用稿，並不拘泥於學歷、職稱、職業之類，故而歷來作者既有學界宿耆，足資師範；又有尚在負篋曳屣的新人，頗堪欣慰；更有正值豐收期的中年健將，時時令人驚嘆。

本輯中有關牛郎織女傳說、鬼字的淵源流變、中越造城傳說圈等長達數萬字的宏文，皆長期積累之成果，紮實綿密；而川東北儺戲《孟姜女》劇本、明清戲劇選輯《萬曲合選》的披露，提供了原生態的民間藝術形態和新鮮的古代文學文獻，極富價值：他們與其他論文一道，為本輯刊增色不少。

遠離當下正風行的學術評價體系的本輯刊，當繼續為弘揚中華文化，做點兒紮紮實實的工作。

稿约

一、《中國俗文化研究》是刊佈當代學者用現代科學精神的中國俗文化的最新成果的專業純學術刊物。由國家重點學科・四川大學中國古典文獻學學科點、教育部人文社會科學重點研究基地・四川大學中國俗文化研究所主辦。

二、本刊熱忱歡迎宇內同行專家學者惠賜尊稿。本刊登載有關中國俗文化研究的成果，以及國內各民族間、中外之間文化交流的比較性研究論文。內容涵蓋以海內外歷代文物文獻為研究素材、中國俗文化領域內的各種傳統學科、新興學科和交叉性學科，諸如：文學、史學、哲學、宗教學、倫理學、美學、藝術學、考古學、文字學、音韻學、訓詁學、目錄學、版本學、校勘學、敦煌吐魯番學、政治學、軍事學、經濟學、博物學、科技史、民俗學、少數民族學等。

三、本刊已經設置的欄目，有："俗語言研究"、"俗文學研究"、"俗信仰研究"、"風俗及其它文化研究"、"望江樓論壇"、"書刊品評"，並將依據具體情況作適當調整。總之，要在容納所有與俗文化有關聯的、有價值的研究成果。

四、本刊採用匿名審稿制。來稿均由編委會送呈校內外至少兩位同行專家審閱，再由編委會決定是否採用。

五、編委會對來稿可提出修改意見，但除了技術性的處理之外，不代為作者修改。文責自負。

六、來稿請用中文繁體字書寫或電腦打印。電腦打印者，除寄打印稿之外，請附以WORD或純文本方式儲存的軟碟，或者將電子文檔發至本刊電子信箱。無論手寫或是打印，皆要求：

（1）論文的標題名之下，附以200字以內的"內容提要"、5至6個"關鍵字"。並請同時提交如下各項之英譯：論文題目、作者、工作單位、提要、關鍵詞。

（2）國標7000字以外的字或符號，另紙書寫。

（3）於另頁上，按順序寫上：論文題目、作者姓名、出生年月、性別、籍貫、工作單位、職稱或職務、通訊地址、郵政編碼、E－mail信箱、電話號碼。

（4）如需要圖片，除在文檔中插入之外，請再提交供印刷的JPEG文件。

七、來稿中，中國年號、古籍卷數和葉數，一般用中文數字，而中國帝王年號尚須加注公元紀年。如：元和十三年（818）；《山海經》卷一。其他的數目字，一般用阿拉伯數字。凡是第一次提及外國人名，在漢譯之外，須附外語原名，如伯拉圖（Plato）。

注釋要求：

（1）一律採用當頁頁下注。

(2) 注釋碼，請用①、②、③之類表示；並標注在正文相應內容的上方。如：———①，——②，——③。每頁重新編號。

(3) 引用中文文獻的參考格式：

A. 引用專著，如：胡適：《中國哲學史大綱》卷上，上海：商務印書館，1919年2月初版，第99頁。

B. 引用文集中之文，如：陳寅恪：《清華大學王觀堂先生紀念碑銘》，載《金明館叢稿二編》，上海古籍出版社，1980年10月第1版，第218頁。

C. 引用期刊文章，如：楊明照：《四川治水神話中的夏禹》，載《四川大學學報》哲學社會科學版，1959年第4期，第××頁—第××頁。

(4) 注釋中稱引其他國家的著述，國家名稱之前後添加“[ ]”符號。倘稱引中國古代文獻，注明朝代，並在朝代名的前後加“( )”符號。

八、本刊只發表原創性成果，請勿一稿兩投。來稿敬請自留底稿，本刊將在三個月之內答復，若未得答復，作者可另行處理。來稿刊出後，贈送樣書三冊。

九、來稿請寄：

中國四川省成都市九眼橋，四川大學望江校區中文系　張勇教授

郵政編碼：610064

本刊電子信箱：suwenhua1@Yahoo. com. cn

《中國俗文化研究》希望得到海內外各界的關心和支持！

圖書在版編目(CIP)數據

中國俗文化研究.第7輯/項楚,張子開主編.
—成都:巴蜀書社,2012.7

ISBN978-7-5531-0062-3

Ⅰ.①中… Ⅱ.①項… ②張… Ⅲ.①文化-中國
-文集 Ⅳ.①G122-53

中國版本圖書館CIP數據核字(2012)第149595號

中國俗文化研究(第七輯)　　項　楚　張子開　主编

責任編輯	謝正强　王大厚
責任校對	李　嘉
出　　版	四川出版集團巴蜀書社 地址:成都市槐樹街2號　郵政編碼:610031 總编室電話:(028)86259397 網　　址:www.bsbook.com
發　　行	巴蜀書社 發行科電話:(028)86259422　86259423
經　　銷	新華書店
印　　刷	成都蜀通印務有限責任公司
版　　次	2012年7月第1版
印　　次	2012年7月第1次印刷
成品尺寸	260mm×185mm
印　　張	13
字　　數	350千
書　　號	ISBN 978-7-5531-0062-3
定　　價	35.00圓

本書如有印裝質量問題,請與本社發行科聯繫調换